O PROCESSO COMO INSTRUMENTO DE REALIZAÇÃO DOS DIREITOS FUNDAMENTAIS

Juliana Vignoli Cordeiro
Sebastião Vieira Caixeta
coordenadores

O PROCESSO COMO INSTRUMENTO DE REALIZAÇÃO DOS DIREITOS FUNDAMENTAIS

Com colaboração de:

Alex Duboc Garbellini
Brasilino Santos Ramos
Edilton Meireles
Estêvão Mallet
Fernando Valdés Dal-Ré
Gisele Santos Fernandes Góes
Guadalupe Louro Turos Couto
Sebastião Vieira Caixeta
Sérgio Renato Tejada Garcia
Valério Soares Heringer

EDITORA LTr® SÃO PAULO

ANPT ASSOCIAÇÃO NACIONAL DOS PROCURADORES DO TRABALHO

Dados Internacionais de Catalogação na Publicação (CIP)
(Câmara Brasileira do Livro, SP, Brasil)

O Processo como instrumento de realização dos direitos fundamentais / Juliana Vignoli Cordeiro, Sebastião Vieira Caixeta, coordenadores. — São Paulo : LTr, 2007.

Bibliografia.
ISBN 978-85-361-1099-8

1. Direitos fundamentais 2. Execução (Direito do trabalho) — Brasil 3. Justiça do trabalho — Brasil 4. Processo (Direito) — Brasil I. Cordeiro, Juliana Vignoli. II. Caixeta, Sebastião Vieira.

07-10011 CDU-347.9:347.121.1(81)

Índice para catálogo sistemático:

1. Brasil : Processo : Realização dos direitos fundamentais : Direito 347.9:347.121.1(81)

(Cód. 3593.2)

LTr

EDITORA LTDA.

Rua Apa, 165 — CEP 01201-904 — Fone (11) 3826-2788 — Fax (11) 3826-9180
São Paulo, SP — Brasil — www.ltr.com.br

Dezembro, 2007

Colaboradores

Fernando Valdés Dal-Ré — Catedrático de Direito do Trabalho da Universidade Complutense de Madri. Doutor em Direito pela Universidade Complutense de Madri. Autor de vários livros na área do Direito do Trabalho.

Sebastião Vieira Caixeta — Procurador do Trabalho na 10ª Região em Brasilia-DF. Presidente da Associação Nacional dos Procuradores do Trabalho (ANPT). Especialista em Direito e Processo do Trabalho pela Universidade Presbiteriana Mackenzie.

Brasilino Santos Ramos — Juiz do Trabalho do TRT da 10ª Região. Especialista em Direito e Processo do Trabalho e Professor Universitário

Gisele Santos Fernandes Góes — Procuradora do Trabalho da 8ª Região. Doutoranda (PUC/SP) e Mestre (UFPA). Professora da UFPA e de Cursos de Pós-Graduação.

Estêvão Mallet — Professor de Direito do Trabalho da Faculdade de Direito da Universidade de São Paulo. Doutor e livre-docente em Direito. Conselheiro da Ordem dos Advogados do Brasil, Secção de São Paulo, e advogado.

Guadalupe Louro Turos Couto — Procuradora do Trabalho da 1ª Região. Mestre em Direito Processual pela Universidade do Estado do Rio de Janeiro.

Valério Soares Heringer — Procurador-Chefe da Procuradoria Regional do Trabalho da 17ª Região.

Edilton Meireles — Juiz do Trabalho da 34ª Vara do Trabalho/SSa/Ba. Mestre e Doutor em Direito (PUC/SP). Professor Permanente no Mestrado da FD/UCSal. Professor Colaborador no Mestrado e Doutorado da FD/UFBa.

Sérgio Renato Tejada Garcia — Juiz do Tribunal Regional Federal da 4ª Região (Rio Grande do Sul, Santa Catarina e Paraná). Secretário-geral do Conselho Nacional de Justiça (CNJ).

Alex Duboc Garbellini — Procurador do Trabalho da 15ª Região (Campinas). Presidente da Comissão de Informática da PRT15.

SUMÁRIO

Apresentação

A Associação Nacional dos Procuradores do Trabalho (ANPT) orgulha-se de levar a público a obra *O Processo como Instrumento de Realização dos Direitos Fundamentais*. Ela decorre não só da experiência dos membros do Ministério Público do Trabalho no exercício de sua função institucional, mas principalmente da preocupação de diversos operadores do Direito – professores, advogados, membros do Poder Judiciário e do próprio Ministério Público – em fazer com que os instrumentos processuais realmente se convertam em ferramenta para a prestação jurisdicional célere e justa.

Assim, com a cooperação e empenho de estudiosos do assunto, no intuito de buscar sempre a solução mais apropriada para tornar, a cada dia, mais ágil e efetivo o processo trabalhista, debatemos, no XII Congresso Nacional dos Procuradores do Trabalho (CNPT), realizado nos dias 19 a 22 de abril de 2007, em Brasília/DF, temas como "Instrumentos de Realização dos Direitos Fundamentais", "A Aplicação das Mudanças do Código de Processo Civil na Justiça do Trabalho", "O Código de Processo Coletivo", "Direitos Fundamentais e Garantias", "A Nova Execução Trabalhista", "A Informatização do Processo" e "Processo e Efetividade".

O livro, resultante das exposições e dos debates do Congresso, traz discussões doutrinárias atuais, buscando indicar alternativas para questões de real importância para a concretização dos direitos fundamentais dos trabalhadores. Assim, retrata o panorama das recentes modificações do Código de Processo Civil e suas repercussões no processo do trabalho; analisa os princípios e garantias fundamentais processuais; aborda o novo processo civil sincrético e a aplicação de suas inovações à execução trabalhista; desvenda a proposta do Código de Processo Coletivo e saúda a informatização do processo como importante instrumento de efetividade.

Agradecemos a todos os Colaboradores e, em especial, aos Membros do Ministério Público do Trabalho, que, com sua participação e apoio, têm possibilitado à ANPT a atuação cada vez mais arrojada no cenário jurídico nacional.

Cordialmente,

Sebastião Vieira Caixeta
Presidente

Juliana Vignoli Cordeiro
Vice-Presidente

LA VINCULABILIDAD JURÍDICA DE LOS DERECHOS FUNDAMENTALES DE LA PERSONA DEL TRABAJADOR: UNA APROXIMACIÓN DE DERECHO COMPARADO

Fernando Valdés Dal-Ré[*]

Sumario: 1. Las teorías. A. La vinculabilidad negada y discutida. B. En búsqueda de la vinculabilidad. 2. Las líneas de tendencia de los ordenamientos positivos. A. Un panorama general. B. Algunas experiencias comparadas.

1. Las teorías

A. La vinculabilidad negada y discutida

1. Los derechos de libertad, plasmados en las Constituciones que se van promulgando al compás del triunfo de la revolución burguesa, no pretendieron sino asegurar un ámbito de inmunidad al *citoyen* frente a injerencias procedentes de los poderes públicos. Este deber de abstención del Estado quedará bien reflejado en la jurisprudencia americana con la fórmula *it tells the State to let people alone*[1]. Pero también se instalará de manera compacta y sin fisuras en la experiencia constitucional europea, en la que, bajo la influencia de la poderosa dogmática iuspublicista del siglo XIX, los hoy denominados derechos fundamentales se concibieron como derechos oponibles exclusivamente frente al Estado, sobre quien recae el deber negativo o de omisión de no entrometerse en la esfera personal de libertad que la *volonté générale* — es decir, el legislador ordinario — ha definido. Los derechos de libertad nacieron, en suma, como espacios de libre autodeterminación personal, que configuran la posición de los ciudadanos frente a los poderes públicos.

Esta noción "estatocentrista"[2] de los derechos de libertad ni fue ni es una construcción dogmática ideológicamente neutra. Muy antes al contrario, constituye una acabada traducción jurídica del postulado político de la revolución liberal

(*) Catedrático de Derecho del Trabajo — UCM.
(1) Bowers vs. *De Vito*, 686 F.2d 616, 618 (7th Cir. 1982) (cit. por Bilbao Ubillos 1997a, p. 235, nota 6).
(2) Cfr. Pace 1985, p. 21.

triunfante; a saber: el Estado, entendido como una "organización vertical", construida bajo relaciones de supra y subordinación, y la Sociedad, concebida, como un "orden espontáneo de racionalidad horizontal", sustentado sobre relaciones competitivas, no sólo forman mundos separados; se encuentran en situación de "oposición"[(3)]. A esta escisión sirve aquella construcción dogmática; una construcción en la que la atribución al Estado del papel de garante de unas zonas de inmunidad personal es el anverso de una moneda de dos caras que no se miran, cuyo reverso jurídico es el abandono de la regulación de las relaciones competitivas al principio de la autonomía de la voluntad privada. En este contexto, las piezas del mecano jurídico del Estado liberal encajan. Los derechos de libertad son derechos públicos subjetivos por cuanto se mueven en unas relaciones de sujeción. Ese es su ámbito de actuación no sólo natural sino exclusivo; y en el que no tienen cabida los individuos, pues sus relaciones no responden al binomio libertad/autoridad sino al par libertad/igualdad. El dogma de la autonomía de la voluntad garantiza la igualdad en las relaciones *inter privatos;* y una relación entre iguales es, por hipótesis, una relación en libertad[(4)].

No son estos momento ni lugar apropiados para discutir los postulados del Estado liberal de Derecho, para rebatir el carácter rudamente ideológico de la configuración de los derechos fundamentales como un mero problema de colisión entre libertad privada y autoridad pública. Los "duros hechos de la historia" ya se han encargado de levantar el velo de su inconsistencia política y jurídica; de demostrar que la igualdad no es principio que acompañe a la libertad contractual; que lo "público" y lo "privado" no forman zonas recíprocamente estancas sino, antes al contrario, áreas mestizas, de cruce y encuentro e, incluso, intercambiables a veces (privatización del poder público y publificación del poder privado)[(5)]; que la "supremacía privada" asume muy a menudo una relevancia social, que crea situaciones *inter privatos* de tanta o de mayor sujeción que la que se da en la relación pública[(6)]; que la existencia de verdaderos centros de poder privado, dotados de vigorosas *potestates agendi*, hace ya tiempo que ha dado al traste con la idílica visión de un sistema de relaciones competitivas dominadas por el par libertad/igualdad. En definitiva, el poder público ha perdido la credencial de ser el "único enemigo" de las libertades fundamentales, compartiendo ahora esta condición con otros poderes, económicos y sociales, que en muchas ocasiones son "más implacables que el propio Estado en la violación de los derechos fundamentales"[(7)].

En este proceso de levantamiento del velo de una realidad en su momento oculta y ocultada, las relaciones laborales han desempeñado un papel relevante. Como tuve oportunidad de razonar hace ya algunos años[(8)], la empresa, que es el

---

(3) Cfr. García Palayo 1977, p. 21-22.
(4) Cfr. Bilbao Ubillos 1997a, p. 240.
(5) Para una lúcida crítica de la escisión de las esferas de lo público y lo privado, desde la perspectiva de los derechos fundamentales, vid. Clapham 1993, p. 124 y ss.
(6) Sobre la noción de supremacía privada, vid. Lombardi 1973, p. 86 y ss.
(7) Cfr. Pérez Luño 1988, p. 42.
(8) Valdes Dal-Ré 1992, p. 27.

locus en el que se pretenden ejercer los derechos fundamentales del trabajador, genera una situación de poder, si por tal se entiende, en un sentido primario y naturalista, una fuerza que actúa de modo causal y que expresa el sometimiento real de unos hombre sobre otros, obligados a realizar una determinada conducta[9]. En la conformación social que conocemos, los poderes del empresario — o, si se prefiere, la empresa en cuanto poder privado — constituyen una real amenaza para los derechos de la persona del trabajador. Y ello no por considerar tales poderes como intrínseca u ontológicamente insidiosos o perversos sino, más sencillamente, por cuanto la lógica empresarial (sus principios económicos y sus valores normativos) actúa *naturaliter* como freno a la expresión de aquellos derechos, comprometiendo su desarrollo.

Pero la asimétrica situación de poder contractual que cruza la relación laboral no solo ha servido para desactivar el fuste teórico del dogma de la autonomía de la voluntad. También ha colaborado, y eso es ahora lo que interesa destacar, en la reconstrucción de la tradicional dogmática de los derechos fundamentales, al menos en un doble y, en buena medida, combinado sentido. En primer lugar y por lo pronto, los derechos fundamentales siguen concibiéndose como derechos subjetivos; pero añaden una segunda dimensión de carácter objetivo, que les convierte en elementos esenciales del ordenamiento jurídico en su conjunto. Esta nueva dimensión adjudicada a los derechos fundamentales transforma la función de garantía del Estado respecto a los mismos, que ya no se expresa sólo mediante la obligación negativa de no interferir o entrometerse en su ejercicio; también se traduce en un deber positivo, en la adopción de un cuadro de medidas positivas encaminadas a promover y facilitar de manera real y efectiva su disfrute, combatiendo y contrarrestando el déficit de derechos fundamentales que pueda aparecer en la sociedad; comprometiéndose, en suma, con la realización y tutela de los derechos fundamentales. En segundo lugar, los derechos consagrados en las normas iusfundamentales, sin variar su naturaleza, han modificado o tienden a modificar su estructura subjetiva; dejan de ser entendidos como derechos oponibles solamente frente a los poderes públicos para irrumpir en las relaciones privadas.

Centrando la atención en esta última transformación y retornando al argumento apenas esbozado, no me parece arriesgado afirmar que la doctrina de la *Drittwirkung der Grundrecht,* de la eficacia pluridireccional de esos derechos, ha madurado y se ha desarrollado, en buena parte, al calor del principio de iusrealismo contractual que impregna todas las secuencias vitales de la relación laboral: la radical asimetría de poder entre empresario y trabajador, y que se expresa, desde luego, en las distintas posiciones jurídicas que ocupan en la relación laboral, pero también, y con no menor significación, en el más amplio espacio de la vida social y económica. O por expresar la idea con otras palabras, la relación laboral ha actuado como el campo natural de experimentación de la teoría y de la aplicación práctica de la denominada eficacia horizontal de los derechos fundamentales; de la expansión de estos derechos hacia la esfera privada.

---

(9) Tomo este sentido primario de poder de Kelsen (1979, p. 141), quien lo aplica, precisamente, en relación con el Estado.

Sin embargo, conviene ya aclarar que la eficacia pluridimensional de los derechos fundamentales no puede abordarse todavía como un proceso cerrado; se trata, más bien, de un proceso *in itinere* en el que, adicionalmente, ni todos los ordenamientos positivos se encuentran en el camino ni, los que han echado a andar, han alcanzado un mismo punto de destino. Con todo y con ello, no me parece arriesgado afirmar que la tesis de la eficacia horizontal de los derechos fundamentales se está, bajo una u otra forma, imponiendo en la mayor parte de los sistemas jurídicos.

En otras palabras, la teoría de la *Drittwirkung* sigue a discusión; pero a una discusión, no obstante, que ha alterado su eje de rotación. En la actualidad de nuestros días, la tesis de la (cierta) eficacia de las normas iusfundamentales en las relaciones entre privados cuenta no sólo con un consenso doctrinal muy amplio; constituye — y ello es más importante — una herramienta ampliamente utilizada en los ambientes jurídicos y judiciales comparados. El debate se centra en definir el tipo y el *quomodo* de esa eficacia. O por decirlo con las elegantes palabras de *Alexy*, los dos grandes problemas que hoy se plantean respecto de los derechos fundamentales son, el primero, de "construcción" (discernir cómo actúa el derecho fundamental en las relaciones privadas) y, el segundo, de "colisión" (precisar en qué medida se manifiesta esta eficacia)(10). De aquél primero, me ocuparé en ésta ocasión.

B. En búsqueda de la vinculabilidad

2. Antes de entrar en las cuestiones de fondo, me parece de todo punto obligado efectuar algunas consideraciones de carácter general que contribuyan a una mejor comprensión de cuanto ha de razonarse de inmediato. Suele ser un lugar común de la doctrina hacer notar que la teoría o, mejor aún, la "problemática"(11) de la *Drittwirkung,* alumbrada en Alemania pero convertida en un "artículo de exportación" hacia otros ordenamientos(12), se desdobla en dos tesis: la de la eficacia mediata (*mittelbare*) y la de la eficacia inmediata (*unmittelbare*). En un orden cronológico, ésta última, aplicada por vez primera por el Tribunal Federal de Trabajo (*Bundesarbeitsgericht*) a iniciativa de quien era Presidente de su Sala Primera, el civilista y laboralista H.C. Nipperdey, precedió a aquella primera, acogida más tarde por el Tribunal Constitucional.

Esta sistemática binaria es correcta; pero sólo en parte. A estas dos tesis sobre la eficacia de los derechos fundamentales en las relaciones entre particula-

---

(10) Cfr. Alexy, p. 511.

(11) Tiene razón Cruz Villalón (1999, p. 218) cuando hace notar que la *Drittwirkung,* más que un concepto o una teoría, es una "problemática", pues en ella van involucradas cuestiones tan importantes como la separación entre Estado y Sociedad, la concepción misma de los derechos fundamentales, el significado de la supremación de la Constitución y las garantías procesales de estos derechos.

(12) Cfr. Münch 1997, p. 33.

res, puede aún sumarse, al menos en el terreno dogmático, una tercera, cuya versión más extremada ha sido elaborada por *Schwabe*[(13)]. Según esta concepción, el Estado, al organizar y regular con efectos obligatorios el tráfico jurídico privado, participa de las intromisiones e injerencias que, en dicho tráfico, un particular pueda producir sobre los derechos fundamentales de otro particular. Estas intromisiones, bien que ocasionadas en la esfera privada, traen causa en la intervención ordenadora del Estado y, por tanto, a él pueden serles imputadas. Los resultados de esta construcción son paradójicos, pues, pese a la reafirmación de los derechos fundamentales como derechos públicos subjetivos, convierte a los poderes públicos en causantes de todas las vulneraciones sufridas por los particulares en su patrimonio iusfundamental y, en consecuencia, les hace responsables universales de las mismas. No es cuestión ahora de reiterar las certeras objeciones dirigidas a esta tesis, que en verdad no satisface las exigencias de protección de los derechos fundamentales[(14)]. Lo único que me interesa ahora señalar es que, en algunos sistemas jurídicos, la jurisprudencia suele recurrir a fórmulas de "implicación" de los poderes públicos en la acción lesiva del derecho fundamental como una vía alternativa para atribuir alguna suerte de efectos de los derechos fundamentales en las relaciones entre particulares, sin por ello poner en cuestión ni discutir la eficacia unidireccional de tales derechos. La jurisprudencia norteamericana de la *state action*, a la que más adelante me referiré, ilustra este tipo de soluciones.

Retornando a las dos manifestaciones básicas de la teoría de la *Drittwirkung,* de ellas se ha dicho, y con toda razón, que valen primariamente para la actividad judicial[(15)]. Por ello, por cuanto hablar de la influencia de los derechos fundamentales en las relaciones jurídicas en general, y en las laborales, más en particular, significa entrar de manera inmediata en un diálogo con los jueces, deferir a la *interpositio legislatoris* el reconocimiento de tales derechos equivale, sencillamente, a negarles eficacia constitucional, mediata o inmediata; en breve, a privarles de su naturaleza de derecho fundamental[(16)]. Desde luego, al legislador, en este caso al legislador laboral, corresponde un protagonismo esencial en la tarea de concreción de los derechos de la persona del trabajador. Pero una cosa es afirmar que la actividad legislativa constituye el complemento indispensable e, incluso, el instrumento apropiado, por ofrecer las mayores garantías desde la perspectiva de la seguridad jurídica[(17)], de la concreción de los derechos fundamentales de la persona del trabajador; y otra bien distinta sostener que la mediación legal deviene condición necesaria para el reconocimiento mismo de los derechos[(18)]. Una

---

(13) Vid. Schwabe 1971.
(14) Vid., por todos, Alexy 2001, p. 440 y ss.
(15) Cfr., de nuevo, Alexy 2001, p. 514.
(16) O como dice Böckenförde (1993, p. 113), la realización de los derechos fundamentales "no puede depender de una configuración infra-constitucional suficiente del ordenamiento jurídico-privado".
(17) Cfr. Bilbao Ubillos 1997a, p. 291.
(18) Cfr. Jiménez Campo 1999, p. 35.

configuración de base estrictamente legal instala a este tipo de derechos extramuros de las propiedades de la fundamentalidad; esto, de las exigencias derivadas de la vinculación del legislador a los derechos fundamentales. El principio de legalidad desplaza, con todas sus consecuencias, al principio de supremacía de la Constitución: el legislador se erige en único "señor" de los derechos personalísimos del trabajador y, en consecuencia, el momento de interpretación y aplicación de los mismos por parte del juez deviene una cuestión de mera legalidad ordinaria. La libertad del trabajador de expresar sus opiniones o el derecho que como persona le asiste a no ser agredido en su intimidad personal pierde sus referencias constitucionales; o lo que es igual, no alcanzan una protección eficaz.

3. Ya se ha señalado que la teoría de la *Drittwirkung,* en sus dos modalidades, se construye dogmáticamente por la potente escuela constitucionalista alemana durante la década de años cincuenta; y es ahí, igualmente, donde conoce sus primeras aplicaciones. Con independencia de las analogías entre estas manifestaciones de eficacia y, sobre todo, de sus divergencias sustantivas, su proximidad histórica no se debe al azar o a una mera coincidencia. Con la aplicación de la tesis de la eficacia mediata, de origen doctrinal(19), el Tribunal Constitucional Federal alemán (TCF) perseguía un doble objetivo. El primero, hacerse eco de la demanda social de reconocimiento de los derechos fundamentales en la esfera privada, dando así contenido sustantivo al constitucionalismo social, a la cláusula del *SocialStaat.* El segundo, expandir los derechos fundamentales en las relaciones entre particulares a través de una vía más "prudente" y "discreta"(20) que la que había emprendido, años atrás, el Tribunal Federal alemán, a la que se acusaba de haber llevado "demasiado lejos" el reconocimiento de la *Drittwirkung*(21).

Para la tesis de la eficacia mediata(22), que en modo alguno pone en entredicho la independencia del sistema jurídico privado respecto de las normas iusfundamentales y los derechos por ellas enunciados, los derechos fundamentales participan de una doble naturaleza o forma de ser. Además de reconocer derechos de libertad oponibles frente a los poderes públicos, son "normas objetivas de principio" (*objektive Grundsatznormen*); esto es, definen un sistema de valores incorporado a la Constitución, que, en cuanto dotado de un efecto de irradiación, debe influir en la interpretación del ordenamiento en su conjunto y vincular a todos los poderes del Estado. En el sector del ordenamiento privado, al que pertenece el laboral, esta influencia, sin embargo, se manifiesta a través de las cláusulas generales que le son propias, al estilo de la "buena fe" o del "orden público"; es mediante éstas cláusulas cómo se produce el efecto irradiación de los derechos fundamentales en las relaciones privadas.

---

(19) Había sido elaborada por Düring en 1956.

(20) Son éstos los adjetivos utilizados por Starck 1994, p. 108.

(21) Cfr. Cruz Villalón 1999, p. 226.

(22) Entre otros muchos, vid: García Torres/Jiménez Blanco 1986, p. 29 y ss; Böckenförde 1993, p. 109 y ss; Bilbao Ubillos 1997a, p. 302 y ss ; Naranjo de la Cruz 1999, p. 172 y ss y Cruz Villalón 1999, p. 226 y ss.

Aplicada inicialmente esta tesis por el TCF en la famosa sentencia *Lüth-Urtheil* de 15 de enero de 1958[23] y reiterada en distintas ocasiones con posterioridad[24], la misma ha sido objeto de abundantes críticas, dirigidas unas a rebatir el fundamento de su construcción dogmática y enderezadas otras a evidenciar la paradoja de sus resultados prácticos. En el primer sentido, se ha hecho notar que la doble funcionalidad asignada a los derechos fundamentales (como derecho subjetivo y como norma objetiva) termina disolviendo la normatividad del derecho subjetivo[25]. El desarrollo de las críticas en relación con el resultado práctico exige un razonamiento algo más acabado.

El deber del juez de interpretar y aplicar las normas civiles o laborales conforme al orden objetivo significa, en principio y enjuiciado desde la perspectiva de la eficacia de los derechos fundamentales, poca cosa; tan sólo obliga al órgano judicial a valorar la influencia de las normas iusfundamentales sobre las cláusulas generales y, en caso de haber apreciado un elemento de influencia, efectuar una interpretación de las normas legales de naturaleza privada conforme con el efecto irradiación. No obstante ello, la sentencia *Lüth-Urtheil*, dando un salto en el vacío, concluirá señalando que la omisión por el juez de tener en cuenta el efecto irradiación constituye una vulneración no sólo del derecho constitucional objetivo, sino también y en razón de la cualidad de poder público bajo la que aquél (el juez) ejerce su función, del derecho fundamental esgrimido por el particular y no restaurado por el órgano judicial. Por este lado, la tesis de la eficacia mediata termina haciendo girar todo el sistema de los derechos fundamentales sobre la sentencia civil o laboral, "entendida como acto de un poder público (*öffentliche Gewalt*) que viola un derecho fundamental"[26]; disfraza como controversia sobre la correcta aplicación del derecho objetivo[27] el verdadero problema, relativo a la estructura de los derechos fundamentales. La doctrina de la eficacia mediata termina mostrando así su costado artificial.

Bien otras son las bases dogmáticas que sustentan la tesis de la eficacia inmediata, que no otro alcance tiene que el reconocimiento de la vinculabilidad de los derechos fundamentales, en tanto que derechos subjetivos amparados con la garantía constitucional, a las relaciones entre particulares. El derecho fundamental es ahora también oponible, como derecho constitucional, frente a sujetos privados. Y lo es, con independencia de que una ley haya procedido o no a delimitar y a limitar el contenido constitucionalmente protegido del derecho en liza. De existir, el juez, evidentemente, tendrá que aplicar el bloque de la norma iusfundamental integrado por la Constitución y la ley como fundamento de su decisión, pudiendo

---

(23) Cfr. BverfG 7, 198.
(24) Por ejemplo en los asuntos *Blinkfüer* (BverfG 25, 256), de 26 de febrero de 1969, y *Walraff* (BverfG 66, 116), de 25 de enero de 1984. Un comentario de estas y otras decisiones del TCF, en Bilbao Ubillos 1997a, p. 305 y ss.
(25) Vid. Lombardi 1970, p. 65 y ss.
(26) Cfr. García Torres/Jiménez Blanco 1986, p. 36.
(27) Cfr. Bilbao Ubillos 1997a, p. 320.

ejercer, si su ordenamiento positivo se lo consiente(28), el oportuno control a través del juicio de proporcionalidad. Pero de no existir norma legal, el juez habrá de ponderar en qué medida la conducta o comportamiento de un particular, normalmente el empresario, produjo una lesión en el patrimonio iusfundamental de otro particular, normalmente el trabajador, y, en caso de constatar la existencia de esa violación, amparar la petición del justiciable.

2. Las líneas de tendencia de los ordenamientos positivos

4. Presentado que ha sido el debate sobre la eficacia de los derechos fundamentales y antes de entrar a analizar los problemas de colisión que plantea el reconocimiento a los trabajadores de un haz de derechos personalísimos con relevancia constitucional, vale la pena conocer la respuesta de los ordenamientos a aquél debate. Como fácilmente se comprenderá, el propósito no puede consistir en dar cuenta de manera exhaustiva y aunque fuera resumida del modo en que los más variados ordenamientos positivos resuelven el problema de construcción de la eficacia de los derechos fundamentales de la persona del trabajador. Otro es mi objetivo, que paso a exponer.

En principio, pudiera pensarse que los modelos normativos comparados de eficacia de los derechos de la persona del trabajador coinciden con los modelos teóricos ya expuestos. Cuatro serían, por tanto y según ello, los modelos normativos comparados que podrían detectarse en los distintos sistemas jurídicos: a) el mantenimiento de la noción tradicional y clásica de los derechos de libertad como derecho público subjetivo, quedando obturado con ello toda posibilidad de vinculabilidad, directa o indirecta, de estos derechos en las relaciones laborales; b) la remisión de la vigencia de los derechos de la persona del trabajador a una *interpositio legislatoris*, que no niega la fundamentalidad del derecho, pero la reduce a la condición de derecho constitucional de configuración legal; c) el reconocimiento de una eficacia mediata a los derechos fundamentales y, en fin, d) la atribución de una eficacia directa a estos mismos derechos en las relaciones entre empresario y trabajador.

Esta tipología no resiste, sin embargo, el más leve embate crítico. Y no lo resiste por cuanto, en verdad, se limita a reproducir unos modelos teóricos puros que rara vez se dan en la compleja y rica experiencia jurídico-positiva. Si alguna enseñanza puede extraerse del estudio del derecho comparado es el tratamiento mestizo o híbrido que los ordenamientos positivos hacen del problema de la eficacia de los derechos de la persona del trabajador. Colocado en el trance de elaborar

---

(28) En los sistemas de control difuso de constitucionalidad 145 También la Constitución chilena parece atribuir esta eficacia directa con fundamento en lo previsto en el art. 20. Vid. Verdugo/ Pfeffer 1997, p. 340. Y similar conclusión cabe deducir de lo previsto en el art. 332 de la Constitución Uruguaya.

una escala de la *Drittwirkung* conforme a los modelos expuestos y ubicar a cada uno de los sistemas jurídicos en un solo modelo, pocos de entre ellos, si es que alguno, tolerarían una adscripción única. Las situaciones son tan variadas, que cualquier intento de encerrar en moldes rígidos la diversidad de las soluciones es un empeño de antemano inútil. Por estas razones, más que de modelos, de lo que conviene hablar, y de lo que finalmente hablaré, son de tendencias. En este sentido, comenzaré por ofrecer un panorama general del debate sobre la eficacia de los derechos de la persona del trabajador, destacando las grandes líneas de su tratamiento para, inmediatamente después, examinar con algo más de detalle algunas experiencias comparadas.

A. Un panorama general

5. Las Constituciones que contienen un precepto del que pueda inferirse de manera expresa e indubitada la eficacia horizontal de los derechos fundamentales de la persona del trabajador son una minoría. Dentro de éste reducido capítulo, puede mencionarse, como caso paradigmático, el sistema jurídico portugués(29). El art. 18.1 de la Constitución portuguesa dispone, en efecto, que las normas iusfundamentales relativas a los derechos, libertades y garantías son "directamente aplicables", vinculando "a las entidades públicas y privadas". Es éste un reconocimiento que carece de un ámbito general; no afecta a todos los derechos constitucionales, sino exclusivamente a un selecto grupo de ellos(30), que forman el núcleo de derechos fundamentales dotados *ex Constitutione* de una eficacia directa e inmediata, entre los que se encuentran, precisamente, los derechos personales del trabajador. La doctrina portuguesa no mantiene, sin embargo, una postura unánime sobre el sentido y alcance del citado precepto constitucional. Mientras algunos autores entienden que el art. 18.1 ha transformado "la Constitución en el estatuto fundamental del orden jurídico general, de las relaciones sociales en general", quebrando el paradigma de la teoría liberal de los derechos fundamentales(31), otros defienden posiciones más matizadas, limitando la eficacia directa e inmediata de los derechos de la persona a aquellas relaciones entre particulares en la que una parte (un individuo o una organización) dispone de un poder especial sobre la contraparte; es ello lo que sucede, precisamente, en las relaciones laborales(32). E incluso no faltan las voces contrarias a una aplicación incluso matizada de la eficacia directa e inmediata de los derechos de la persona en las relaciones *inter privatos*(33).

---

(29) Los regulados en el Título II de la primera parte del texto constitucional, entre los que no se ubican los derechos económicos, sociales y culturales.
(30) Cfr. Gomes Canotilho/Moreira 1993, p. 145.
(31) Tal es la posición, por ejemplo, de Prata 1982, p. 137 y ss.
(32) Vid. las distintas tesis doctrinales, en Vieira de Andrade 1987, p. 283 y ss.
(33) No es esta, desde luego, una conclusión que pueda predicarse con carácter general.

A pesar de que la inmensa mayoría de las Constituciones no confiere de manera explícita una eficacia horizontal a los derechos fundamentales de la persona, la vigencia de los derechos fundamentales de la persona en las relaciones nacidas del contrato de trabajo constituye una realidad que, no sin fatigas, se va abriendo camino de manera lenta pero gradual. El procedimiento más generalizado de extensión de la *Drittwirkung* a las relaciones laborales suele articularse a través de la intervención judicial; son los jueces y tribunales, encargados en cada ordenamiento de dirimir los conflictos de trabajo, los que reconocen alguna suerte de eficacia, mediata o inmediata, de los derechos fundamentales en este tipo de relaciones entre particulares.[(34)] Algunas experiencias de derecho comparado pueden ilustrar esta expansión.

La jurisprudencia japonesa ha venido manteniendo durante largo tiempo la tesis tradicional de que los derechos constitucionales sólo resultan oponibles a los poderes públicos. Un buen exponente de la aplicación de esta doctrina lo ofrece la sentencia del Tribunal Supremo de 12 de diciembre de 1973, recaída en el asunto *Mitsubischi Jushi*. Un trabajador, graduado universitario, recibió una notificación de su empresa en la que se le comunicaba que, al final de su período de prueba, el contrato quedaba extinguido. La razón alegada fue que, en el momento de la entrevista, el trabajador había silenciado las actividades políticas desarrolladas durante su época de estudiante. La *Supreme Court* desestimaría la declaración de despido injusto por violación del derecho fundamental a la libertad ideológica. Fuertemente criticada por la doctrina[(35)], la jurisprudencia moderaría años más tarde esta tesis en el asunto *Nissan Jidosha*[(36)], al reconocer la vigencia del principio constitucional de no discriminación (art. 14 de la Constitución) en el ámbito de las relaciones laborales.

En algunos ordenamientos positivos, el activismo judicial a favor de los derechos de la persona del trabajador se promociona o, al menos, se facilita como consecuencia de la existencia de mecanismos específicos de protección jurisdiccional de los derechos fundamentales. El *leading case* lo ofrece el asunto *Samuel Kot*, resuelto por la Corte Suprema argentina mediante sentencia de 5 de septiembre de 1958. Dijo en aquella ocasión el Alto Tribunal argentino que "nada hay ni en la letra ni en el espíritu de la Constitución que permita afirmar que la protección de los derechos humanos esté circunscrita a los ataques que procedan sólo de la autoridad", pues de otro modo "habría que concluir que los derechos esenciales de la persona humana carecen en el derecho argentino de las garantías indispensable para su existencia y plenitud"[(37)]. Sin embargo, las legislaciones no establecen siempre una misma garantía jurisdiccional para la defensa de los derechos

---

(34) Vid. Sugeno 2002, p. 132.
(35) Sentencia del Tribunal Supremo de 24 de marzo de 1981.
(36) Sobre esta decisión, entre otros muchos, vid. Carrió 1987, p. 302 y ss.
(37) Tal sucede, por ejemplo, en México, Nicaragua y Argentina, país éste en el que el recurso de amparo ha seguido una azarosa evolución (vid. Carrió 1987, p. 147 y ss). En Europa, tal es el opción que adopta Polonia.

fundamentales, diferenciando según la procedencia pública o privada del acto u omisión que lesione el derecho. O expresada la idea en otros términos, los ordenamientos limitan, en ocasiones, el acceso del remedio jurisdiccional reforzado a los ataques y violaciones procedentes de los poderes públicos[38]. No obstante, no es ésta la regla general observable en los países que cuentan con este tipo de procedimientos, en la mayor parte de los cuales los particulares, incluidos los trabajadores, pueden utilizar los recursos sumarísimos y rápidos para garantizar la tutela de los derechos fundamentales en las relaciones inter privadas[39]. Es precisamente en el marco de estos procedimientos, en los que la *questio iuris* enjuiciada es la eventual violación de un derecho fundamental del trabajador, donde suelen aflorar las tendencias de atribución de una cierta eficacia de los derechos fundamentales de carácter personalísimo en las relaciones laborales.

6. El reconocimiento de los derechos fundamentales de naturaleza personal en las relaciones entre particulares no sólo se está abriendo paso como consecuencia de la aplicación, por parte de los jueces y tribunales nacionales, de normas iusfundamentales. Al margen de estas fórmulas de atribución de eficacia horizontal a ciertos derechos constitucionalmente consagrados, en los últimos años está emergiendo con fuerza una segunda vía de penetración de este tipo de derechos en el tráfico jurídico privado a resultas de la creciente protección, en el orden internacional, de los derechos humanos; señaladamente de aquellos relativos a la prohibición de no discriminación y al respeto de la dignidad de la persona humana. Dando de lado el análisis de las fórmulas de recepción en cada sistema jurídico del derecho internacional (tesis monistas o dualistas) y sin entrar tampoco a debatir la discutida cuestión relativa a la jerarquía normativa que ostentan, en dichos sistemas, los textos internacionales, numerosas son las Const tuciones que reenvían a los instrumentos internacionales de derechos humanos bien para conferirles la condición de fuentes autónomas del ordenamiento jurídico interno bien para asignarles la cualidad de fuente privilegiada de interpretación de los derechos fundamentales reconocidos en la propia Constitución.

En este orden de cosas, no son infrecuentes las Constituciones de la última generación que otorgan rango constitucional a ciertos tratados sobre derechos humanos ratificados por el Estado[40]. Así, el art. 75, inciso 22, de la Constitución argentina, reformada en 1994, tras estipular que los tratados tienen jerarquía superior a las leyes, confiere "jerarquía constitucional" a una serie de tratados que se mencionan expresamente, los cuales han de entenderse "complementarios de los derechos y garantías reconocidos" en el propio texto constitucional. En parecidos términos se expresa el art. 5, párrafo segundo, de la Constitución chilena, el art. 46

---

(38) A este modelo responden, entre otras, las legislaciones de Costa Rica, Chile, Paraguay, Uruguay y Venezuela. Vid. Fix-Zamudio 1985 y Brewer-Carias 1993, p. 2095 y ss.
(39) Pionera de esta solución fue la Constitución de Uruguay, cuyo art. 72 dispone que las declaraciones internacionales relativas a los derechos humanos fundamentales se incorporan al bloque de constitucionalidad.
(40) Cfr. Abramovich/Courtis 2002, p. 72.

de la Constitución guatemalteca, el art. 93 de la Constitución colombiana o, en fin y en relación no exhaustiva, el art. 23 de la Constitución venezolana, el cual atribuye a estos tratados "jerarquía constitucional" en la medida "en que contengan normas sobre su goce y ejercicio más favorable a las establecidas por esta Constitución". En todos estos ordenamientos, la jerarquía constitucional de los tan mencionados tratados no sólo sirve para complementar la parte dogmática de la respectiva Constitución; también lleva aparejada la obligación de los poderes públicos de respetar y garantizar el ejercicio de los derechos de la persona consagrados en las normas iusfundamentales internacionales, correspondiendo a los tribunales internos velar por ese respeto y garantía atendiendo no sólo a la jurisprudencia igualmente interna sino, adicionalmente, a los cánones hermenéuticos elaborados por los órganos encargados de interpretar esa normativa internacional(41). O como dijera la Corte Suprema argentina en el asunto *Ekmekdjian, Miguel A. C. Sofovich, Gerardo y otros*, resuelto por sentencia de 7 de julio de 1992, la interpretación de la Convención Americana de Derechos Humanos(42)"debe guiarse, además, por la jurisprudencia de la Corte Interamericana de Derechos Humanos".

De ordinario, sin embargo, en los ordenamientos que optan por la tesis monista, los textos internacionales ratificados por el Estado carecen de jerarquía constitucional. Pero con independencia de ello, el impacto de estos textos en los derechos internos hace ya tiempo que ha sido destacado por la doctrina, que ha procedido a elaborar una serie de indicadores capaces de evaluar y medir el impacto mismo. En tal sentido y en relación con la Convención Europea para la Protección de los Derechos Humanos y de las Libertades Fundamentales (CEDH), se vienen utilizando como indicadores para medir ese impacto, entre otros, su aplicación por los tribunales nacionales, la invocación por la jurisprudencia interna de la jurisprudencia del Tribunal Europeo de Derechos del Hombre (TDEH)(43) y, más en general, la incidencia de la Convención en los procesos de elaboración, aplicación, interpretación y reforma de los ordenamientos domésticos(44). Desde esta perspectiva, puede convenirse que tanto la CEDH como la jurisprudencia dictada por el Tribunal de Estrasburgo se integran en las *rationae decidendi* de las resoluciones de los jueces y tribunales de los Estados que son parte de la Convención, utilizándose aquella como fuente de derecho y manejándose ésta otra como canon complementario de interpretación(45). La visibilidad de ésta integración es apreciable, con toda seguridad, en aquellos supuestos en los que el derecho controvertido pretende ejercerse frente a un poder público; pero es bastante menos apreciable extramuros de las relaciones públicas de sujeción especial.

---

(41) También denominada "Pacto de San José", de fecha 22 de noviembre de 1969, que entró en vigor, de conformidad con lo que dispuso su art. 74.2, el 18 de julio de 1978. Vid. Jiménez de Arechaga 1988, p. 25 y ss.

(42) Sobre este Tribunal, cuya estructura fue reformada en 1994, vid., por todos, Renucci 2001, p. 485 y ss.

(43) Vid. Jacobs 1975, p. 277 y ss y Polakiewick/Jacob-Foltzer 1995, p. 65 y ss.

(44) Cfr. Rodríguez 2001, p. 116.

(45) Cfr., los entrecomillados, en Häberle 2002, p. 126.

En la jurisprudencia del TEDH — que es una jurisprudencia de "enorme creatividad", similar al "derecho pretoriano"(46) se va abriendo camino, no sin esfuerzos y correcciones de rumbo, la tesis de la atribución de una cierta eficacia horizontal a algunos de los derechos y libertades fundamentales consagrados en la Convención(47). En buena medida, esta eficacia se deduce o, al menos, se vincula con el deber de los Estados signatarios de adoptar un cuadro de medidas positivas destinadas a garantizar, también en las relaciones entre privados, la efectividad de tales derechos.(48) O como dijera el Tribunal en la sentencia *X and Y vs. Pays Bas*, el Convenio impone a los poderes públicos no solo la obligación negativa de abstenerse de toda intromisión arbitraria, sino además obligaciones positivas, que pueden implicar la adopción de medidas "incluso en la esfera de las relaciones entre particulares"(49). De manera más explícita y una vez más en relación con el derecho a la intimidad, el TEDH, en la sentencia *Niemitz vs. Allemagne*, ha entendido que la noción de vida privada incluye no sólo las actividades profesionales sino, más en general, el conjunto de las relaciones sociales(50). Y en *Halford vs. Royaume Uni,* los jueces europeos han declarado que las comunicaciones telefónicas efectuadas desde una empresa se encuentran protegidas por el mencionado derecho fundamental, manifestando que los empleados tienen "una razonable expectativa de privacidad" en su lugar de trabajo, que el empresario está obligado a respetar(51).

Sin embargo, los jueces y tribunales nacionales de los Estados que han ratificado la CEDH no suelen conferir eficacia horizontal a los derechos en ella recogidos, probablemente en razón de que la propia Convención no contiene ninguna disposición que declare de manera expresa que sus normas pueden ser invocadas por los particulares en sus relaciones recíprocas(52). Excepcionalmente, algunos

---

(46) Por ejemplo, en las sentencias de 13 de agosto de 1981, *Young, James et Webster vs. Royaume-Uni*, A-44 (libertad sindical) o de 28 de noviembre de 1988, *Nielsen vs. Danemark*, A-144 (derecho a la libertad).
(47) Sobre la evolución y los problemas que suscita esta tesis, vid., por todos, Sudre 1999, p. 117, que la califica como "engañosa" (*trompe-oeil*).
(48) Sentencia de 26 de marzo de 1985, A-91, parágrafo 23, relativa a la vida privada. Tambien las sentencias de 21 de junio de 1988, *Platfform <Arztefür das Leben> c. Autriche*, A-139, parágrafos 34 y 36, de 25 de marzo de 1993, *Costello-Roberts c. Royaume Uni*, C-247, y de 9 de diciembre de 1994, *López-Ostra c. Espagne*, C-303. Para más detalle, vid. Claphman 1993, p. 213 y ss y Raynaud 2003, p. 97 y ss.
(49) Sentencia de 16 de diciembre de 1992, A-251 B, parágrafo 29. Sin embargo y en una sentencia posterior, la de 24 de febrero de 1998, *Botta vs. Italia*, la Corte dará marcha atrás, negando que el art. 8 protega "la vida privada social". Vid. Renucci 2001 p. 134.
(50) Sentencia de 25 de junio de 1997, *Recueil des arrêts et dècisions de la Cour Européenne de droits de l´homme* (Rec., a partir de 1 de enero de 1996) 1997-III, p. 1004.
(51) Con todo, la doctrina no mantiene una posición unánime sobre la eficacia estrictamente vertical de la CEDH, no faltando autores que la defiendan. Por ejemplo, Velu/Ergec 1990, p. 74 y ss. Vid. también el debate en Clapham 1993, p. 134 y ss y en Raynaud 2003, p. 92 y ss.
(52) Vid., para Bélgica, sentencia de la *Cour de Cassation* de 21 de febrero de 2001, núm. P. 99.0706.N. Pero, con anterioridad, los jueces belgas ya habían utilizado el art. 8º de la CEDH para calificar como contraria a derecho la cláusula de un reglamento interior de un colegio confesional

Tribunales Supremos europeos, como el de Bélgica y el de los Países Bajos, aceptan la eficacia pluridireccional inmediata de algún derecho fundamental consagrado en la CEDH, como el derecho "al respeto a la vida familiar y privada" (art. 8)[(53)]. No obstante, esta doctrina experimenta una notable mutación en su proyección en el contrato de trabajo, ámbito en el que la vinculabilidad predicable es de carácter "reflejo", derivada del juego de la cláusula general de la buena fe. En este mismo sentido, la *Swedish National Labour Court* ha declarado, tras la ratificación por Suecia de la CEDH, la eventual eficacia de determinados derechos en ella enunciados a las relaciones entre particulares, declaración ésta, sin embargo, que, hasta el presente, no ha transcendido del terreno de los principios; es decir, no ha sido objeto de aplicación a ningún caso concreto[(54)]. La incidencia de la CEDH en orden al reconocimiento de la eficacia de ciertos derechos fundamentales de la persona del trabajador en las relaciones laborales termina así desplegando unos efectos de corto recorrido.

La experiencia inglesa aporta o, mejor aún, parece que puede aportar una interesante excepción al muy discreto impacto que, en el ámbito del contrato de trabajo, prestan los órganos judiciales nacionales europeos a los derechos y libertades consagrados en el CEDH. En principio, la *Human Rights Act* de 1998 *(HRA)* no vincula a sujetos privados. Pese a ello, sus efectos indirectos sobre las relaciones contractuales y, por tanto, sobre el *contract of employment* son muy notables, por cuanto el HRA impone a los jueces y tribunales una obligación de interpretar el ordenamiento en su conjunto, tanto el legal como el *common law*, *in accordance with the Convention rights whenever possible*. De ahí, que los jueces británicos ya hayan tenido oportunidad de declarar que un despido efectuado en violación de un derecho fundamental reconocido en la HRA es un *unfair dismissal,* que puede llevar aparejada la condena al empresario del *reinstatement* o *reengagement* del trabajador[(55)].

B. Algunas experiencias comparadas

17. Pese a que en EE.UU. no existe, *as a formal matter*, una lista de derechos fundamentales, la Constitución federal (Constitución US) así como las Constituciones de los Estados federados protegen de manera explícita o implícita una gran variedad de derechos y libertades. Incluso la Corte Suprema ha señalado que, con vistas a conseguir la plena protection del *concept of ordered liberty*, los jueces han de tener en cuenta y aplicar las tradiciones de "todas las sociedades libres" (*all free societies*)[(56)]. Sin embargo, en la teoría constitucional norteamerica-

---

que preveía el despido para los docentes que atentasen contra la moral católica (vid. Raynaud 2003, p. 109 y ss). Para los Países Bajos, sentencia de la Corte Suprema de 9 de enero de 1987, NJ 1987, 928.

(53) Caso núm. 17, 1998.

(54) Cfr. *Madden vs. Mildland Bank* y *Foley vs. Post Office* (2002), IRLR, 827.

(55) *Wolf vs. Colorado,* 338 US 25 (1949).

(56) Esta tesis también tiene vigencia en Canadá, cuya Corte Suprema , en sentencia de 18 de diciembre de 1986, *Dolphin Delivery Ltd vs. Tetail, Wholesale and Departament of Store Union*

na se encuentra muy arraigada la idea de que las diez primeras enmiendas que integran el *Bill of rights* establecen obligaciones o prohibiciones que afectan exclusivamente a los poderes públicos estatales. En otras palabras, la Constitución US enclaustra las libertades en el exclusivo territorio de las relaciones entre poderes públicos y ciudadanos, sin conferir derecho alguno a estos en sus relaciones privadas[(57)]. La tesis expuesta en 1883 por el Juez Bradley, según la cual "la invasión de los derechos individuales por parte de personas privadas no es materia sujeta" a la enmienda XIV (*individual invasion of individual rights is not the subjet-matter of the amendement*)[(58)] sigue teniendo, más de un siglo después, el mismo fuste teórico e idéntica fuerza aplicativa.[(59)] Un buen ejemplo de la pervivencia de esta tesis lo ofrece los criterios de aplicación por parte de la Corte Suprema de la *equal protection clause*, la cual proscribe las discriminaciones de los poderes públicos. En tal sentido, la jurisprudencia ha venido señalando de manera reiterada que, al margen de la existencia de una amplia legislación antidiscriminatoria, federal o estatal, la discriminación racial de un empleador privado no es una materia constitucional (*Nicholson vs. Quaker Oats Corp.*); y tampoco lo es la discriminación laboral por sexo realizada por una universidad (*Cohen vs. Illinois Inst. of Technology*) o la que tiene motivos políticos (*Black vs. Cutter Laboratories*)[(60)]. Incluso la enmienda I, que garantiza la "libertad de palabra" (*freedom of speech*), también resulta inaplicable en las relaciones laborales, de modo que los tribunales han declarado que no vulnera la Constitución el despido de un trabajador por haber efectuado determinadas manifestaciones de tipo político (*Pavolini vs. Bard-Air Corp.*[(61)] y *United State v. Robel*[(62)]).

De estas breves consideraciones, cabría razonablemente deducir la impermeabilidad absoluta de la jurisprudencia norteamericana a la teoría de la *Drittwirkung*, incluso en su manifestación más suave. En este sistema jurídico, las libertades constitucionales sólo vinculan a los poderes públicos o, lo que es igual, la autonomía privada es inmune a la penetración de esas libertades. No obstante ser ello así, la problemática de la eficacia entre particulares de los derechos fundamentales

---

(1986, 2 SCR 573) dejó dicho que la Carta de Derechos de 1982 se aplica exclusivamente a actos estatales. Vid. Sharpe 1992, p. 365 y ss y Claphman 1993, p. 164 y ss.

(57) *Civil Rights Cases*, 109 US 3,II (1883). Vid. Viera 1990, p. 182 y ss.

(58) Más de cien años despues, la *Supreme Court*, en *Deshaney v. Winnebago County* (DSS 109 S.Ct 998 <1989>) dijo, refiriéndose a la Cuarta enmienda, que *nothing in the language requires the Sate to protect the life, liberty and property of its citizen against invasion by private actors* (Vid. Clapham 1993, p. 161).

(59) Todas las sentencias mencionadas se recogen en Bilbao Ubillos 1997b, p. 4 y proceden de tribunales de apelación.

(60) 352 US 292 (1956).

(61) 389 US 258 (1967). El Sr. Robel era miembro del partido comunista, y fue despedido en virtud de los establecido en la Ley de Control de Actividades Subversivas de 1950. El derecho en liza era fue la libertad de expresión. Vid. Eastland 2000, p. 158 y ss.

(62) Entre la vastísima bibliografía sobre la *state action,* puede consultarse, como obras generales: Gunther 1980, p. 978 y ss y Vieira 1990, p. 182 y ss. Además y como la única monografía en lengua española, en lo que me consta, el magnífico estudio de Bilbao Ubillos 1997b.

ha hecho de algún modo su aparición con motivo de la tipificación judicial de la naturaleza, pública o privada, de la conducta lesiva del derecho; esto es, ha emergido con ocasión del juicio del órgano judicial acerca de sí esa conducta había de reputarse estrictamente privada o, por el contrario, debía de entenderse, aunque hubiera sido ejecutada por un particular, como pública y, por tanto, imputarse al poder público la violación de la concreta libertad. Esta tarea judicial de calificación ha dado lugar a la doctrina de la *state action*[(63)], al amparo de la cual ha tenido lugar, bien que sin rumbo claro, una cierta moderación de la rigurosa aplicación de la teoría liberal de los derechos de libertad.

Dos son las grandes vías a través de las cuales se ha materializado la doctrina de la *state action*, una doctrina construida, al menos en parte, sobre la base de una noción objetiva, en lugar de estrictamente subjetiva, del poder público. De conformidad con la primera, tienen transcendencia pública a efectos constitucionales los actos realizados por aquellas entidades privadas que ejercen potestades públicas o cuasi-pública (*governemet-like-powers*); esto es, que ejercen funciones públicas por naturaleza o equiparables, al menos, a las que han sido encomendadas tradicionalmente al Estado[(64)]. A tenor de la segunda vía, también pueden ser constitucionalmente relevantes los actos privados que tienen un tipo de conexión pública significativa; es decir, en los que hay una implicación (*involvement*) del Estado, lo que puede suceder, por ejemplo, cuando éste concede incentivos económicos a la actividad privada o cuando la actividad privada está sujeta a un régimen de concesión o licencia[(65)].

No es cuestión ahora de entrar en un estudio sobre los complejos y azarosos pormenores de la mencionada doctrina. Lo que me interesa señalar es la prácticamente nula operatividad de la misma en el ámbito de las relaciones laborales. En éste ámbito, la jurisprudencia de la Corte Suprema no sólo ha mantenido, de manera férrea, la falta de relevancia constitucional de las conductas de los empresarios lesivas a los derechos de la persona del trabajador; también ha ejercido una dura autocontención de su propia doctrina. O expresada la idea en otras palabras, los derechos de la persona del trabajador no han constituido, desde el punto de vista constitucional, amenaza alguna a los poderes del empresario de contratar, de despedir e, incluso, de administrar el contrato de trabajo *at will;* esto es, *for good reason, bad reason or no reason at all.* Para no razonar en el vacío, citaré algunos casos expresivos de esta tesis. En *Black vs. Cutter Laboratories*[(66)], el Tribunal Supremo confirmó la validez de un despido producido como consecuencia de la aplicación de un convenio colectivo que había previsto, como causa de desistimiento, la afiliación de los trabajadores al partido comunista. En *Rendell-Baker vs. Kohn*[(67)], el Alto Tribunal entendió que la decisión de un colegio privado de despedir

---

(63) Cfr. Bilbao Ubillos 1997b, p. 39.

(64) Vid. Gunther 1980, p. 997 y ss y Vieira 1990, p. 196 y ss.

(65) 351 US 292 (1956).

(66) 457 US 830 (1982).

(67) Este fallo contrasta con la solución de *Millonas vs. Williams*, adoptada por un tribunal federal (691 F. 2e 931, 1982), que consideró atentatorio a las libertades constitucionales la decisión de

a un grupo de profesores, contratados en virtud de subvenciones federales, en razón de haber enviado una carta a un periódico local criticando a los responsables del centro, no resultaba vulneradora de la constitucional *freedom of speech*[68]. Desde otra perspectiva, la tesis también es defendida en *Steele vs. Louisville & Nashville Railways Corp.*[69], en la que la Corte Suprema amparará la petición de un trabajador de color, discriminado en el acceso al empleo, pero no con la cobertura de la V enmienda sino, más sencillamente, con la de la legislación laboral sobre ferrocarriles *(Railways Labor Act)*[70].

Este carácter errático de la doctrina de la *state action,* que ha sido incluso objeto de una revisión restrictiva a partir de la década de los años ochenta, no sólo evidencia sus propias limitaciones, habiendo sido tildada de *a conceptual desaster area*[71]. Por encima de ello, pone en cuestión la ideología subyacente a la propia doctrina, y que no es otra que la dura resistencia de la Corte Suprema de aceptar la intromisión estatal en la esfera privada, acentuada aún más cuando lo que se encuentra en juego es la *freedom of marcket*, aunque ésta se ejerza de una forma arbitraria e irracional (*individual freedom to be irrational*).

8. Las experiencias francesa y española constituyen un buen ejemplo de la diversidad de vías de reconocimiento de los derechos constitucionales de la persona del trabajador en el ámbito de la relación laboral. Adicionalmente, la experiencia francesa ilustra de manera ejemplar la importancia que, en orden a ese reconocimiento, puede jugar el diálogo en convergencia entre el legislador y la jurisprudencia.

Al estilo de lo acontecido en la mayor parte de los ordenamientos positivos, el debate en Francia sobre la vigencia normativa de las libertades individuales en el contrato de trabajo hace su aparición en una época reciente: en la década de los años 80. Con anterioridad a estas fechas, el Consejo de Estado (*Conseil d´Etat*) ya había hecho notar que los acuerdos colectivos no podían violentar los principios fundamentales enunciados en la Constitución (*aller à l´encontre des principes fondamentaux dans la Constitution*), pues los mismos desbordan el ámbito del ordenamiento laboral, instituyendo "*des garanties (qui) échappant, pour leur nature, aux rapports conventionnels*"[72]. Pese a ello, la potente doctrina administrativista de la época seguía insistiendo en la idea de que las libertades públicas tan sólo confieren a los individuos prerrogativas frente al Estado[73]. De su lado, la jurisprudencia de la *Cour de Cassation* tampoco mostraba una especial inclinación en la

---

un colegio privado de expulsar a un grupo de estudiantes que se habían quejado en razón de que el centro empleaba polígrafos para la detección de mentiras y les censuraba la correspondencia.
(68) 323 US 192 (1944).
(69) Para más detalle, Bilbao Ubillos 1997b, p. 50.
(70) Tribe 2000, p. 1147 y ss y las referencia ahí contenidas.
(71) Cfr. *Avis* de 22 de marzo de 1973, Droit Ouvrier 1970, p. 190.
(72) Por ejemplo, Rivero 1982, p. 422.
(73) Cass. Soc., 19 de mayo de 1978, *Roy c. Association pour l´éducation populaire Sainte-Marthe.* Vid. Dole 1997, p. 112 y ss.

tutela de tales libertades en el contrato de trabajo; más aún, evidenciaba una notable benignidad a la hora de juzgar las intromisiones del empresario en el ámbito privado del trabajador. En tal sentido, la Asamblea plenaria del Alto Tribunal francés, en la sentencia *Dame Roy*(74), calificará como justificado el despido de una educadora de una institución católica en razón de haberse divorciado. La sola vía de tutela de la libertad individual resultaba ser, así, la penal; el juez penal quedaba convertido en el único poder público con "vocación de salvaguardar las libertades individuales contra las lesiones ilícitas de los particulares"(75).

Este estado de precariedad jurídica de los derechos de la persona del trabajador va a experimentar un giro a resultas de la intervención conjunta de la legislación y la jurisprudencia, que van progresiva y sucesivamente abriendo espacios para una protección eficaz de las libertades individuales en el ámbito de las relaciones laborales. El proceso lo abren las leyes Auroux, de 7 de octubre de 1982, relativas a las libertades de los trabajadores en la empresa, dictadas con el objetivo de llevar la *citoyenneté du salarié* a la empresa(76). En esta ley el legislador, además de "acantonar" (*cantonner)*(77) el poder normativo del empresario y sujetar el ejercicio de su poder disciplinario a ciertas exigencias de forma y fondo, reconoce al trabajador el derecho a expresar libremente sus opiniones.

La siguiente secuencia del proceso hacia el reconocimiento de una eficacia directa y mediata de las libertades individuales constitucionales en el contrato de trabajo corresponde a la jurisprudencia de la *Cour de Cassation*. Dos son los *leadings cases:* el ya célebre asunto *Clavaud* (78) y el denominado y no menos afamado asunto del *sacristán de Saint-Nicolas-du-Chardonnet*(79). El Sr. Clavaud, obrero de una industria química, había narrado, en una entrevista que le había hecho un periódico local, las condiciones laborales de la empresa en la que prestaba sus servicios, describiendo una de sus noches de trabajo. Como consecuencia de sus declaraciones, la empresa le despidió, alegando que había creado un estado de descrédito hacia ella, poco compatible con la situación de subordinación propia del contrato de trabajo. La Corte de Casación declarará la nulidad del despido pese a que — y es un dato normativo esencial — el art. 122-45 del *Code du Travail* no prevé ese tipo de sanción para el supuesto de despido por reacción frente al ejer-

---

(74) Cfr. G. Lyon-Caen 1992, p. 153.
(75) Vid. el número especial de Droit Social sobre "Les reformes (II): L´entreprise et les libertés publiques", 1982, núm. 5.
(76) Tal es la expresión utilizada por Pélissier/Supiot/Jeammaud 2002, p. 959.
(77) Cass. Soc., 28 de febrero de 1988, *SA Dunlop France c. Clavaud*. Vid. Droit Social 1988, p. 428, con nota de Couturier. Vid. también Jeammaud/Le Friant 1988, p. 252 y ss.
(78) Cass. Soc., 17 de abril de 1991, *P.Painsecq c. Association Fraternité Saint-Pie X*. Vid. Droit Social 1991, p. 489, con nota de Savatier.
(79) No obstante y como indica G. Lyon-Caen (1992, p. 162), la sentencia *Clavaud*, pese a declarar la nulidad del despido, termina utilizando, como fundamento de su decisión, un precepto legal (el art. 461.1 del *Code*), apartándose así de las argumentaciones del tribunal de apelación, que había "placé le débat à son veritable niveau: celui des libertés générales, par une référence à la norme constitutionnelle".

cicio por el trabajador de la libertad de expresión[80]. De su lado, el Sr. Painsecq venía ejerciendo las funciones de sacristán de una pequeña parroquia, a plena satisfacción de los parroquianos y del propio párroco. No obstante, su empleador, la asociación católica ultraconservadora de la "Fraternidad de San Pío X", tuvo conocimiento de sus inclinaciones homosexuales, procediendo a su despido. La Corte de Casación, basándose en el principio fundamental del derecho a la intimidad (*vie privé*), volverá a declarar la nulidad del despido.

La secuencia de cierre de este proceso la aporta de nuevo el legislador con la ley de 31 de diciembre de 1992. Este texto legislativo, al margen de garantizar la protección de la intimidad del trabajador en materia de tratamiento de datos informáticos, aporta una nueva redacción al art. 120-2 del *Code*, del tenor literal siguiente: *"nul ne peut apporter aux droits des personnes et aux libertés individuelles et collectives de restrictions qui ne serait pas justifiées par la nature de la tâche à accomplir ni proportionnées au but recherché".* Esta regla ilustra la progresiva tendencia a la afirmación en el derecho francés de los derechos de la persona del trabajador[81]; esto es, al reconocimiento, "pese a ciertas dudas", de una "verdadera eficacia horizontal" de los derechos fundamentales[82]. Tendencia y reconocimiento que la jurisprudencia no ha hecho más que acentuar[83].

9. En la experiencia española, también puede observarse, incluso de manera más acentuada, la misma tendencia. Pero en este ordenamiento positivo, la tarea de dotar de una tutela real y efectiva a los derechos fundamentales que corresponden a la persona del trabajador la ha abanderado, en solitario, la jurisprudencia; primero, la constitucional, seguida, más tarde y con un grado menor de activismo, por la del Tribunal Supremo. Abstracción hecha de la normativa antidiscriminatoria de origen legal, de desarrollo de la cláusula constitucional de prohibición de todo tipo de discriminación, sea cual fuere su causa (art. 14 de la Constitución de 1978), el texto normativo laboral básico vigente en este sistema jurídico[84] contiene un reducido grupo de preceptos relativos a los derechos de la persona (arts. 18 y 20.3 ET). La *ratio* de tales preceptos, por otra parte, obedece más a una lógica de respaldar o confirmar los poderes empresariales sobre los derechos de la persona que a la de asegurar el desarrollo y la efectividad de los derechos concernidos, que son la intimidad y la dignidad personal[85]. No obstante y a pesar de la resuelta y prolongada falta de diligencia del legislador en proteger estos derechos en el contrato de trabajo, el Tribunal Constitucional español (TCE) ha hecho suya, desde la década de los años ochenta, la doctrina

(80) Cfr. Pélisier/Supiot/Jeammaud 2002, p. 959.
(81) Cfr. Lyon-Caen/Vacaire 2001, p. 424.
(82) Vid., con amplias referencias jurisprudenciales, Waquet 2000, p. 342 y ss.
(83) El Estatuto de los Trabajadores (ET), aprobado inicialmente por una ley de 1980 pero que ha sido objeto de abundantísimas modificaciones y reformas desde entonces hasta la actualidad de nuestros días.
(84) Cfr. Valdés Dal-Ré 1992, p. 36.
(85) Vid., por todos, Rubio Llorente 1997, p. 373 y ss.

de la *Drittwirkung* en relación con los derechos de la persona del trabajador. Es esta una afirmación que requiere una explicación algo más acabada.

La Constitución española de 1978 atribuye al TCE el conocimiento y resolución, además de los recursos de inconstitucionalidad, directo e indirecto, y de otros contenciosos constitucionales(86), del denominado "recurso de amparo" por violación de los derechos y libertades, conocimiento éste cuya regulación se reenvía, por expreso mandato del texto constitucional, a "los casos y formas que la ley establezcan". En tal sentido, la ley reguladora del TCE exige, entre otros requisitos de accesibilidad al recurso, el agotamiento de todas las vías (instancia y recursos) utilizables en la jurisdicción ordinaria(87) así como que "la violación del derecho o libertad sea imputable de modo inmediato y directo a una acción u omisión del órgano judicial"(88). Esta exigencia legal, la consistente en que la vulneración del derecho fundamental sea imputable de *modo inmediato y directo* a una decisión judicial, tiene una significación estrictamente procesal: delimita el ámbito material del recurso de amparo. Sin prejuzgar el problema de la eficacia de los derechos fundamentales, dicho requisito venía a cerrar el paso de una utilización del propio recurso de amparo como eventual remedio constitucional para la protección de los derechos fundamentales causados por violaciones imputables a particulares; en lo que aquí interesa, producidas en el ámbito de una relación laboral(89).

No obstante ello y desde el inicio del ejercicio de sus funciones, el TCE va ir aceptando el conocimiento y resolución de recursos de amparo promovidos por particulares, señaladamente trabajadores, que, en esencia, no pretendían otro objetivo que reclamar la restauración de su derecho fundamental lesionado (discriminación, intimidad, expresión o libertades ideológica y religiosa, por mencionar algunos significativos). El expediente técnico o la "ficción útil" a la que recurrirá el TCE para conceder el amparo solicitado será la imputación al juez o tribunal laboral de la lesión del derecho fundamental; esto es, considerar que la violación extrajudicial acaecida en una relación privada laboral ha de imputarse al órgano judicial, responsabilizándole así del incumplimiento de su deber de juez natural de los derechos fundamentales.

No es cuestión ahora de entrar a examinar más en detalle los avatares de la doctrina de la "asunción judicial"(90). Lo que realmente me interesa señalar es que, a su través, el TCE ha venido a reconocer la eficacia de los derechos de la persona del trabajador, que un sector de la doctrina califica como eficacia mediata(91) y

---

(86) El recurso de amparo se configura así como la última instancia de protección de derechos y libertades fundamentales; o, lo que es igual, el juez ordinario — el juez y los tribunales de lo social en las relaciones laborales — es el juez natural en la tutela de los derechos y libertades fundamentales. Es, por tanto, un recurso subsidiario. Vid. Rubio Llorente 1997, p. 460 y ss.
(87) Cfr. arts. 44.1. b de la Ley Orgánica 2/1979, de 3 de octubre, del Tribunal Constitucional.
(88) Cfr. Bilbao Ubillos 1997a, p. 223.
(89) Vid. la evolución y giros de esta doctrina en Bilbao Ubillos 1997a, p. 137 y ss.
(90) Entre otros, Medina Guerrero 1996, p. 107 y Aragón Reyes 1999, p. 217.
(91) Vid. Bilbao Ubillos 1997a, p. 217 y ss.

otro, en cambio, define, según los casos, como eficacia inmediata o mediata(92). Pero de aceptarse la tesis de la eficacia mediata, no debe ocultarse, sin embargo, las importantes readaptaciones que el TCE ha realizado respecto de la versión original alemana. En ésta, el derecho fundamental, además de derecho subjetivo, forma un "sistema de valores", un derecho objetivo, que el juez ha de tener en cuenta. La versión española, por el contrario, prescinde de esa *interpositio* y admite, sin reservas, que en la relación laboral de fondo, en aquella en la que se discute la vigencia del derecho fundamental en liza, éste rige con todas sus consecuencias. Si al órgano judicial le es imputable un déficit de protección de un derecho fundamental es porque ese derecho ha de ser tutelado, lo que equivale, en definitiva, a "aceptar que la lesión inicial u originaria del derecho se produjo en la relación *inter privatos*"(93). De no entenderlo así, de no entender que el derecho fundamental ya se puede esgrimir en la relación entre particulares que llega al conocimiento del juez ordinario como controversia litigiosa, resultaría "extraordinariamente difícil saber por qué éste viola el derecho fundamental"(94). Por consiguiente, lo que en realidad termina por dilucidarse en el proceso constitucional de amparo es la conformidad o no a la Constitución de la conducta de un particular, que es la que se encuentra en el origen de la ulterior asunción judicial de esa misma violación.

A resultas de la aplicación de esta tesis, el TCE ha venido reconociendo en el ámbito de la relación laboral, bien que no sin vacilaciones, la eficacia de una serie de derechos de la persona del trabajador, entre otros y en relación no exhaustiva, la no discriminación por razones sindicales(95) y, desde luego, por razón de sexo(96), la libertad ideológica(97), la libertad de información(98), el derecho a la intimidad(99) o, en fin, la libertad de expresión(100). Y es que, como dijera la sentencia del TCE 88/1985, de 19 de julio, "la celebración de un contrato de trabajo no implica en modo

---

(92) Cfr. García Torres 1988, p. 1055.
(93) Cfr. Díez-Picazo y Ponce de León 1991, p. 293.
(94) Sentencia 55/1983, de 22 de junio, entre otras muchas.
(95) Vid. *supra*, III. 1.
(96) Por ejemplo, sentencia 47/1985, de 27 de marzo (profesora despedida de un centro privado religioso por no ajustarse en sus comportamientos al "ideario" del centro, procediendo el TCE a declarar el despido como radicalmente nulo).
(97) Por ejemplo, sentencia 6/1988, de 21 de enero (periodista despedido al que su empresario le acusaba de filtración de información a un determinado medio de prensa).
(98) Por ejemplo, sentencias 11/1998, de 13 de enero (uso ilegítimo de tratamiento de datos; en concreto, utilización de información relativa a la afiliación sindical para el descuentoa salarial de días de huelga), 202/1999/ de 14 de marzo (uso ilegítimo de datos sensibles, relativos a la salud de un trabajador) y 98/2000, de 10 de abril (trabajadores de un Casino de juego, en el que se habían instalado micrófonos para la captación y grabación de sonidos).
(99) Por ejemplo, 57/1999, de 12 de abril (trabajador despedido por haber efectuado unas declaraciones en un período local, a raíz de un accidente, en la que indicaba determinadas defiencias de seguridad).
(100) García Torres/Jiménez Blanco (1988, p. 125) entienden que, con semejante proclamación, el TCE reconoce la vigencia de los derechos fundamentales en las relaciones laborales. Y Molina Navarrete (1991, p. 90) afirma que la misma "constituye un terminante e inequívoco reconocimiento" de la eficacia directa de los derechos fundamentales en ese ámbito privado.

alguno la privación para una de las partes, el trabajador, de los derechos que la Constitución le reconoce como ciudadano" (...), pues "ni las organizaciones empresariales forman mundos separados y estancos del resto de la sociedad ni la libertad de empresa (...) legitima el que quienes prestan servicios en aquellas por cuanta y bajo la dependencia de sus titulares deban soportar despojos transitorios o limitaciones injustificadas de sus derechos y fundamentales y libertades públicas, que tienen un valor central y nuclear en el sistema jurídico constitucional"[(101)].

Abierto por la jurisprudencia constitucional el camino hacia la aplicación de la *Drittwirkung*, los jueces y tribunales laborales, pese a las notorias omisiones legales, no han dudado en tutelar los derechos de la persona del trabajador en el ámbito del contrato de trabajo, acogiendo, sin recelo alguno, la tesis de la eficacia pluridireccional de tales derechos; configurándoles, en suma, como derechos subjetivos constitucionales plenos, no necesitados de *interpositio legislatoris* para su disfrute efectivo, ejercitables frente al empresario y, como tales, susceptibles de fundamentar, a título de *causa petendi*, acciones laborales de tipo resarcitorio o de nulidad del comportamiento empresarial lesivo[(102)].

REFERÊNCIAS BIBLIOGRÁFICAS

ABRAMOVICH, V.; COURTIS, Ch. *Los derechos sociales como derechos exigibles*. Madrid: Ed. Trotta, 2002.

ALEXY, R. *Teoría de los derechos fundamentales*. 2ª reimp., Madrid: CEC, 2001.

ARAGÓN REYES, M. "Competencias del Tribunal Constitucional", en Alzaga Villamail, O. (Dir.), *Comentarios a la Constitución española de 1978*, t. XII, Madrid: Edersa/Cortes Generales, 1999.

BILBAO UBILLOS, J.M. *La eficacia de los derechos fundamentales frente a particulares*. Madrid: CEC, 1997a.

________. *Los derechos fundamentales en la frontera entre lo público y lo privado.* Madrid: Mc Graw Hill, 1997b.

BÖCKENFÖRDE, E-W. *Escritos sobre derechos fundamentales*. Baden-Baden: Nomos, 1993.

BREWER-CARIAS, A.R. El amparo a los derechos y libertades constitucionales (una aproximación comparativa), en AA.VV., *La protección jurídica del ciudadano. Estudios en homenaje al profesor J. González Pérez*, Madrid: Civitas, 1993.

CARRIÓ, G.R. *Recurso de amparo y técnica judicial*. Buenos Aires: Abeledo-Perrot, 1987.

____

(101) La existencia en el ordenamiento procesal laboral de un proceso de tutela de la libertad sindical y demás derechos fundamentales ha contribuido, de manera muy notable, a la aplicación de la tesis de la pluridireccionalidad de los derechos fundamentales. Vid. Valdés Dal-Ré 1991, p. 694 y ss.

(102) La existencia en el ordenamiento procesal laboral de un proceso de tutela de la libertad sindical y demás derechos fundamentales ha contribuido, de manera muy notables, a la aplicación de la tesis de la pluridireccionalidad de los derechos fundamentales. Vid. Valdés Dal-Ré 1991, p. 694 y ss.

CLAPHAM, A. *Human rights in the private sphere*. Oxford: Claredon Press, 1993.

CRUZ VILLALÓN, P. *La curiosidad del jurista persa, y otros estudios sobre la Constitución*. Madrid: CEC, 1999.

DIEZ-PICAZO; PONCE DE LEÓN, L. La jurisprudencia constitucional de los derechos fundamentales", en López Pina, A. (Dir.), *La garantía constitucional de los derechos fundamentales.* Alemania, España, Francia e Italia, Madrid: Civitas, 1991.

DOLE, G. *La liberté d´opinion et de conscience en droit comparé du travail.* Paris: LGDJ, 1997.

DÜRING, G. Grunderechte und Zivilrechtsprechung, en Maunz, T., *Von Bonner Grundgesetz zur gesamtdeutctschen Verfassung. Festchrift zum 75 Geburtstag von Hans Nawiasky*, Munich: Isar, 1956.

EASTLAND, T. (ed): *Freedom of expression in the Supreme Court*. Boston: Rowsman & Littlefield Pub., 2000.

FIX-ZAMUDIO, H. *Los Tribunales Constitucionales y los derechos humanos*. México D.F.: Ed. Porrúa, 1985.

GARCÍA-PELAYO, M. *Las transformaciones del Estado contemporáneo*. Madrid: Alianza Universidad, 1977.

GARCÍA TORRES, J. Relexiones sobre la eficacia vinculante de los derechos fundamentales, en AA.VV., *Introducción a los derechos fundamentales*, v. II. Madrid: Pub. Ministerio de Justicia, 1988.

________; JIMÉNEZ BLANCO, A. *Derechos fundamentales y relaciones entre particulares*. Madrid: Civitas, 1988.

GOMES CANOTILHO, J.J.; MOREIRA, V. *Constituiçao da Republica Portuguesa anotada*, 3. ed., Coimbra: Coimbra Editora, 1983.

GUNTHER, G. *Cases and Materials on Constitutional Law*, 10. ed., Nueva York: Foundation Press, 1980.

HÄBERLE, P. *Pluralismo y Constitución*, Madrid: Tecnos, 2002.

JEAMMAUD, A; LE FRIANT, M. Arrêt Dunlop ou jurisprudence Clavaud. Droit Ouvrier, junio. 1988.

JIMÉNEZ CAMPO, J. *Derechos fundamentales. Concepto y garantías*. Madrid: Ed. Trotta, 1999.

JIMÉNEZ DE ARECHAGA, E. La Convención Interamericana de Derechos Humanos como derecho interno. *Revista Interamaricana de Derechos Humanos,* núm. 7, 1988.

KELSEN, H. *Compendio de teoría general del Estado*. Barcelona: Ariel, 1979.

LOMBARDI, G. *Potere privato e diritti fondamentali*. Turín: Giappichelli, 1970.

LYON-CAEN, A; VACAIRE, I. Droits fondamentaux et droit du travail, AA.VV., *Mélanges a J.M. Verdier*. Paris: Dalloz, 2001.

LYON-CAEN, G. *Les libertés publiques et l´emploi*. Paris: La Documentation Française, 1992.

MEDINA GUERRERO, M. *La vinculación negativa del legislador a los derechos fundamentales*, Madrid: McGraw Hill, 1996.

MOLINA NAVARRETE, C. Bases jurídicas y presupuestos políticos para la eficacia social inmediata de los derechos fundamentales. *Revista de Trabajo y Seguridad Social,* núm- 3., 1991.

MÜNCH (von), I. Drittwirkung de derechos fundamentales en Alemania, en Coderch/ Münch/Ferrer (Coords*). Asociaciones, derechos fundamentales y autonomía privada.* Madrid: Civitas, 1997.

NARANJO DE LA CRUZ, R. *Las límites de los derechos fundamentales en las relaciones entre particulares: la buena fe*. Madrid: CEC, 2000.

PACE, A. *Problemática delle libertà costituzionali*. Padua: Cedam, 1985.

PÉLISIER, J.; SUPIOT, A.; JEAMMAUD, A. *Droit du travail*, 21 ed., Paris: Dalloz, 2002.

PÉREZ LUÑO, A. E. *Los derechos fundamentales*, 3. ed., Madrid: Tecnos, 1988.

POLAKIEWITCK, J., JACOB-FOLTZER, V. The European Convention on Human Rights in domestic law: the impact of the Strasbourg case-law in States where direct effect is given to the Convention, *Human Rights Law Journal,* núm. 12, 1995.

PRATA, A. *A tutela constitucional da autonomia privada*. Coimbra: Liv. Almeida, 1982.

RAYNAUD, J. *Les atteintes aux droits fondamentaux dans les actes juridiques privés*. Aix-en-Provence: Presses Universitaires D´Aix-Marseille, 2003.

RENUCCI, J-F. *Droit européen des droits de l´homme*, 2. ed., Paris: LGDJ, 2001.

RIVERO, J. Les libertés publiques dans l´entreprise. *Droit Social,* núm. 5, 1982.

RODRÍGUEZ, A. *Integración europea y derechos fundamentales*. Madrid: Civitas, 2001.

RUBIO LLORENTE, F. *La forma del poder. Estudios sobre la Constitución*. Madrid: CEC, 1997.

SCHWABE, J. *Die sogenannte Drittwirkung der Grunderrechte*, Munich: Wilhelm Goldman, 1971.

SHARPE, R. J. La Carta canadese dei diritti e delle libertà, Quaderni Costituzonali, núm. 2, 1992.

STARCK, Ch. *La Constitution, cadre et mesure du droit*, Aix-en-Provence/Paris: Presses Univ. Aix-en Provence/Economica, 1994.

SUDRE, F. La protection des droits sociaux par la Convention européenne des Droits de l´Homme, en AA.VV., *Les nouveaux droits de l´homme en Europe*, Bruselas: Ed. Bruylant, 1999.

SUGENO, K. *Japanese employment and Labor Law*, Tokio: University of Tokyo Press, 2002.

TRIBE, L.H. *American Constitutional Law*, v. 1º, 3. ed., Nueva York: Foundation Press, 2000.

VALDÉS DAL-RÉ, F. El proceso de protección de la libertad sindical y demás derechos fundamentales", en AA.VV., *Estudios sobre la nueva Ley de Procedimiento Laboral*, Madrid: Consejo General del Poder Judicial, 1991.

_______. Poderes del empresario y derechos de la persona del trabajador, en Aparicio/ Baylos (Coords.), *Autoridad y democracia en la empresa*, Madrid: Ed. Trotta, 1992.

VELU, J.; ERGEC, R. *La Convention européen des droits de l´homme*, Bruselas: Ed. Bruylant, 1990.

VERDUGO, M.; PFEFFER, E. *Derecho Constitucional*, Santiago: Ed. Jurídica de Chile, 1997.

VIEIRA, N. *Constitutional civil rigths*, 2. ed., Saint Paul/Minnesota: West Publishing Comp. 1990.

VIEIRA DE ANDRADE, J. C. *Os direitos fundamentais na Constitução portuguesa de 1976*, Coimbra: Liv. Almeida, 1987.

WAQUET, Ph. Les libertés dans l´entreprise, Revue Jurisprudence Social, núm. 5, 2000.

AS REFORMAS E A CELERIDADE DO PROCESSO DO TRABALHO

Sebastião Vieira Caixeta(*)

I. Introdução

A recente Emenda Constitucional n. 45, promulgada em 8.12.2004, promoveu um acerto de contas histórico, devolvendo para a Justiça do Trabalho matérias que dela jamais deveriam ter saído, além de ter-lhe acrescido outras tantas questões competenciais.(1)

Quando da promulgação da reforma do Judiciário, os constituintes derivados fizeram questão de pontuar, como uma das medidas mais significativas, sem dúvida nenhuma, a que atribuiu à Justiça do Trabalho competência para apreciar todas as causas oriundas do trabalho humano.(2)

No entanto, essa reforma foi apenas a etapa inicial de um processo em que a reforma processual tem vital importância para melhorar a capacidade do Poder Judiciário de ofertar decisões em tempo razoável.(3)

No que concerne à Justiça Obreira, o desafio passa a ser a justificação das novas competências e, principalmente, a demonstração da capacidade de dar respostas eficientes e céleres aos anseios dos jurisdicionados.

Nesse contexto, sem nenhuma pretensão que não seja a de contribuir para o debate, vamos fazer algumas breves considerações sobre os antecedentes históricos que possibilitaram a ampliação da competência da Justiça do Trabalho, ana-

---

(*) Procurador do Trabalho na 10ª Região em Brasília-DF. Presidente da Associação Nacional dos Procuradores do Trabalho (ANPT). Especialista em Direito e Processo do Trabalho pela Universidade Presbiteriana Mackenzie.

(1) MENEZES, Cláudio Armando Couce de, BORGES, Leonardo Dias. "Algumas questões relativas à nova competência material da Justiça do Trabalho." *In* Nova competência da Justiça do trabalho. COUTINHO, Grijalbo Fernandes, FAVA, Marcos Neves, coord., São Paulo: LTr, 2005. p. 39.

(2) COUTINHO, Grijalbo Fernandes. "O mundo que atrai a competência da Justiça do Trabalho", *In* Nova competência da Justiça do trabalho, p. 136-137.

(3) JOBIM, Nelson. *Apud* SILVA, Antônio Álvares da. *Pequeno tratado da nova competência trabalhista,* São Paulo: LTr, 2005. p. 19.

lisar ligeiramente o princípio da duração razoável do processo e abordar como as recentes alterações do Código de Processo Civil podem contribuir para a agilização do procedimento trabalhista.

II. Antecedentes da Reforma do Judiciário

A Justiça do Trabalho foi criada para garantir a aplicação do Direito do Trabalho e, pelo menos em parte, enfraquecer a exploração da mão-de-obra.(4)

Por seu turno, o Direito do Trabalho foi instituído com vocação de emancipar o trabalhador dessa exploração.(5) Tem ele, todavia, forte componente patrimonialista.

Afinal a idéia primeira associada a trabalho é garantir a subsistência. A própria Bíblia, no livro *Gênesis*, conta que Adão foi expulso do paraíso, castigado por Deus com o anátema de "ganhar o pão com o suor do seu rosto".

É a idéia de trabalho como pena, que se conjuga com a origem do vocábulo oriundo do latim vulgar *tripaliare*, que significa torturar, e é derivado do latim clássico *tripalium*, antigo instrumento de tortura(6). Através dos tempos, o trabalho está relacionado à fadiga, esforço, sofrimento, cuidado, encargo, em suma, valores negativos, dos quais se afastavam os mais afortunados(7). Essa significação atávica contribuiu e, ainda hoje, contribui para a negação de direitos e para o tratamento indigno dos trabalhadores em certas ocasiões.

No Contrato de Trabalho, a doutrina clássica identifica que a principal obrigação do empregado é prestar o serviço e do empregador dar a contraprestação pecuniária. Como ensina *Evaristo de Moraes Filho,* "O contrato de trabalho, de trato sucessivo que é, manifesta a sua comutatividade em longo prazo, no conjunto sintético e tarifário das prestações e contraprestações, pelo valor global e estimativo do valor delas."(8)

Daí decorre que, no Direito do Trabalho, tradicionalmente, prevalecia o aspecto patrimonial, ficando em segundo plano os direitos pessoais ou morais, sendo corrente a afirmação dos críticos — não despida de preconceito — de que tudo poderia ser reduzido à expressão monetária.(9)

---

(4) Cf. ALEMÃO, Ivan. Trabalho e Justiça. Disponível em http://www.forumjuizes.org.br/lerart.php?id=28. Acesso em 3 de dez. 2007.

(5) MORAES FILHO, Evaristo; MORAES, Antonio Carlos Flores de. *Introdução ao Direito do Trabalho*, 8. ed. rev., atual. e ampl., São Paulo: LTr, 2000, p. 55.

(6) "Assédio Moral: contra a humilhação no local de trabalho". Disponível em: http://www.partes.com.br/assedio_moral.htm. Acesso em 23 ago. 2002.

(7) MORAES FILHO, MORAES, *op. cit.*, p. 23.

(8) *Idem,* p. 246.

(9) Cf. BREVIDELLI, Scheilla Regina. Eu tenho um sonho... . Jus Navigandi, Teresina, ano 3, n. 27, dez. 1998. Disponível em: http://jus2.uol.com.br/doutrina/texto.asp?id=1944. Acesso em: 22 nov. 2007.

A Prioridade era — e hoje em grande medida ainda é — o pagamento de horas extras ao invés da limitação de jornada, que tem fundamento na preservação da saúde do trabalhador; o adicional de insalubridade e periculosidade em lugar do meio ambiente do trabalho saudável; a contraprestação salarial sobre direitos de personalidade.

Assim é que há pouco mais de uma década era controvertida a possibilidade de cogitar-se, na Justiça do Trabalho, sobre os direitos de personalidade, porque previstos no Código Civil, bem como da indenização por danos morais.

Mesmo após a pacificação dessas questões, pelo Supremo Tribunal Federal, em favor da competência especializada trabalhista(10), houve resistências e incompreensões de alguns juízes do trabalho, ainda aferrados ao conteúdo patrimonialista do Direito do Trabalho.

Paulatinamente, porém, os Direitos Humanos Fundamentais, os direitos de personalidade, passaram a ser tutelados pela Justiça do Trabalho. Essa mudança reflete, sem dúvida, a nova concepção do Direito do Trabalho, decorrente de sua fundamental vinculação aos Direitos Humanos(11). Os reflexos dessa nova realidade na Justiça do Trabalho, que tem a função de tornar efetivos tais direitos, foram profundos e evidentes.

Esse movimento, de transformação conceitual da Justiça do Trabalho, aliado à festejada extinção da representação classista, propiciou a ampliação de sua competência pela Emenda Constitucional n. 45.

E é então de se indagar: qual o papel do Ministério Público do Trabalho em todas essas mudanças? A resposta, desenganadamente, é de protagonismo.

A partir da nova conformação que lhe deu a Constituição Federal de 1988, o Ministério Público do Trabalho reveste-se de novo perfil, que o impele à defesa da ordem jurídica, do regime democrático e dos interesses sociais e individuais indisponíveis.

Com trabalho coordenado, o Ministério Público do Trabalho desenvolve a defesa dos direitos humanos fundamentais com grande repercussão social, orientada pelas metas Institucionais:

- Erradicação do trabalho escravo e degradante;
- Erradicação do trabalho infantil e regularização do trabalho adolescente;
- Preservação da saúde e da segurança do trabalhador com a promoção do meio ambiente do trabalho;

---

(10) STF-RE-238.737-4, 1ª Turma, Min. Sepúlveda Pertence, unânime, DJ 25-11-1998, p. 22.
(11) PEREIRA, José Luciano de Castilho. "O Direito do Trabalho e a realidade brasileira". Disponível em http://informatica.jt.gov.br/pls/portal/docs/PAGE/ENAMAT/NOT%C3%8DCIAS/REPOSIT%C3%93RIO%20DE%20ARQUIVOS/IMAGENS/C%C3%93PIA%20DE%20O%20DIREITO%20DO%20TRABALHO%20E%20A%20REALIDADE%20BRASILEIRA.PDF. Acesso em 3 dez. 2007, p. 10.

- ➢ Repressão a todas as formas de discriminação ilícita;
- ➢ Repressão às fraudes trabalhistas;
- ➢ Combate às fraudes e promoção da moralidade na Administração Pública.

Assim, o *parquet* trabalhista inicia sua odisséia pela tutela da dignidade da pessoa humana, pela valorização do trabalho humano e pela realização da justiça social. Torna-se, desse modo, o verdadeiro advogado da sociedade.

Passa a provocar o Judiciário Trabalhista em questões afetas aos direitos fundamentais, aos direitos de personalidade. Basta consultar a jurisprudência dos Tribunais Trabalhistas para verificar que o Ministério Público do Trabalho foi o grande indutor da judicialização desses direitos na Justiça do Trabalho.

Com a superação do paradigma tarifário, temos, então, a transformação da Justiça do Trabalho, que abandona a exclusividade das ações patrimoniais resultantes da extinção do contrato de trabalho, de caráter nitidamente reparatório, caminhando para deixar de ser a Justiça dos desempregados.

É evidente a relevância, nesse contexto, das ações coletivas manejadas pelo Ministério Público do Trabalho e do alargamento da substituição processual outorgada aos sindicatos.(12)

Nessa conjuntura, habilita-se a pleitear e a lograr o necessário aumento de competência, abafando as poucas vozes que clamavam por sua extinção.

III. A Ampliação da competência e a resistência reacionária

E aí temos o novo art. 114 da Constituição da República, fruto da Emenda Constitucional n. 45, com nítido caráter ampliativo da competência da Justiça Especializada, que foi a mais prestigiada na reforma(13):

> "Art. 114. Compete à Justiça do Trabalho processar e julgar: (Redação dada pela Emenda Constitucional n. 45, de 2004)
>
> I — as ações oriundas da relação de trabalho, abrangidos os entes de direito público externo e da administração pública direta e indireta da União, dos Estados, do Distrito Federal e dos Municípios;
>
> II — as ações que envolvam exercício do direito de greve;
>
> III — as ações sobre representação sindical, entre sindicatos, entre sindicatos e trabalhadores, e entre sindicatos e empregadores;
>
> IV — os mandados de segurança, *habeas corpus* e *habeas data*, quando o ato questionado envolver matéria sujeita à sua jurisdição;

---

(12) Cf. Sindicatos podem ir à Justiça em nome de trabalhadores, diz STF. Valor Econômico edição do dia 13.06.2006.
(13) MENEZES, *op. cit.*, p. 40.

V — os conflitos de competência entre órgãos com jurisdição trabalhista, ressalvado o disposto no art. 102, I, o;

VI — as ações de indenização por dano moral ou patrimonial, decorrentes da relação de trabalho;

VII — as ações relativas às penalidades administrativas impostas aos empregadores pelos órgãos de fiscalização das relações de trabalho;

VIII — a execução, de ofício, das contribuições sociais previstas no art. 195, I, a, e II, e seus acréscimos legais, decorrentes das sentenças que profer r;

IX — outras controvérsias decorrentes da relação de trabalho, na forma da lei."

Essa ampliação de competência refletiu, necessariamente, no aumento das atribuições do Ministério Público do Trabalho quanto à sua dimensão coletiva.[(14)]

O desafio hoje é o de justificar e consolidar tais competências[(15)], ante o movimento fortemente restritivo do Superior Tribunal de Justiça e do Supremo Tribunal Federal, infelizmente com o concurso de juízes do trabalho que freqüentemente suscitam conflitos de competência de toda ordem.[(16)]

---

(14) Cf. SIMÓN, Sandra Lia. "A ampliação da competência da Justiça do Trabalho e o Ministério Público do Trabalho". *In* Nova competência da Justiça do trabalho, p. 341-355.

(15) Cf. COUTINHO, Grijalbo Fernandes. "Ampliação da competência da Justiça do Trabalho: mudança que contraria o perfil conservador da reforma do Judiciário". *In* Justiça do trabalho: competência ampliada. COUTINHO, Grijalbo Fernandes, FAVA, Marcos Neves, coord., São Paulo: LTr, 2005, p. 101-102.

(16) O STF no julgamento da ADI 3395 afastou da competência da Justiça do Trabalho "as causas instauradas entre o Poder Público e servidor que lhe seja vinculado por relação jurídico-estatutária." O que preocupa, neste julgamento, é a invocação do conceito de re ação de trabalho assentado no julgamento da ADI 492, anterior à ampliação de competência pela EC 45, sinalizando uma possível – e de todo desarrazoada – volta à redação primitiva do art. 114 da CF. Também preocupam os julgamentos de reclamações e conflitos de competência dissociados não só da orientação emanada da ADI 3395, mas da jurisprudência firme do STF antes da Emenda 45, que reconhecia competência à JT. O STJ, por seu turno, tem, *data venia*, mutilado, indevidamente, a competência que foi transferida pela EC 45: AgRg no CC 75100 / RJ, PRIMEIRA SEÇÃO, Ministro TEORI ALBINO ZAVASCKI, DJ 19.11.2007, p. 180 (prestação temporária de serviços); CC 77401 / SP, SEGUNDA SEÇÃO, Relator p/ Acórdão Ministro FERNANDO GONÇALVES, DJ 03.09.2007, p. 115 (notificação judicial de ex-empregados – excessos na qualidade de prepostos); CC 89171 / MG, SEGUNDA SEÇÃO, Ministro HUMBERTO GOMES DE BARROS, DJ 26.11.2007, p. 114 (pequena empreitada e ajudantes); CC 65575 / MG, PRIMEIRA SEÇÃO, Ministro CASTRO MEIRA, DJ 27.08.2007, p. 176 (honorários advocatícios); CC 81687 / SC, SEGUNDA SEÇÃO, Relator(a) p/ Acórdão Ministro FERNANDO GONÇALVES, DJ 08.10.2007, p. 207 (acidente de trabalho – indenização pleiteada ao empregador pelos filhos e viúva); CC 63569 / RS, SEGUNDA SEÇÃO, Ministra NANCY ANDRIGHI, DJ 11.10.2007, p. 283 (relação de trabalho – difamação – ação proposta contra colega, superior hierárquico e ex-empregador); CC 70349 / MG, SEGUNDA SEÇÃO, Ministro HUMBERTO GOMES DE BARROS, DJ 06.08.2007, p. 457 (relação de trabalho – corretagem); CC 69298 / RJ, SEGUNDA SEÇÃO, Ministra NANCY ANDRIGHI, DJ 16.08.2007, p. 283 (relação de trabalho – médica cooperada x cooperativa); CC 70800 / BA, SEGUNDA SEÇÃO, Ministra NANCY ANDRIGHI, DJ 16.08.2007, p. 284 (relação de contrato – trabalhador portuário x OGMO — seleção — pré-contrato); CC 61272 / RJ, SEGUNDA SEÇÃO, Ministro ARI PARGENDLER, DJ 25.06.2007, p. 213 (sucessão trabalhista na recuperação judicial); CC 89300 / RJ,

A Associação Nacional dos Procuradores do Trabalho (ANPT) e Associação Nacional dos Magistrados da Justiça do Trabalho (Anamatra) têm-se esforçado, juntas, para reverter esse quadro com trabalho de esclarecimento e de convencimento dos magistrados das cortes superiores.

Além dos argumentos de que a ampliação da competência desfiguraria a tradição tuitiva da Justiça do Trabalho, há também o receio de que o aumento do número de processos comprometa a sua efetividade e celeridade típicas.[(17)]

É evidente que a lentidão na solução de lides implica um déficit de legitimidade do Poder Público para o exercício dessa sua função soberana. Um déficit que abala a confiança e a expectativa da sociedade em poder recorrer a um órgão público, especialmente quando se trata da Justiça do Trabalho, que se dedica a solver pleitos de trabalhadores, em geral de baixa renda, para quem a satisfação da demanda tem um sentido urgente e necessário para sua própria subsistência.[(18)]

IV. Princípio da duração razoável do processo do trabalho

Nesse contexto, embora a Justiça do Trabalho seja o ramo do Judiciário mais efetivo e célere do Judiciário, há necessidade de agilizar, ainda mais, os procedimentos trabalhistas.

Para tanto, pode valer-se do princípio da duração razoável do processo, direito fundamental inserido pela Emenda Constitucional n. 45:

> "Art. 5º, LXXVIII — a todos, no âmbito judicial e administrativo, são assegurados a razoável duração do processo e os meios que garantam a celeridade de sua tramitação."

Embora já decorresse dos princípios do acesso à justiça, do devido processo legal e da eficiência, bem assim já previsto na Convenção Interamericana de Direitos Humanos, esse importante princípio tem grande repercussão na teoria geral do processo, a partir de sua previsão expressa como direito fundamental.[(19)]

SEGUNDA SEÇÃO, Ministro FERNANDO GONÇALVES, DJ 22.10.2007, p. 189 (greve – interdito proibitório); EDcl no AgRg no CC 57730 / RJ, SEGUNDA SEÇÃO, Ministro ARI PARGENDLER, DJ 08.06.2006, p. 117 (greve – piquete).

(17) Cf. Serviços devem ser julgados pela Justiça comum. Valor Econômico edição do dia 13.11.2007.

(18) BOTTINI, Pierpaolo Cruz. "A Justiça do Trabalho e a reforma do Judiciário." *In* Direito processual do trabalho: reforma e efetividade. CHAVES, Luciano Athayde, org., São Paulo: LTr, 2007. p. 100.

(19) O STF já vem aplicando diretamente tal princípio, como se vê exemplificadamente nos HC-85237/DF, Pleno, Min.Celso de Mello, DJ 29-4-2005, p. 8; HC-91986/RS, 1ª Turma, Min. Cármen Lúcia, DJE 30-10-2007, p. 92. Também o STJ tem várias decisões nesse sentido, e.g. HC 69886/BA, 5ª Turma, Min. FELIX FISCHER, DJ 15-10-2007, p. 311. No mesmo sentido Tribunais trabalhistas: TRT-MS-13330-2005-000-02-00, 2ª Região, SDI, Juiz Eduardo de Azevedo Silva, DOE-SP 19-10-2006; TRT-ED-ROPS-00238-2004-002-22-00-0, 22ª Região, Juiz Laércio Domiciano, DOE-PI 10-3-2005.

Há de se enxergar que o direito ao tempo adequado de duração do processo é verdadeiro direito à dignidade, daí que hão de ser respeitadas as carências de qualquer pessoa que necessite se valer dos préstimos da jurisdição para ver garantido direito de que foi lesada.[20]

Como nos ensina *Luís Roberto Barroso*[21], imediatamente, extrai-se do princípio da duração razoável:

✓ aumento dos poderes dos juízes com o propósito de agilizar o procedimento;

✓ legitimação da conduta dos juízes para impedir a protelação e abreviar a solução do processo.

Isso é tanto mais significativo no âmbito da Justiça do Trabalho, que já tem tradição de prestigiar os poderes instrutórios do juiz e dar-lhe ampla liberdade na condução do processo (CLT, arts. 765 e 852-D), prerrogativas ainda mais reforçadas com o princípio da duração razoável.

Dessa forma, o juiz do trabalho deve buscar todas as possibilidades de agilizar o procedimento trabalhista, inclusive as novidades do Código de Processo Civil.

O mestre *Canotilho*, discorrendo sobre a proteção jurídica temporalmente adequada, ensina:

"Qualquer que seja a 'ética processual' subjacente ao acolhimento do *direito ao procedimento* no âmbito dos direitos fundamentais, poderemos partir, pragmaticamente, da relevância da dimensão procedimental, se colocarmos o problema nos termos seguintes:

1 — O procedimento é sistema de regras e/ou princípios;

2 — Estas regras e princípios visam a obtenção de um determinado resultado;

3 — A justa conformação do procedimento, no âmbito dos direitos fundamentais permite, pelo menos, a presunção de que o resultado obtido através da observância do *iter procedimental* é, com razoável probabilidade e em medida suficiente, adequado aos direitos fundamentais;

4 — O *direito ao procedimento* implica fundamentalmente: (1) direito à criação, pelo legislador, de determinadas normas procedimentais ou processuais; (2) *direito à interpretação e à aplicação concreta, pelo juiz, das normas e princípios procedimentais ou processuais.*"[22] (grifamos)

---

(20) FURTADO, Emmanuel. "O direito ao processo do trabalho em tempo razoável." *In* Direito processual do trabalho: reforma e efetividade, p. 156.

(21) Palestra: O Princípio Constitucional da Razoável Duração do Processo, proferida no XXIV Encontro Nacional dos Juízes Federais do Brasil, Rio de Janeiro/RJ, no dia 30 de outubro de 2007.

(22) CANOTILHO, Joaquim José Gomes. Estudos sobre direitos fundamentais, Coimbra, 2004. p. 75-76.

Assim, a par de informar o legislador para editar normas procedimentais que abreviem a tramitação dos feitos, o princípio da duração razoável do processo autoriza ao juiz, na aplicação concreta, eleger o *iter procedimental* mais adequado à celeridade ansiada pelo que teve seu direito lesado.

V. Superação do critério clássico de subsidiariedade das normas de direito processual comum

Nesse contexto, é imprescindível a releitura do art. 769 (e art. 889) da CLT[23].

Este dispositivo foi erigido para proteger o processo do trabalho do excesso de formalismo do processo comum, estabelecendo a presunção absoluta de que o sistema processual trabalhista era mais eficiente e célere do que o Código de Processo Civil de 1939 e 1973.[24]

Ante a dificuldade de se aprovar leis modernizadoras do processo do trabalho e as sucessivas reformas do CPC, com nítida inspiração no procedimento celetista, que tornaram seus ritos e procedimentos mais rápidos e eficientes, tem-se a superação de tal presunção.[25]

O formalismo do art. 769 da CLT deve, então, ceder aos princípios da economia e celeridade processuais, tão caros ao processo do trabalho, que tem a missão de realizar direitos de nítido caráter alimentar.

Os princípios do acesso à justiça, compreendido como acesso à ordem jurídica justa, do devido processo legal, da eficiência e, principalmente, da duração razoável do processo também permitem a superação da aplicação clássica do art. 769 celetista (binômio omissão/compatibilidade), em prol da celeridade e eficiência.

Ora, se o texto constitucional vigente impõe a busca de um processo célere e mais efetivo, por que o juiz do trabalho dever recusar a ampliação de uma norma de processo civil mais dinâmica e flexível? Admitir a inflexibilidade do conteúdo formal do art. 769 da CLT significa, nos dias atuais, negar a própria eficácia de um direito fundamental.[26]

Diversos são os caminhos para se alcançar tal desiderato.

Luciano de Athayde Chaves, invocando a incompletude do microssistema processual trabalhista e pugnando pelo avanço na teoria das lacunas no Direito, aponta a heterointegração como solução:

---

(23) Cf. CORDEIRO, Wolney de Macedo. "Da releitura do método de aplicação subsidiária das normas de direito processual comum ao processo do trabalho." In *Direito processual do trabalho: reforma e efetividade,* p. 26-51.

(24) Cf. PEREIRA, *op. cit,* p. 12.

(25) Cf. CHAVES, Luciano Athaide. *A recente reforma no processo comum e seus reflexos no direito judiciário do trabalho: leis ns. 11.187/05, 11.232/05, 11.276/06, 11.277/06 e 11.280/06 e outros estudos de direito processual do trabalho.* São Paulo: LTr, 2006. p. 23-26.

(26) CORDEIRO, *op. cit.,* p. 35.

"Por ora, entretanto, precisamos todos nos contentar com o método de aplicação do direito processual e do uso ponderado da subsidiariedade na perspectiva que sugere a moderna teoria processual, qual seja, a de interpretação e uso do sistema em torno das demandas e necessidades de seu principal usuário e interessado: o jurisdicionado.

Nesse contexto, (...) precisamos avançar na teoria das lacunas do Direito (quer sejam estas de natureza normativa, axiológica ou ontológica), a fim de reconhecer como incompleto o microssistema processual trabalhista (ou qualquer outro) quando — *ainda que disponha de regramento sobre determinado instituto* — este não mais apresenta fôlego para o enfrentamento das demandas contemporâneas, carecendo da supletividade de outros sistemas que apresentem institutos mais modernos e eficientes.

(...) Noutras palavras, não estou limitando a abordagem da heterointegração apenas quando existente a lacuna em seu sentido normativo, mas também nas freqüentes hipóteses em que a norma processual trabalhista sofre de manifesto e indiscutível ancilosamento em face de institutos processuais semelhantes em outras esferas da ciência processual, inequivocamente mais modernos e eficazes.

Deixar de considerar tal aspecto metodológico apenas se escudando na blindagem retórica do princípio da especialidade é posição que, a meu ver, pode comprometer o prestígio da jurisdição trabalhista, em razão do possível descompasso entre o Direito Judiciário do Trabalho e o processo comum em relação a diversos aspectos procedimentais."(27)

Também se pode entender, perfeitamente, que a aplicação da norma trabalhista menos célere tornou-se inconstitucional frente à disposição do art. 5º, LXXVIII, da Constituição, que inseriu o direito fundamental da duração razoável do processo. A partir desse princípio, é permitido aos juízes interpretarem a lei de forma a considerar inconstitucionais quaisquer atividades inócuas e que representem atraso na atividade jurisdicional.(28)

Aliás, essa solução já foi adotada com a aplicação ao processo do trabalho, amplamente aplaudida, do novel art. 475 do CPC, que restringiu a remessa de ofício, mesmo reconhecendo-se inexistente a omissão (Decreto-Lei n. 779/69), entendimento pacificado pelo Enunciado n. 303 do TST:

"N. 303 FAZENDA PÚBLICA. DUPLO GRAU DE JURISDIÇÃO (incorporadas as Orientações Jurisprudenciais ns. 9, 71, 72 e 73 da SBDI-1) — Res. 129/2005, DJ 20, 22 e 25.04.2005

---

(27) CHAVES, *A recente reforma no processo comum e seus reflexos no direito judiciário do trabalho,* p. 28-29. Para o estudo completo sobre a teoria das lacunas, *idem,* p. 206-215.
(28) HOFFMAN, Paulo. *Duração razoável do processo.* São Paulo: Quartier Latin, 2006. *Apud.* CHAVES, Luciano Athayde. "As lacunas no direito processual do trabalho." In Direito processual do trabalho: reforma e efetividade, p. 83.

I — Em dissídio individual, está sujeita ao duplo grau de jurisdição, mesmo na vigência da CF/1988, decisão contrária à Fazenda Pública, salvo:

a) quando a condenação não ultrapassar o valor correspondente a 60 (sessenta) salários mínimos;

b) quando a decisão estiver em consonância com decisão plenária do Supremo Tribunal Federal ou com súmula ou orientação jurisprudencial do Tribunal Superior do Trabalho." (ex-Súmula n. 303 — alterada pela Res. 121/2003, DJ 21.11.2003)

Assim, todas as recentes alterações do CPC, que resultem em agilização do processo do trabalho, devem ser aplicadas pela Justiça Especializada.

Como exemplo, citamos o fim do caráter autônomo do processo de execução fundado em título judicial, superando a controvérsia até há pouco existente, e a conseqüente dispensa de citação para cumprimento do julgado (Lei n. 11.232/2005, arts. 162, § 1º, 267, 463 e 475-J); a aplicação generalizada da execução provisória, dispensando-se a caução para o levantamento de depósito em dinheiro ou para a alienação da propriedade até o limite de sessenta salários mínimos (idem, art. 475-O); a aplicação da multa de 10% ao devedor caso não satisfaça no prazo de quinze dias contados da ciência da sentença líquida ou da decisão de liquidação (idem, art. 475-J) entre outras hipóteses cuja análise refoge ao propósito deste estudo.

VI. Conclusão

A ampliação da competência da Justiça Especializada decorreu da própria evolução deste ramo do Judiciário, que superou o paradigma meramente patrimonialista para cuidar dos direitos fundamentais da classe trabalhadora, deixando de ser a Justiça somente da CLT e dos desempregados.

A Justiça do Trabalho precisa esmerar-se para dar resposta adequada à demanda decorrente da competência ampliada, inspirando-se no princípio da duração razoável do processo para tornar mais efetivos e céleres os procedimentos trabalhistas.

Para tanto, deve usar todos os meios disponíveis, incluindo as novidades procedimentais do processo comum, mediante a releitura da regra da subsidiariedade do art. 769 da CLT.

Todos os operadores do direito militantes na Justiça do Trabalho devem irmanar-se na árdua tarefa de, em tempo adequadamente razoável, contribuir para a prestação jurisdicional que atenda aos anseios da cidadania.

REFLEXÕES SOBRE A APLICABILIDADE DAS ALTERAÇÕES DO CPC NO PROCESSO TRABALHISTA

Brasilino Santos Ramos(*)

1. Introdução

O processo é uma ferramenta para melhor aplicar o direito material, destinado ao jurisdicionado. Então, o processo existe não em função de si mesmo, mas para dirimir a controvérsia entre os jurisdicionados. Assim, o processo deve servir ao jurisdicionado e por meio dele os operadores do Direito devem buscar o restabelecimento e/ou a manutenção da ordem jurídica, em comunhão com a realidade do mundo atual. Pertinente e inspirada a assertiva do Ministro Carlos Britto, do Supremo Tribunal Federal, em memorável conferência na abertura do Congresso Jurídico comemorativo dos trinta anos da ANAMATRA: "O Juiz não é uma traça de processo, mas um ser do mundo". E aqui ouso complementar o eminente Ministro: em sendo um ser do mundo, o Magistrado deve trazer para o processo a realidade do mundo e dos jurisdicionados — cidadãos do mundo — , principalmente dos menos favorecidos, suas mazelas, seus anseios, suas frustrações e suas decepções com um sistema de processo judiciário cujo modelo falido não responde tempestivamente aos clamores e aos apelos daqueles que batem à porta do Poder Judiciário. A Justiça do Trabalho experimenta, ano após ano, a angústia de ver crescer o resíduo de processos pendentes de solução, como revela o quadro demonstrativo abaixo:

JUSTIÇA DO TRABALHO			
Ano	Processo		
	Autuados	Julgados	Resíduos
2006	2.447.238	2.360.301	1.382.371
2005	2.400.364	2.268.279	1.314.642
2004	2.198.338	2.180.774	1.222.753
2003	2.299.764	2.195.470	1.188.386
2002	2.113.533	2.104.866	1.072.390
2001	2.272.312	2.380.741	1.062.341
2000	2.266.403	2.398.884	1.131.046

Fonte: TST/Corregedoria Geral

(*) Juiz do Trabalho da 10ª Região; Especialista em Direito e Processo do Trabalho e Professor Universitário.

O modelo atual, de forte inspiração burocrática, possibilita a procrastinação da efetiva prestação jurisdicional, também em face do elevado número de recursos, e serve muito mais aos réus – quase sempre os detentores do poder econômico – do que aos realmente necessitados, que buscam a Justiça como tábua de salvação para reconhecimento de seus direitos. Sábias são as palavras de *Cláudio Armando Couce de Menezes* e *Eduardo Maia Tenório da Cunha*:[1]

> "Acresce lembrar que o processo é garantia de acesso à justiça e à cidadania e, por isso, instrumento da realização da paz social e dos direitos consagrados pela lei. Não é um fim em si mesmo. Na medida em que não cumpre a sua missão, a sua função social, soa contraditório alegar-se violação ao devido processo legal pela tentativa de torná-lo efetivo. **Na verdade só haverá devido processo legal quando houver efetividade na entrega da tutela jurisdicional. Por enquanto é uma promessa não cumprida**" (grifos nossos).

Apesar de tudo isso, não há como negar o esforço do legislador infraconstitucional em tornar realidade concreta e palpável o preceito constitucional insculpido no art. 5º, inciso LXXVIII, que assegura a todos, no âmbito judicial e administrativo, a razoável duração do processo e a celeridade em sua tramitação. Com esse propósito, foram editadas diversas leis alterando dispositivos do Código de Processo Civil.

Neste modesto trabalho, faremos uma despretensiosa reflexão sobre algumas dessas alterações, pelas inovações trazidas pela Lei n. 11.280/06, que alterou o § 5º do art. 219 do CPC (prescrição pronunciada de ofício pelo Juiz); Lei n. 11.276, de 07.02.2006, que deu inovadora redação ao § 1º do art. 518 do CPC, (o Juiz não deverá receber a apelação quando a decisão atacada estiver em conformidade com Súmula do STJ ou do STF); Lei n. 11.277/06, que criou o art. 285-A do CPC (possibilidade de julgamento do mérito em processos já julgados improcedentes anteriormente, sem citação do réu); e, Leis n. 11.280/06, n. 11.382/06 e n. 11.419/06 (que tratam da possibilidade de que os atos e termos processuais sejam produzidos eletronicamente).

Diante da omissão da CLT sobre essas modificações próprias ao CPC, a análise será feita a partir de algumas premissas básicas, tais como a compatibilidade com os princípios que regem o Processo do Trabalho e as peculiaridades das ações trabalhistas, sem perder de vista também os princípios do Direito Material do Trabalho.

Algumas dessas alterações no CPC ocorreram há cerca de um ano. Poder-se-ia, em um primeiro momento, argumentar que não são mais novidade. Com efeito, passados os primeiros momentos, deixam-se de lado as análises emocionais, temperadas até mesmo de conteúdo puramente ideológico e racionaliza-se

---

(1) MENEZES, Cláudio Armando Couce de e CUNHA, Eduardo Maia Tenório da. *Direito Processual do Trabalho* — Reforma e Efetividade. São Paulo: LTr, 2007. p. 324.

o debate, inclusive à luz de algumas experiências práticas, podendo-se pesar os diversos argumentos doutrinários, favoráveis e contrários, bebendo-se na sabedoria daqueles pioneiros juristas que ousaram desbravar aquelas modificações que até então eram absoluta novidade.

Deixaram de ser novidade legislativa, mas continuam a nos inquietar, pois a aplicação prática desses institutos agora é que começa a produzir outros questionamentos, não mais teóricos, contudo eminentemente práticos, em especial quando adotamos a salutar medida de trazermos a realidade do mundo para dentro do processo, humanizando-o e transformando-o em veículo próprio à distribuição de Justiça.

2. A prescrição pronunciada de ofício

A Lei n. 11.280/06, de 16.02.06, com vigência a partir de noventa dias após a sua publicação, alterou o § 5º do art. 219 do Código de Processo Civil, concedendo-lhe redação expressa no sentido de que "**O juiz pronunciará, de ofício, a prescrição**". A gênese dessa e de outras leis que objetivam a chamada reforma do Poder Judiciário, visando a torná-lo mais ágil e eficaz foi o denominado "Pacto de Estado em favor de um Poder Judiciário mais rápido e republicano", gestado no Congresso Nacional.

2.1. Origem, conceito e objetivo da prescrição

O tempo em sua marcha inexorável produz alterações em todo o universo, seja nos reinos mineral, vegetal e animal (em especial no homem, em sua vida física, psíquica, espiritual e intelectual), bem como em todas as ciências, inclusive a do Direito. Quando não exercitamos nosso físico ou nossa mente, eles se atrofiam. Assim também ocorre quando não exercitamos o direito do qual somos titular. Pertinente e oportuna a assertiva de *Rudolf von Hering* ao afirmar que o direito não será letra morta e realizar-se-á quando as autoridades e os funcionários do Estado cumprirem com o seu dever, e os indivíduos exigirem o seu cumprimento. Todavia, se por qualquer circunstância, seja por medo, comodidade ou ignorância, os indivíduos ficarem longo tempo sem exercitar o direito, o princípio legal perderá por este motivo o seu valor.[2]

Diante da ação do tempo, a inércia e a negligência do titular do direito pretensamente violado fazem surgir uma nova realidade nas relações jurídicas entre os agentes titular e violador do direito, atrofiando-o de tal forma que o seu restabelecimento após o decurso de determinado lapso temporal acarretaria a perturbação da vida social, atentando contra a desejável segurança jurídica que deve regular a

---

(2) HERING, Rudolf von. *A Luta pelo direito*. São Paulo: Editora Acadêmica, 1988. p .48.

convivência entre os cidadãos civilizados. É sabido que não existe direito absoluto, como também não há possibilidade de pretensão eterna ao direito. *Carvalho de Mendonça* sustenta que "[...] as relações humanas têm caráter temporário e assim é necessário que se resolvam certas situações de fato, que não podem ser permanentes, e que, portanto, não devem gravar gerações futuras".(3)

No Direito Romano, quase todas as ações eram perpétuas. Apenas em 424, com o Código Teodosiano e posteriormente com o Código Justiniano, é que se estabeleceu uma forma de defesa contra as chamadas ações perpétuas. Tais códigos encerram portanto a origem da prescrição.(4)

O instituto da prescrição foi conceituado por *Clóvis Bevilacqua* como "uma regra de ordem, de harmonia e de paz, imposta pela necessidade de certeza das relações jurídicas".(5)

A prescrição atinge o direito de exigibilidade da pretensão a ser deduzida em juízo, diante da inércia do credor por determinado lapso temporal. Portanto, hoje há consenso entre os operadores do Direito que apesar de o direito continuar a existir materialmente, a prescrição fulmina a pretensão, tese esposada também pelo Código Civil de 2002 (arts. 205 e 206), ensinamento lecionado com maestria por *José Carlos Barbosa Moreira*(6):

> "O texto básico é o do art. 189. Nas várias disposições específicas do art. 206, distribuídas por cinco parágrafos, coerentemente, está dito que o que prescreve é a 'pretensão', não a ação. Inspira-se tal entendimento, sem sombra de dúvida, no direito alemão. O § 194 do Bürgerliches Gezetzbuch, com toda a clareza, aponta a pretensão (Anspruch) como o objeto da prescrição (Verjährung). Na idéia de pretensão está ínsita a exigência: o titular da pretensão exige que alguém faça ou deixe de fazer algo. [...]."

A posição adotada parece-nos fundamentalmente correta. Ela retira, antes de mais nada, toda e qualquer base ao grave equívoco de supor que a prescrição extinga a ação. É certo que a tese já não se compadecia com o nosso Direito positivo: bastará lembrar o texto do art. 269, IV, do Código de Processo. De qualquer modo, é confortador ver corrigido o erro do diploma de 1916".

Assevera *Pontes de Miranda* que com o pronunciamento da prescrição a pretensão não se extingue, mas tem sua eficácia encoberta, denominando os direitos objeto da mencionada pretensão de "direitos mutilados". Prossegue o festejado doutrinador aduzindo que:

> "Os prazos prescricionais servem à paz social e à segurança jurídica. Não destroem o direito, que é; não cancelam, não apagam as pretensões;

---

(3) *Apud* ALMEIDA, Isis. *Manual da prescrição trabalhista*. São Paulo: LTr, 1990. p. 15.
(4) *Ibidem,* p. 16.
(5) *Ibidem,* p. 13.
(6) MOREIRA, José Carlos Barbosa. *O novo Código Civil e o direito processual*. <http://www.amaerj.org.br/>.

apenas, encobrindo a eficácia da pretensão, atendem à conveniência de que não perdure por demasiado tempo a exigibilidade ou a acionalidade".[7]

Relevante também o magistério de *Arruda Alvim*[8] acerca da pretensão ao sustentar:

> "Em verdade, o nosso conceito de pretensão, tal como o de ação, independe da consideração do direito subjetivo, como necessariamente existindo, no momento em que é deduzida a pretensão. Daí poder-se validamente, falar em pretensão fundada e pretensão infundada: à primeira corresponderá, efetivamente, um direito subjetivo, outro tanto não ocorrerá com a segunda. Ambas, porém, são pretensões. Pretensão, pois, é a opinião de ter direito; é o retrato, existente no processo, do direito, que o autor faz do direito que afirma ser seu. A pretensão é, desta forma, um autêntico fato: é o fato da afirmação de um direito. Assim, verifica-se que é perfeitamente possível e, mais do que isso, recomendável a distinção entre pretensão e ação. Aquela se caracteriza pela afirmação de um direito; esta é, precisamente, o instrumento dentro do qual se coloca a pretensão, para que produza seus efeitos jurídicos".

Como vimos, ainda que a prescrição fulmine a pretensão ou encubra a sua eficácia, o direito material objeto da aludida pretensão continua existindo. Todavia, a paz social impõe que esse direito não seja exigível indefinidamente. A necessária harmonia social pressupõe também o equilíbrio das relações jurídicas, acarretando, dessa forma, a punição do credor inerte com a extinção da referida pretensão. *Humberto Theodoro Jr.*[9] sustenta que:

> "[...] há unanimidade quanto à inconveniência social que representa a litigiosidade perpétua em torno das relações jurídicas. Há, sem dúvida, um anseio geral de segurança no tráfico jurídico, que não seria alcançada se, por mais remota que fosse a causa de uma obrigação, pudesse sempre questionar-se sua existência, sua solução ou seu adimplemento".

Da mesma forma *Amauri Mascaro Nascimento*[10] entende que:

> "[...]a prescrição é necessária por uma questão de estabilidade das relações jurídicas, para que estas não permaneçam indefinidamente expostas a ações judiciais em desacordo com o princípio da imediatidade, segundo o qual o credor deve desde logo reclamar seu crédito ou silenciar para sempre".

---

(7) *Apud* PRATA, Marcelo Rodrigues. *Direito processual do trabalho:* Reforma e efetividade. São Paulo: LTr, 2007. p. 385.
(8) ARRUDA ALVIM, *Curso de direito processual civil.* São Paulo: Editora Revista dos Tribunais, 1971, v. I. p. 394-397.
(9) THEODORO JÚNIOR, Humberto. Prescrição e decadência no novo Código Civil: alguns aspectos relevantes. Porto Alegre: *Revista Síntese de Direito Civil e Processual Civil,* n. 23, maio-jun. 2003. p. 135.
(10) NASCIMENTO, Amauri Mascaro. *Iniciação ao processo do trabalho*. 2. ed., São Paulo: Saraiva, p. 153.

A mudança legislativa ora em comento, ao determinar ao Magistrado a pronúncia da prescrição de ofício, contrariou nossa tradição jurídica sobre o tema. Dispunha o diploma anterior (CPC, art. 219, § 5º) que "O Juiz não pode suprir, de ofício, a alegação de prescrição, salvo se favorecer a absolutamente incapaz". Todavia, a legislação foi alterada. Portanto, a alteração legislativa não se torna insubsistente em razão da tradição jurídica, salvo expressa declaração de inconstitucionalidade.

Vale ressaltar que, mesmo contrariando a nossa tradição jurídica, percebe-se a nítida intenção do legislador na busca da aproximação do Poder Judiciário com a realidade social, evitando que a Justiça seja vista como "mercadora de ilusões" e assoberbada com inúmeros processos cujas pretensões já se encontram sepultadas pela prescrição, obstaculizando, dessa forma, o preceito constitucional da razoável duração do processo e da celeridade em sua tramitação (CF, art. 5º, LXXXVIII).

2.2. A (in)compatibilidade da prescrição como matéria de ordem pública com o processo do trabalho

O tema não possui unanimidade na doutrina. Duas premissas básicas norteiam os debates e, portanto, merecem reflexão. A primeira delas é de ordem formal, e não comporta maiores controvérsias, pois é pacífico que o Processo do Trabalho não possui norma própria acerca do tema. Assim, a teor dos arts. 8º e 769 da CLT, o instituto da pronúncia da prescrição *ex officio* comporta a aplicação subsidiária do Diploma Processual Comum. Já a segunda reflexão envereda pelos princípios que informam o Direito do Trabalho, em especial o princípio da proteção, pilar maior do direito material laboral. Renomados e respeitáveis doutrinadores (*Jorge Luiz Souto Maior, Vargas Valério, Manoel Carlos Toledo Filho, José Antônio Ribeiro de Oliveira Silva, Marcos Neves Fava,* entre outros) pugnam pela incompatibilidade do instituto, por sustentarem que o princípio da proteção se estende ao Direito Processual do Trabalho, pois o direito adjetivo laboral nada mais é do que a ferramenta de concretização do direito material. Outro argumento é que o crédito trabalhista é irrenunciável.

Outros estudiosos, e não menos respeitáveis juristas (*José Augusto Rodrigues Pinto, Manoel Antonio Teixeira Filho, Francisco Antônio de Oliveira, Carlos Henrique Bezerra Leite, Estevão Mallet, Sebastião Geraldo de Oliveira* e *Marcelo Rodrigues Prata,* apenas para citar alguns), sustentam a plena aplicabilidade da pronúncia *ex officio* da prescrição da pretensão no Processo do Trabalho. Essa segunda corrente afirma que o Direito Processual do Trabalho não tutela nem protege o hipossuficiente, como sói acontecer com o Direito do Trabalho, mas deve obediência ao princípio constitucional da "simetria de tratamento das partes pelo processo", inserido no art. 5º, LV, da Constituição da República.[11]

---

(11) PINTO, José Augusto Rodrigues. Reconhecimento ex officio da prescrição e processo do trabalho. São Paulo: *Revista LTr,* ano 70, n. 04, abr. 2006. p. 394.

Com nossas homenagens aos integrantes da corrente doutrinária que pugna pela incompatibilidade da pronúncia *ex officio* da prescrição no Processo do Trabalho, pensamos de forma contrária e comungamos do entendimento de que tal instituto é plenamente aplicável ao Processo do Trabalho, com a observância das cautelas que enumeraremos neste estudo.

Ora, quanto ao argumento de incompatibilidade com o Direito Processual do Trabalho em razão da irrenunciabilidade dos créditos decorrentes do contrato de trabalho, aduzimos que alguns desses créditos, apesar de serem irrenunciáveis, não deixam de ser prescritíveis, conforme mandamento constitucional insculpido no art. 7º, XXIX, da Constituição da República. Portanto, esse argumento não seria óbice para a alegada incompatibilidade. Não obstante isso, é pertinente a observação de *Mario de la Cueva,* citando *Ferro,* que "[...] pode parecer incongruente o fato de que, por um lado se tutelam os direitos tornando-os indisponíveis e que, por outro, se admita que o seu não uso, dentro de determinado lapso, acarrete a sua perda".(12)

Entretanto, conforme destacado, a matéria se encontra inserida no ordenamento jurídico, inclusive sob o manto de previsão constitucional (CF, art. 7º, XXIX). Se há previsão constitucional para a incidência da prescrição nos créditos trabalhistas, a vedação de uma das formas de sua pronúncia — de ofício pelo julgador, com as cautelas e condições adiante apontadas — me parece que não se harmonizaria com o citado preceito da Carta Maior.

O fundamento de que o princípio protetivo, ínsito ao Direito Material do Trabalho, se estende ao Direito Processual Laboral, *data venia* daqueles que assim entendem, não nos sensibiliza. Filiamo-nos à corrente doutrinária que prega a isonomia das partes no processo (CF, art. 5º, LV). Por conseguinte, o referido princípio, coluna mestra do Direito do Trabalho, não pode se aplicar ao respectivo direito processual, sob pena de quebra da igualdade de tratamento que o Judiciário deve dispensar às partes litigantes. Por outro lado, se a prescrição objetiva a segurança jurídica e a manutenção da paz social, em homenagem à harmonia que deve permear as relações jurídicas na sociedade, tal instituto – mesmo que por vias reflexas — é de interesse público, portanto, superior a meros interesses individuais. Por oportuno, relembramos que o art. 8º da CLT determina que **a Justiça do Trabalho deve decidir "sempre de maneira que nenhum interesse de classe ou particular prevaleça sobre o interesse público"** (grifos nossos). Assim, entendemos que não há nenhuma incompatibilidade para aplicação, no Processo do Trabalho, da pronúncia da prescrição *ex officio*.

Em razão da compatibilidade do tema em estudo com o Processo do Trabalho, poderá haver alteração substancial quanto à atuação do Ministério Público do Trabalho. Isso porque, há muito no exercício de sua atividade interveniente, ao exarar parecer em processos nos quais figura como parte ente de direito público,

---

(12) ALMEIDA, Isis. *Manual da prescrição trabalhista*. São Paulo: LTr, 1990. p. 17.

o MPT, quando constatada a existência de prescrição, vinha argüindo sua aplicação, pleito que restou rejeitado pelo col. Tribunal Superior do Trabalho, ensejando inclusive a Orientação Jurisprudencial n. 130 da SBDI 1.(13) Mesmo que o TST continue entendendo pela ilegitimidade do Ministério Público — entendimento com o qual, com o devido respeito, não concordamos — poderá o órgão ministerial, ao argüir a prescrição, pelo menos "alertar" o Magistrado sobre a existência dela.

2.3. Interpretação restritiva

No que se refere à interpretação e aplicação da prescrição, devemos fazê-lo de forma restrita, pois embora o dispositivo legal que a instituiu tenha inspiração na ordem pública, regula relações jurídicas de índole individual que restringem e encobrem a pretensão de postular direitos. Pertinentes, portanto, as lições de *Washington de Barros Monteiro* e de *Carlos Maximiliano,* ao aduzirem, respectivamente, que "as disposições sobre prescrição são sempre de aplicação estrita, não comportando interpretação extensiva, nem analógica; a exegese será sempre restritiva. Na dúvida, deve-se julgar sempre contra a prescrição, meio talvez antipático de extinguir-se a obrigação".(14) "Prescrição. Submetem-se a exegese estrita as normas que introduzem casos especiais de prescrição, porque esta limita o gozo de direitos".(15)

No Direito do Trabalho, em razão de suas peculiaridades a aplicação do instituto da prescrição beneficia apenas uma das partes, o empregador. Conforme exposto anteriormente, o princípio da proteção não impede a aplicação da prescrição *ex officio*. Todavia não podemos nem devemos ignorar esse princípio, ao contrário, somos defensores intransigentes dele, pilar sobre o qual repousa todo o diferencial do Direito Laboral. Por essa razão a aplicação do instituto em tela deve ser operacionalizada com cautela e sua aplicação deve ser restritiva e, na dúvida, o Magistrado não deverá pronunciá-la *ex officio*.

Apesar de comungarmos com a plena compatibilidade da prescrição *ex officio* com o Processo do Trabalho, entendemos que antes de pronunciá-la o julgador deverá, sempre e obrigatoriamente, em observância aos princípios constitucionais do contraditório, do devido processo legal e da ampla defesa, conceder vista dos autos ao autor e ao réu.

---

(13) "PRESCRIÇÃO. MINISTÉRIO PÚBLICO. ARGÜIÇÃO. CUSTOS LEGIS. ILEGITIMIDADE. Ao exarar o parecer na remessa de ofício, na qualidade de custos legis, o Ministério Público não tem legitimidade para argüir a prescrição em favor de entidade de direito público, em matéria de direito patrimonial" (arts. 194 do CC de 2002 e 219, § 5º do CPC).

(14) MONTEIRO, Washington de Barros, *apud* ALMEIDA, Isis. *Manual da prescrição trabalhista*. São Paulo: LTr, 1990. p. 25-26.

(15) MAXIMILIANO, Carlos, *apud* ALMEIDA, Isis. *Manual da prescrição trabalhista*. São Paulo: LTr, 1990. p. 26.

2.3.1. Da vista dos autos ao reclamante antes da pronúncia da prescrição

A pronúncia da prescrição sem que o autor seja ouvido, *data venia* dos que pensam de forma contrária, é uma precipitação injustificada do Magistrado. A vista ao autor se justifica para que ele se manifeste, querendo, sobre a existência de causas impeditivas, interruptivas ou suspensivas da prescrição (Código Civil, arts. 197 a 204).

Como causa de interrupção da prescrição, citamos a hipótese contida na Súmula n. 268 do TST ("A ação trabalhista, ainda que arquivada, interrompe a prescrição somente em relação aos pedidos idênticos"). Deve também o Julgador observar o disposto no art. 440 da CLT (inexistência de prescrição contra o menor de 18 anos), bem como a imprescritibilidade dos pleitos de índole eminentemente declaratória (CLT, art. 11, parágrafo único). Ademais, o início do fluxo prescricional, em alguns casos, é fixado quando da ciência inequívoca do titular do direito de sua pretensa violação, como nas hipóteses de doença ocupacional, consoante dispõe a Súmula n. 278 do col. Superior Tribunal de Justiça[16] e de vício oculto na coisa. Para caracterização do início do fluxo da prescrição, nessas hipóteses, é indispensável a manifestação do autor.

2.3.2. Da vista dos autos ao reclamado antes de se pronunciar a prescrição

A cautela também recomenda vista ao reclamado para que informe se renuncia (expressa ou tacitamente) ou não ao direito à prescrição (Código Civil, art. 191). *Silvio Rodrigues* assevera que[17]

> "A renúncia tácita se caracteriza quando o devedor, ciente de que contra si já se consumou a prescrição, pratica algum ato ostensivo, que envolve o reconhecimento do direito prescrito. Os exemplos mais característicos são os de pagamento da dívida, de oferta de garantia para assegurar o seu pagamento, ou de solicitação de prazo para pagamento".

Se a prescrição não for argüida na defesa ou no recurso ordinário pelo réu — já que só a ele beneficia —, entendo que há uma mera presunção de sua renúncia. *Edilton Meireles* e *Leonardo Borges*[18] sustentam que "a renúncia tácita não ocorre por omissão do devedor, a exemplo da não-argüição da prescrição na contestação". Todavia se intimado o réu, e se esse silenciar, diante do seu silêncio, a mera presunção de renúncia pela não-argüição na defesa ou no recurso ordinário deve ser entendida como renúncia tácita, pois esse continuado silêncio deve ser visto como um dos fatos "incompatíveis com a prescrição", de que trata a parte final do art. 191 do Código Civil, implicando a impossibilidade de sua pronúncia de ofício.

---

(16) "O termo inicial do prazo prescricional, na ação de indenização, é a data em que o segurado tiver ciência inequívoca da incapacidade laboral".

(17) *Apud* CHAVES, Luciano Athayde. *A recente reforma no processo comum* — Reflexos no direito judiciário do trabalho. 2. ed., São Paulo: LTr, 2006. p. 153.

(18) *Idem*.

Após a sentença, tramite o processo no Tribunal Regional do Trabalho ou no Tribunal Superior do Trabalho, mais uma cautela deve ser observada. A prescrição só poderá ser pronunciada, se pleiteada pelo reclamado ou de ofício, na matéria devidamente impugnada no recurso e validamente devolvida para reexame. Isso porque, em razão da cumulatividade de pedidos, situação comum nas ações trabalhistas, a matéria que não for objeto de recurso está acobertada pelo manto da coisa julgada (CF, art. 5º, XXXVI). Dessa forma, a pronúncia de prescrição — provocada pelo reclamado ou de ofício — em item do pedido inicial que não tenha sido submetido validamente ao reexame por meio de recurso ao órgão *ad quem* afronta o instituto da coisa julgada.

A imposição legal inserida no § 5º, do art. 219 do CPC — "O juiz pronunciará, de ofício, a prescrição" — não proíbe ou subtrai do Magistrado a adoção das cautelas necessárias para aplicação do comando legal, considerando-se a exegese estrita na aplicação do mencionado diploma legal.

3. Não se admite apelação quando a sentença estiver em consonância com Súmula do STJ ou do STF

3.1. Considerações sobre o instituto da súmula

A Lei n. 11.276, de 07.02.2006, deu inovadora redação ao § 1º do art. 518 do CPC, aduzindo que "**O juiz não receberá o recurso de apelação quando a sentença estiver em conformidade com Súmula do Superior Tribunal de Justiça ou do Supremo Tribunal Federal**" (grifos nossos).

Embora as Súmulas de jurisprudência dos Tribunais Superiores nem sempre representem a existência de um entendimento jurisprudencial solidamente sedimentado, a verdade é que sinalizam a posição majoritária do respectivo Tribunal acerca de determinada tese jurídica. Pertinente, como sempre, a observação de *José Carlos Barbosa Moreira,* mesmo antes da EC 45/2004:[(19)]

> "Quanta tinta se tem gasto (a imagem, reconhecemos, é obsoleta na era da informática, em que ninguém mais usa tinta para escrever...) no debate entre os partidários e os adversários de reforma constitucional destinada a atribuir eficácia vinculante a proposições inspiradoras de precedentes nos mais altos tribunais do país! Pois bem: sem precisão de emenda, a vinculação, para fins práticos, em boa medida vai-se insinuando, pé ante pé, sorrateiramente, como quem não quer nada, e não apenas em benefício de teses "sumuladas", senão até das simplesmente bafejadas pela preferência da maioria dos acórdãos".

---

(19) *Apud* WAMBIER, Luiz Rodrigues; WAMBIER, Teresa Arruda Alvim e MEDINA, José Miguel Garcia. *Breves comentários à nova sistemática processual civil.* 2. ed. São Paulo: Editora Revista dos Tribunais, 2006. p. 227.

Sabemos que as Súmulas não estão num mesmo plano que a Lei, mas desempenham papel altamente relevante, pois representam a interpretação dos Tribunais acerca de determinada Lei. Em se tratando de Tribunais Superiores, a importância ainda é maior, diante do papel dessas Cortes, qual seja em uniformizar o entendimento sobre o Direito Constitucional (Supremo Tribunal Federal) ou federal (Tribunal Superior do Trabalho e Superior Tribunal de Justiça). A propósito, *Rodolfo de Camargo Mancuso*(20) entende que :

> "[...]a jurisprudência deu um verdadeiro salto de qualidade: antes recusada como *fonte de direito*, hoje, todavia, vai, gradualmente, se ombreando com a própria norma legal, se é que a certos respeitos já não a suplanta, se tivermos em conta que, enquanto a norma propicia mais de uma interpretação, a jurisprudência — sumulada ou dominante — representa a própria norma *já interpretada* em seu ponto ótimo, ou seja, segundo o iterativo pretoriano. Ou seja, quando assim qualificada, a jurisprudência apresenta-se como a *norma* e um *plus*, residindo este último qualificativo exatamente na nota da interpretação pretoriana iterativa e assentada sobre a extensão e compreensão da própria norma."

Alguns questionamentos nos apresentam sobre o tema: sua compatibilidade com o Processo do Trabalho; se a inovação em tela seria um pressuposto recursal intrínseco ou um prévio exame de mérito exercido pela mesma autoridade judiciária que proferiu a decisão recorrida; e, finalmente, o procedimento do julgador na hipótese de um item do pedido objeto da decisão contrariar Súmula e o outro não.

3.2. Aplicabilidade ao Processo do Trabalho

Manoel Antonio Teixeira Filho(21) entende que "No processo do trabalho a regra será aplicável em relação ao recurso ordinário, nos casos em que a sentença impugnada estiver em consonância com Súmula do TST ou do STF". *Estêvão Mallet*(22) (in LTr 70-06/6-672) sustenta que tal dispositivo é aplicável a esse ramo do Direito Processual "[...]substituindo-se, todavia, a referência ao Superior Tribunal de Justiça, por Tribunal Superior do Trabalho". *Luciano Athayde Chaves*(23) afirma que "A norma é perfeitamente aplicável ao processo especializado do trabalho, diante da patente existência de lacuna normativa, assim como o tem sido o dispositivo no art. 557 [...]". Outros doutrinadores também são favoráveis à aplicação

---

(20) MANCUSO, Rodolfo de Camargo. *Aspectos polêmicos e atuais dos recursos cíveis de acordo com a Lei 9.756/98* — A jurisprudência, dominante ou sumulada, e sua eficácia contemporânea. São Paulo: Editora Revista dos Tribunais, 1999. p. 526-527.

(21) TEIXEIRA FILHO, Manoel Antonio. *Revista LTr.* São Paulo: LTr, março/2006. p. 296.

(22) MALLET, Estêvão. *Revista LTr,* São Paulo: LTr, junho/2006. p. 672.

(23) CHAVES, Luciano Athayde. *A recente reforma no processo comum. Reflexos no Direito Judiciário do Trabalho.* 2. ed., São Paulo: LTr, 2006. p.122

do instituto no Processo Laboral (*Flávio Luiz da Costa, Cláudio Armando Couce de Menezes* e *Eduardo Maia de Tenório Cunha,* apenas para citar alguns).

Desta mesma forma nos posicionamos. Não vislumbramos nenhum óbice à aplicação subsidiária (CLT, art. 769) dessa ferramenta que tem como escopo evitar a desnecessária procrastinação da coisa julgada, sendo, a nosso juízo, um dos meios para se atingir a razoável duração do processo.

Por fim,também entendemos que o instituto em tela seria plenamente aplicável ao recurso adesivo e no agravo de petição, já que este recurso tem as mesmas feições do recurso ordinário, embora na fase de execução.

3.3. *Pressuposto recursal ou juízo de mérito do recurso?*

Questão intrincada que promete ainda debates calorosos entre os doutrinadores é saber se a questão encerra um novo pressuposto recursal ou se se trata de prévio exame do mérito do recurso, executado pelo próprio prolator da decisão recorrida.

A corrente doutrinária à qual se filiam *Luiz Rodrigues Wambier, Teresa Arruda Alvim Wambier* e *José Miguel Garcia Medina*(24) sustenta que "A rigor, neste caso o recurso não é indeferido em razão da ausência de um dos seus requisitos de admissibilidade, já que saber se a sentença está ou não em consonância com um entendimento sumulado pelo STF ou pelo STJ é questão atinente ao *juízo de mérito do recurso*" (grifos do original).

Em sentido contrário entende *Flávio Luiz da Costa*(25) afirmando que "[...]a Lei n. 11.276/2006 criou um novo pressuposto recursal objetivo, no sentido de que somente passa a ser recorrível o ato quando a decisão não estiver fundamentada em todos os seus aspectos rescisórios em Súmula dos Tribunais Superiores ou do Supremo Tribunal Federal".

A definição da natureza jurídica do instituto em comento é de fundamental importância. O legislador infraconstitucional tem buscado com as diversas leis que alteraram o Código de Processo Civil dar efetividade e materializar o disposto no inciso LXXVIII do art. 5º da Constituição da República, que preconiza "a razoável duração do processo". Seria incoerente e ilógico que a norma legal que alterou o § 1º do art. 518 do CPC viesse a dar ensejo a mais um recurso, quando seu espírito é o de evitar recurso quando a decisão proferida estiver em conformidade com Súmula de Tribunal Superior.

---

(24) WAMBIER, Luiz Rodrigues; WAMBIER, Teresa Arruda Alvim e MEDINA, José Miguel Garcia. *Breves comentários à nova sistemática processual civil.* 2 ed., São Paulo: Editora Revista dos Tribunais, 2006. p. 226.

(25) COSTA, Flávio Luiz da. *Direito processual do trabalho* — reforma e efetividade. São Paulo: LTr, 2007. p. 308.

Explico: se o citado dispositivo legal for entendido e aplicado como prévio exame de mérito pelo Magistrado de 1º Grau, o recurso cabível no Processo do Trabalho é o agravo de instrumento. Subindo o agravo ao Tribunal Regional, se porventura o Relator, utilizando-se da faculdade que lhe outorga o art. 557 do CPC, negar seguimento ao apelo, caberá novo agravo (CPC, art. 557, § 1º) que será levado a julgamento pela Turma do TRT. Entretanto, se os magistrados, tanto os de 1º Grau, quanto os dos Tribunais, entenderem tratar a espécie de pressuposto de recorribilidade recursal, o agravo de instrumento manifestado contra o despacho que não admitir o recurso seria apreciado diretamente pela Turma do TRT, evitando-se, dessa forma, a possibilidade de mais um recurso. Negado provimento ao agravo de instrumento pela Turma, dessa decisão é incabível o recurso de revista (Súmula n. 218 do TST).(26)

Posicionamo-nos no sentido de que a inovação trazida no § 1º do art. 518 do CPC é sim pressuposto de recorribilidade. Respeitamos, mas não concordamos com aqueles que dizem ser juízo de mérito do recurso o exame da consonância da sentença com a Súmula. Entendemos tratar-se de pressuposto recursal intrínseco (pertinente ao direito de recorrer), mais precisamente, quanto ao cabimento do apelo. Nesse sentido o magistério de *Luiz Guilherme Marinoni* e *Sérgio Cruz Arenhart*(27), os quais, quando discorrem sobre o pressuposto recursal do cabimento, destacam que as leis processuais, ao preverem os recursos, determinam "em que hipóteses, e perante que espécie de decisão judicial são cabíveis". É exatamente isso que preconiza o citado dispositivo legal: o recurso só será cabível se a decisão recorrida não se encontrar em consonância com Súmula do Tribunal Superior do Trabalho. Dessarte, não houve a criação de um novo pressuposto recursal, apenas acresceu-se ao pressuposto do cabimento mais um requisito.

No Processo do Trabalho, quando os Presidentes dos Tribunais Regionais fazem o juízo primeiro de admissibilidade nos recursos de revistas manifestados para o Tribunal Superior do Trabalho, ao analisarem os pressupostos de recorribilidade específicos, é procedimento comum a não-admissibilidade de tais recursos se a matéria em discussão estiver em consonância com Súmula do TST. Sempre se entendeu essa medida como exame dos pressupostos de admissibilidade específicos do recurso de revista, e não como exame prévio do juízo de mérito do apelo. Tanto assim que o § 4º do art. 896 da CLT assevera que "A divergência apta a ensejar o Recurso de Revista deve ser atual, não se considerando como tal a ultrapassada por súmula, ou superada por iterativa e notória jurisprudência do Tribunal Superior do Trabalho". Dessa mesma forma dispõe a Súmula n. 333 do TST.(28)

---

(26) "É incabível recurso de revista interposto de acórdão regional prolatado em agravo de instrumento".

(27) MARINONI, Luiz Guilherme e ARENHART, Sérgio Cruz. *Manual do processo de conhecimento*. 4. ed., São Paulo: Editora Revista dos Tribunais, 2005. p. 515.

(28) Súmula n. 333/TST — "Não ensejam recursos de revista ou de embargos decisões superadas por iterativa, notória e atual jurisprudência do Tribunal Superior do Trabalho".

A teor do disposto no § 3º do art. 475 do CPC, o Juiz não deve submeter ao duplo grau de jurisdição, procedendo à remessa oficial de processo quando a sentença "**estiver fundada em** jurisprudência do plenário do Supremo Tribunal Federal ou em **súmula** deste Tribunal ou **do Tribunal Superior competente**" — grifamos. Ora, tal medida é exame de pressuposto do cabimento ou não da remessa oficial, e não juízo de mérito da remessa obrigatória. O Tribunal Superior do Trabalho (Súmula n. 303, I, *b)* recepcionou e pacificou este entendimento na seara trabalhista.

Também não concordamos com o entendimento segundo o qual o legislador estendeu ao Juiz de 1º grau a mesma prerrogativa outorgada ao Juiz de Tribunal inserta no art. 557 do CPC. Se assim fosse, o Juiz de 1º grau também poderia deixar de receber o recurso se sua decisão estivesse em harmonia com jurisprudência majoritária do respectivo Tribunal Regional do Trabalho.

São essas as razões que embasam nosso convencimento no sentido de que o legislador, ao estabelecer que o Juiz não deverá receber o recurso quando a sentença atacada estiver em consonância com Súmula – no caso do recurso ordinário e do agravo de petição, Súmula do Tribunal Superior do Trabalho, – não criou mais um pressuposto de admissibilidade dos citados apelos, mas houve apenas o acréscimo de mais um requisito ao pressuposto recursal do cabimento, ou seja, que o apelo é cabível se a decisão atacada não estiver em consonância com Súmula, neste caso, do TST.

3.3. Obstáculo intransponível: quando um ou mais itens do pedido objeto da decisão não contrariar Súmula do TST

Hipótese comum que deve ocorrer (em face da cumulação de pedidos no processo do trabalho) é a de um ou mais itens da sentença não estar em dissonância com Súmula do TST. Entendo que essa hipótese seria obstáculo intransponível à aplicação do dispositivo legal em comento, por conseguinte o Juiz ficaria obstaculizado de deixar de admitir (por essa razão) o apelo ordinário. Se a sentença resolver um dos itens do pedido sem aplicação de Súmula, o apelo teria que ser admitido na íntegra, desde que fossem observados todos os demais pressupostos genéricos de admissibilidade recursal. Estaríamos diante da aplicação analógica da Súmula n. 285 do Tribunal Superior do Trabalho[(29)]. Assim, a admissibilidade parcial do recurso ordinário pelo juízo primeiro de admissibilidade, não impediria sua apreciação integral pelo Tribunal Regional do Trabalho, sendo aqui também imprópria a interposição de agravo de instrumento.

---

(29) Súmula n. 285/TST — "O fato de o juízo primeiro de admissibilidade do recurso de revista entendê-lo cabível apenas quanto a parte das matérias veiculadas não impede a apreciação integral pela Turma do Tribunal Superior do Trabalho, sendo imprópria a interposição de agravo de instrumento".

4. Resolução do mérito antes da citação do réu

A Lei n. 11.277/06 instituiu o art. 285-A do CPC estabelecendo que "Quando a matéria controvertida for unicamente de direito e no juízo já houver sido proferida sentença de total improcedência em outros casos idênticos, poderá ser dispensada a citação e proferida sentença, reproduzindo-se o teor da anteriormente prolatada".

Essa particularidade e o elevado número de processos trabalhistas nos quais há cumulação de pedidos e, ainda, as questões fáticas que permeiam as sentenças proferidas pelos Juízes das Varas do Trabalho, contribuirão de forma considerável para reduzir quantitativamente a aplicação do novel instituto quando do exame dos pressupostos de admissibilidade dos recursos ordinários e dos agravos de petição.

A primeira crítica contundente que parte da doutrina faz ao dispositivo legal em comento é a sua inconstitucionalidade por afronta às garantias do devido processo legal, do contraditório e da ampla defesa, tramitando no egrégio Supremo Tribunal Federal Ação Direta de Inconstitucionalidade requerida pelo Conselho Federal da Ordem dos Advogados do Brasil acerca desse aspecto.(30) Argumentos ponderosos aduzem que o devido processo legal, por tratar-se de dignidade constitucional, não pode ser mitigado nem sequer por emenda constitucional, quanto mais por lei ordinária.(31)

Luiz Wambier, Teresa Arruda Alvim Wambier e *Jorge Miguel Medina*(32) asseveram que "o novo art. 285-A é uma demonstração eloqüente e lamentável da tentativa de resolver os grandes problemas estruturais do país (inclusive do processo) pela via da negativa de fruição de garantias constitucionais". Prosseguem sua crítica no sentido da ausência de compromisso da decisão proferida com a jurisprudência dos tribunais.

Quanto à compatibilidade do instituto com o Processo Judiciário do Trabalho, parece-nos que o argumento de maior peso é aquele em que se apregoa a agressão ao princípio fundamental da conciliação. Não é novidade que a ausência de conciliação no processo do trabalho gera nulidade absoluta, decretável em qualquer grau de jurisdição. Acresça-se a este fundamento a constatação de que, no processo do trabalho (com muito mais ênfase do que nos demais ramos do Direito Processual, tendo em vista o caráter alimentício dos direitos nele discutidos), o autor não tem o menor interesse na procrastinação do feito. Assim, não seriam

---

(30) ADI n. 3.695, Relator Min. Cesar Peluso, com parecer da Procuradoria Geral da República pela improcedência do pedido, estando os autos conclusos ao Ministro relator, desde 27.06.2006.

(31) LIMA FILHO, Francisco das Chagas. *Direito processual do trabalho* — reforma e efetividade. São Paulo: LTr, 2007. p. 362.

(32) WAMBIER, Luiz Rodrigues; WAMBIER, Teresa Arruda Alvim; MEDINA, José Miguel Garcia. *Breves comentários à nova sistemática processual civil.* 2. ed. São Paulo: Editora Revista dos Tribunais, 2006. p. 63.

alguns dias a mais, destinados ao recebimento da defesa em audiência que retardariam a prestação jurisdicional. São esses os principais argumentos dos doutrinadores de escol(33) que preconizam a inconstitucionalidade e a incompatibilidade do tema em estudo com o processo do trabalho.

No entanto, outra corrente doutrinária(34) não vislumbra inconstitucionalidade do dispositivo legal ou incompatibilidade com o processo do trabalho. São argumentos desse segmento doutrinário de que inexiste inconstitucionalidade, pois o réu será citado para ter ciência da demanda já julgada improcedente, se não houver retratação (CPC, art. 285-A, § 1º), para oferecer contra-razões ao recurso manifestado pelo autor. Desse modo, o acesso ao Judiciário também não seria obstaculizado diante da possibilidade de o autor ajuizar a ação. O argumento da obrigatoriedade da tentativa de conciliação é rebatido no sentido de que "é pouco provável que em situações em que seria cabível a aplicação do art. 285-A (existência de precedentes num mesmo sentido) haveria a conciliação, pois essa não combina com a certeza acerca do direito, devendo-se aplicar, de todo modo, o princípio da proporcionalidade"(35).

Com o devido respeito aos que entendem de forma contrária, também não vislumbramos a alegada inconstitucionalidade. Por outro lado, o apego excessivo aos cânones processuais tradicionais revela resistência injustificável aos mecanismos inovadores na busca de soluções, ainda que heterodoxa, como a que aduz o citado dispositivo legal. Temos convicção de que a medida em comento poderá agilizar a prestação jurisdicional trabalhista, sem prejuízo ao devido processo legal e em observância ao caráter social e alimentar das conseqüentes parcelas objeto do pedido.

Os Juízes do Trabalho, com a cautela e o pragmatismo conhecidos, saberão aplicar este instituto, julgando demandas repetidas e que, se tratadas processualmente na forma tradicional, não teriam solução diferente. Por fim, impende ressaltar que o legislador não trouxe uma imposição ao julgador, mas uma faculdade que lhe permite não se utilizar dela na dúvida ou em eventual discordância pessoal e doutrinária.

5. Os atos e termos processuais por meio eletrônico, o art. 225 do Código Civil e a formalidade anacrônica do art. 830 da CLT

O Direito tem que se adaptar às novas realidades, acompanhar a evolução tecnológica, principalmente dos meios de comunicação. Não é admissível que os

---

(33) Jorge Luiz Souto Maior, Estevão Mallet, Francisco Machado Lima Filho e Daniel Francisco Mitidiero, entre outros.

(34) Luciano Athayde Chaves, Helio Estellita Herkenhoff Filho.

(35) HERKENHOFF FILHO, Helio Estellita. O julgamento do mérito da demanda antes da angularização do processo. São Paulo: *Revista LTr* 70-03/357, 2006.

demais ramos da Ciência, inclusive das Sociais, estejam em harmonia e pleno uso das novidades tecnológicas que o mundo moderno oferece e impõe, e o Processo — ferramenta destinada à melhor aplicação do Direito Material — ainda se encontre na "Idade da Pedra", encantado apenas com a descoberta do fogo ou a invenção da roda, em tempo pretérito à emissão de comunicados em código morse. A "era do tambor" e da "pública forma" de há muito deveriam estar superadas.

Nessa seara, merece destaque a Lei n. 11.419, de 19.12.2006, que dispõe sobre a informatização do processo judicial. O Tribunal Superior do Trabalho, em sua composição plenária, em 22.03.2007, decidiu encaminhar aos Tribunais Regionais do Trabalho proposta de regulamentação da referida Lei, no âmbito da Justiça do Trabalho, solicitando sugestões ao aprimoramento de futura Resolução a ser editada em breve, que consideramos louvável, oportuna e digna de reconhecimento.

A tecnologia deve servir ao homem, em todas as esferas, inclusive na prestação jurisdicional. Indene de dúvidas que o grande passo tecnológico do final do século passado foi a massificação da rede mundial de computadores, a *internet.* O mecanismo que na sua gênese servia apenas para mera comunicação transformou-se em veículo para realização de transações comerciais e bancárias do mais alto porte. Não nos esqueçamos também das Declarações anuais de Imposto de Renda, encaminhadas à Receita Federal, em quase sua totalidade via *internet,* além da emissão das inúmeras certidões públicas que se valem desse meio. Outro exemplo: a transferência *on line* dos recursos financeiros às partes, sendo dispensável o alvará, em razão da segurança no saque e transporte desses valores, em especial quando se trata de recursos oriundos do Tesouro Nacional. Então, por que não se utilizar dessa pérola da modernidade no Processo, para maior celeridade e qualidade na prestação jurisdicional ?

Algumas resistências — injustificadas — ainda existem. As principais dizem respeito à falta de acessibilidade por boa parte dos interessados, bem como à vulnerabilidade do sistema. Quanto ao primeiro empecilho, pode ser respondido pela ausência de obrigatoriedade do uso do processo eletrônico, pois ele é uma faculdade e não uma imposição legal. Todavia, raros são os escritórios de advocacia que ainda não dispõem de computadores e do acesso à *internet.* No que tange à vulnerabilidade do sistema, pertinentes as doutas palavras de *Cândido Rangel Dinamarco*(36):

> "[...]na premissa de que todo o sistema processual gira em torno de certezas, probabilidades e riscos, não sendo sensato o obcecado apego ao ideal de segurança nos atos processuais. Nada é absolutamente certo, neste mundo de seres falíveis. Cumpre ao legislador a definição de linhas de equilíbrio entre o seguro e o provável, com a consciência dos riscos que se assumem e o cuidado de predispor meios capazes de corrigir possíveis erros ou desvios."

---

(36) DINAMARCO, Cândido Rangel *apud* SILVA JÚNIOR, Walter Nunes da. *Direito processual do trabalho* — reforma e efetividade. São Paulo: LTr, 2007. p. 431.

A ampliação do acesso à justiça, uma das ondas de revolução do processo, passa, obrigatoriamente, pela simplificação, otimização e agilização dessa ferramenta. A economia de tempo na produção dos atos processuais é premissa básica para a efetivação do mandamento constitucional (CF, art. 5º, LXXVIII) que impõe a razoável duração do processo e a celeridade em sua tramitação. Pesquisa efetuada sob a coordenação da Ministra *Elen Gracie,* do Supremo Tribunal Federal, constatou que 70% do tempo da tramitação de um processo é tempo de cartório, de tramitação burocrática.[37]

O julgamento dos processos em alguns Tribunais, inclusive no TRT da 10ª Região, não ocorre exclusivamente no momento em que o processo é apregoado na respectiva sessão de julgamento. Os votos dos magistrados são disponibilizados, com pelo menos uma semana de antecedência, nas redes internas dos Tribunais, permitindo aos Juízes, por meio de acesso com suas senhas, estudar a pauta antes da sessão, propiciando assim uma análise mais acurada e um maior embasamento na concordância ou discordância com as teses jurídicas em debate. Isso é prestação jurisdicional com maior qualidade. Também as decisões judiciais já começam a levar em consideração a utilização da *internet* para a concessão de direito aos reclamantes.[38]

Não obstante toda essa modernidade e os novos e melhores tempos que se avizinham, a Consolidação das Leis do Trabalho, em seu art. 830, estabelece que "o documento oferecido para prova só será aceito se estiver no original ou em certidão autêntica, ou quando conferida a respectiva pública-forma ou cópia perante o juiz ou tribunal". Em meu entender, na Justiça Especializada Trabalhista, tal dispositivo deve ser interpretado com ressalvas, haja vista a prevalência da informalidade nos procedimentos. Todavia, não é esse o entendimento de alguns Tribunais, inclusive do Tribunal Superior do Trabalho. Com todo o respeito, a posição desses pretórios é contraditória com a modernidade que a maioria deles apregoa.

A teor do disposto no art. 225 do Novo Código Civil, de aplicação subsidiária, a falta de autenticação não invalidaria o valor probante do documento se não houver, como no caso sob exame, nem sequer alegação de falsidade do conteúdo. Eis o seu teor, *verbis*:

> "As reproduções fotográficas, cinematográficas, os registros fonográficos e, em geral, quaisquer outras reproduções mecânicas ou eletrônicas de fatos ou de coisas fazem prova plena destes, se a parte, contra quem forem exibidos, não lhes impugnar a exatidão."

---

(37) SILVA JÚNIOR, Walter Nunes da. *Direito processual do trabalho* — Reforma e Efetividade. São Paulo: LTr, 2007. p. 429.

(38) E-MAIL É USADO PARA COMPROVAR HORAS EXTRAS – RO 00279-2006-016-10-00-6 — 2ª T — TRT 10ª Região — Relator Juiz Brasilino Santos Ramos — "Entendo que a correspondência eletrônica, fruto do implemento da modernidade, constitui meio de prova, desde que não paire sobre ela nenhum indício de incorreção nos registros efetuados ou adulteração". Acórdão publicado no DJU — Seção 3 — de 16.03.2007.

O Tribunal Superior do Trabalho, em sua Instrução Normativa n. 16, de 26.08.1999, que uniformiza a interpretação da Lei n. 9.756/98, com relação ao agravo de instrumento, preconiza que as peças que formarão o instrumento "poderão ser declaradas autênticas pelo próprio advogado, sob sua responsabilidade".

O CPC, no art. 544, § 1º (com a redação da Lei n. 10.352, de 26.12.2001), ao tratar do agravo de instrumento, estabelece que "[...] As cópias das peças do processo poderão ser declaradas autênticas pelo próprio advogado, sob sua responsabilidade pessoal".

O Tribunal Superior do Trabalho, em situações específicas, tem sinalizado quanto à relatividade do dispositivo celetário em comento consoante dicção das Orientações Jurisprudenciais n. 36 e n. 134 da Seção de Dissídios Individuais I, respectivamente, *verbis:*

> "INSTRUMENTO NORMATIVO. CÓPIA NÃO AUTENTICADA. DOCUMENTO COMUM ÀS PARTES. VALIDADE. O instrumento normativo em cópia não autenticada possui valor probante, desde que não haja impugnação ao seu conteúdo, eis que se trata de documento comum às partes".
>
> "AUTENTICAÇÃO. PESSOA JURÍDICA DE DIREITO PÚBLICO. DISPENSADA. MEDIDA PROVISÓRIA N. 1.360, DE 12.03.96. São válidos os documentos apresentados, por pessoa jurídica de direito público, em fotocópia não autenticada, posteriormente à edição da Medida Provisória n. 1.360/96 e suas reedições".

Também o Código de Processo Civil, no art. 365, IV (inciso acrescentado pela Lei n. 11.382, de 06.12.2006), ao tratar da prova documental e da força probante dos documentos, dispõe taxativamente que:

> "Art. 365 — Fazem a mesma prova que os originais:
>
> ....
>
> ....
>
> IV — as cópias reprográficas de peças do próprio processo judicial declaradas autênticas pelo próprio advogado sob sua responsabilidade pessoal, se não lhes for impugnada a autenticidade;"

O Projeto de Lei n. 4.730/04-CD (no Senado Federal PLC n. 04/2006) que tem por objetivo a racionalização da prática dos atos procesuais, permite ao advogado declarar, sob sua responsabilidade pessoal, a autenticidade das cópias oferecidas como provas no Processo do Trabalho "dispensando o procedimento de autenticação, que é dispendioso, moroso e pouco eficaz".(39) Referido projeto de lei, desde 06.02.2007, aguarda inclusão em pauta, pela Comissão de Constituição, Justiça e Cidadania do Senado Federal, com parecer do Relator, Senador Eduardo Suplicy, pela constitucionalidade, juridicidade e regimentalidade.

---

(39) BOTTINI, Pierpaolo Cruz. A justiça do trabalho e a reforma do judiciário. In: CHAVES, Luciano Athayde. *Direito processual do trabalho:* reforma e efetividade. São Paulo: LTr, 2007. p. 106.

Nessa quadra de raciocínio, a regra inserta no art. 830 consolidado não deveria ser interpretada com tamanho rigor. Deve-se mostrar discordância não somente quanto à inautenticidade do documento, mas, sim, quanto ao conteúdo. Em verdade, a impugnação há de ser lançada relativamente à **veracidade** do documento inautêntico.

Assim, com todas as vênias daqueles que pensam de forma contrária, entendo que o mero descumprimento de uma formalidade que, embora prevista no art. 830 da CLT, não se compatibiliza com a modernidade dos tempos atuais não é suficiente *de per si* a suprimir o peso do documento como meio de prova pelo simples fato de estar inautêntico.

ASPECTOS DA REFORMA PROCESSUAL CIVIL APLICADOS AO PROCESSO TRABALHISTA: A LEI N. 11.232/05

Gisele Santos Fernandes Góes(*)

Sumário: 1. Premissas gerais: unificação procedimental proveniente da Lei n. 11.232/05; 2. Reflexos no processo trabalhista; 2.1. O art. 162, § 1º do CPC; 2.2. Art. 475-O, §§ 2º e 3º; 2.3. Art. 475-J; 3. Considerações conclusivas e impacto na atuação do Ministério Público do Trabalho; 4. Bibliografia.

1. Premissas gerais: unificação procedimental proveniente da Lei n. 11.232/05

O foco principal da Lei n. 11.232/05 é a implementação da unificação procedimental, a qual foi denominada de sincretismo processual,(1) tendo em vista que seu objetivo maior é a extinção da depressão existente entre os processos de conhecimento e de execução.

Essa depressão — como ousamos determiná-la — fica evidenciada, vez que, por longo período de tempo, destacou-se a autonomia do processo executivo.

O mito da autonomia do processo executivo sempre inculcou nos processualistas atitudes de esvaziamento do campo da tutela de direitos, perdendo-se a cada dia mais o processo apenas em fórmulas procedimentais, exacerbando-se a tônica do formalismo sobre o conteúdo.

A Constituição de 1988, com fundamento no Estado Democrático de Direito, traduz uma série de normas-princípio que precisam ser observadas. Ressaltando-se, no particular, os da inafastabilidade do controle jurisdicional (art. 5º, inciso XXXV) e devido processo legal (art. 5º, inciso LIV), os quais hodiernamente não são mais compreendidos apenas no âmbito de prover o jurisdicionado com o exercício do direito de ação ou de devido processo legal com garantias do contraditório e ampla defesa, pois, acima disso, não basta oferecer o procedimento e sim ter a resultante de tutela jurisdicional adequada e efetiva, no que se demonstra o total vínculo entre direito material e processual. Portanto, a asserção que deve pron-

---

(*) Procuradora do Trabalho da 8ª Região. Doutoranda (PUC/SP) e Mestre (UFPA). Professora da UFPA e de Cursos de Pós-Graduação.

(1) DINAMARCO, Candido Rangel. *Execução civil.* 6. ed. São Paulo: Malheiros, 1998. p. 131-134; MEDINA, José Miguel Garcia. *Execução civil:* princípios fundamentais. São Paulo: RT, 2002. capítulo 4. p. 188-286.

tamente ser formulada é de que é impensável processo sem a sua própria unificação procedimental, com intuito de alcance à tutela dos direitos.

Já não mais se poderia entender como salutar a dicotomia entre cognição e execução, pois a tutela executiva é de efetividade do processo cognitivo, não existindo nenhuma correlação entre planos primário — cognição e secundário — execução. Ao revés, caso fôssemos realmente valer-nos dessa divisão, o primordial aspecto da tutela jurisdicional adequada está na concretização do julgado via cumprimento de sentença, nitidamente na esteira do devido processo legal proporcional.

A visão sistêmica(2) do ordenamento jurídico clama pela unidade entre direito – processo e procedimento, sendo o último uma ferramenta para a satisfação do direito do jurisdicionado.

Os aplausos à Lei n. 11.232/05 se concentram na modulação genérica de simplificação e fortalecimento procedimental, em prol da materialização dos direitos, como já acontecia com ações interditais, como locatícias (revisional, renovatória) e possessórias,(3) alavancando-se outro princípio de ímpar significação para o contexto, qual seja, o da duração razoável do processo estabelecido no inciso LXXVIII do art. 5º da CF/88.

Porém, como se pronuncia *Athos Gusmão Carneiro,* "em derradeiro, tendo em vista críticas doutrinárias (sempre, por certo, desejáveis e respeitáveis) que já surgem relativamente a aspectos da nova legislação, reveladoras de uma certa ojeriza diante de mudanças, cumpre afirmemos que princípios jurídicos antes dominantes podem, e devem, ser excluídos ou mitigados, tendo em vista outros princípios que ressurgem ou se ampliam diante de situações novas, de novas contingências sociais e jurídicas".(4)

Embora as alterações possam ser vistas por muitos com certo desdém, como apenas via de inflação normativa, as que vieram com a Lei n. 11.232/05 constituíram imperativo de ordem pública, na ordem do interesse geral da sociedade que não mais suporta sentenças de declaração sem efetividade, impulsionando somente suspensões de execução, com base no art. 791, III do CPC.

2. Reflexos no processo trabalhista

2.1. O art. 162, § 1º do CPC

Foi alterado o conceito de sentença, não mais como o ato que põe termo ao processo, mas sim aquele que importa em uma das hipóteses trabalhadas pelos arts. 267 e 269 do CPC, portanto, de resolução sem ou com mérito.

---

(2) FERRAZ JR., Tércio Sampaio. *Teoria da norma jurídica.* 3. ed. Rio de Janeiro: Forense, 1997. p. 141.

(3) Nesse rumo, THEODORO JR., Humberto. As vias de execução do Código de Processo Civil brasileiro reformado. In: *Aspectos polêmicos da nova execução 3 de títulos executivos judiciais — Lei n. 11.232/05.* Coord. Teresa Arruda Alvim Wambier. São Paulo: RT, 2006. p. 306.

(4) Cumprimento da sentença conforme a Lei n. 11.232/2005. In: *Aspectos polêmicos da nova execução 3 de títulos executivos judiciais — Lei n. 11.232/05.* Coord. Teresa Arruda Alvim Wambier. São Paulo: RT, 2006. p. 91.

A modificação do texto legal é totalmente pertinente, porque não é o provimento jurisdicional sentença que finda o processo e sim o esgotamento das vias de acesso recursais ou atitude de transcurso *in albis* do prazo desses meios e alcance da coisa julgada.(5)

A conexão do dispositivo em tela — art. 162, §1º com art. 463 do CPC é fundamental, visto que hoje perfeitamente se pode afirmar que se está na busca do alargamento do princípio da inafastabilidade do controle jurisdicional como exercício de tutela jurisdicional adequada, tendo em mira que o juízo não acaba mais o seu mister com a publicação da sentença de mérito. Deve dar prosseguimento à fase de cumprimento de sentença que se integra ao processo cognitivo, com utilização de técnicas processuais as mais variadas possíveis, para concreção do julgado. Tanto é que o art. 475-I remete o operador do Direito aos arts. 461 e 461-A do CPC, porque amparam a magistratura na aplicação de medidas de coercibilidade indireta ao adimplemento das obrigações estabelecidas na decisão.

O Processo do Trabalho pode estar alheio a essas mutações? Indiscutivelmente que não!

Na atualidade, não mais é cabível defender-se a autonomia do processo de execução, ou o exercício de direito de ação distinto do processo de conhecimento, com clarividente influência do processo civil(6) historicamente ultrapassado de delineamento inclusive medieval.(7)

Ratifica-se o teor do art. 880 da Consolidação das Leis do Trabalho, no rumo de que a execução se opera *ex officio* pelo Juiz do Trabalho, revigorando-se só o texto legal para que adotemos de uma vez por todas não mais a expressão "processo de execução", e sim cumprimento de sentença ou efetivação do julgado.

Fica lucidamente incorporado ao processo trabalhista o sentido de que, quanto à natureza jurídica do título judicial oriundo de decisão, o processo continuará dando-lhe o devido cumprimento, com as vias executivas, como uma fase necessária para a totalização do julgado.

2.2. Art. 475-O, §§ 2º e 3º

O art. 475-O remodelou a execução provisória anteriormente tratada no art. 588 do CPC. A nova estruturação não ocorreu nos níveis que já existiam a respeito

---

(5) Para maiores reflexões, consulte-se ASSIS, Araken de. *Cumprimento de sentença*. Rio de Janeiro: Forense, 2006. p. 18-22.

(6) TEIXEIRA FILHO, Manoel Antonio. *Execução no processo do trabalho*. 7. ed. São Paulo: LTr, 2001. p. 70-73.

(7) Abordando a problemática e os argumentos a favor e contra a autonomia do processo de execução trabalhista, merece consulta SARAIVA, Renato. *Curso de direito processual do trabalho*. São Paulo: Método, 2005. p. 529-534.

dessa modalidade de execução, como a responsabilidade objetiva do exeqüente (inciso I) ou com a modificação do julgado e o retorno ao *status quo ante* (inciso II) ou com a necessidade de caução, em caso de levantamento de depósito realizado em dinheiro e prática de atos que gerem alienação (inciso III), visto que tudo isto estava presente anteriomente no diploma processual civil.

O que se pretende realçar na reforma são os §§ 2º e 3º do art. 475-O do CPC, iniciando-se pelo § 2º na ordem. O §2º dispôs as hipóteses de dispensa de caução: crédito de natureza alimentar ou fruto de ato ilícito até o montante de 60 (sessenta) vezes o valor do salário mínimo e também quando a execução provisória acontecer, ainda pendente o recurso de agravo de instrumento junto ao Supremo Tribunal Federal ou ao Superior Tribunal de Justiça, exceto nos casos de grave dano, de difícil ou incerta reparação.

Por conseguinte, permite-se o elastério de imediata efetivação do julgado, perante os valores que o legislador fixou como os mais relevantes: natureza alimentar, ato ilícito e o último de ordem totalmente procedimental que é o agravo de instrumento nas instâncias do STF e STJ, tendo em vista que, nessas situações o núcleo que deve prevalecer é o da satisfação do credor que não suporta mais os ônus do tempo do processo. A dispensa de caução incidirá, perante os interesses gerais da sociedade defendidos, num eixo de ordem pública. A tentativa é se reduzir os efeitos danosos do curso do procedimento, o qual se esteia primordialmente no esgotamento das diversas vias recursais. Sabe-se que, por exemplo, estatisticamente, é reduzido o número de provimento de agravos de instrumento, tanto no STF, quanto no STJ. Então, por que não se deixar desde logo o jurisdicionado ter a tutela do seu direito? Mais do que coerentes as hipóteses situadas pela reforma.

No panorama da jurisdição trabalhista, são perfeitamente aplicáveis as hipóteses de dispensa da caução. O estado de necessidade do trabalhador é presumido e o seu crédito é de natureza alimentar, além disso milhares são as demandas em que resta caracterizada a prática do ato ilícito e os obreiros, como ordem natural, sujeitos apenas à sua força de trabalho, não têm capacidade econômica suficiente para arcar com a caução. A única crítica que se faz, assim como tem feito prestigiada doutrina,[(8)] é que o patamar de 60 (sessenta) vezes o salário mínimo empobreceu a grandeza do texto normativo.

Dessa maneira, somos favoráveis à inserção na Justiça do Trabalho das hipóteses de dispensa de caução, tanto de cunho alimentar, quanto relacionadas aos atos ilícitos.

Salientamos que a imposição do teto do valor de 60 (sessenta) vezes o salário mínimo para dispensa de caução não deve ser usado pelos Juízes Trabalhistas, pois, de acordo com os princípios constitucionais e infraconstitucionais, a lógica do Judiciário Especializado não pode ser a mesma da Justiça Comum. Não se

---

(8) Nesse sentido, destaca-se a obra de CHAVES, Luciano Athayde. *A recente reforma no processo comum e seus reflexos no direito judiciário do trabalho.* São Paulo: LTr, 2006. p. 46-47.

discute *in casu* direito patrimonial, mas direito à vida, sobrevivência do trabalhador, pólo economicamente mais fraco na relação entre capital e trabalho. Ofende os princípios da razoabilidade e da proporcionalidade no Estado Democrático de Direito no âmbito da ordem social com a imposição de limite máximo de 60 (sessenta) vezes o salário mínimo. O devido processo legal trabalhista na sua feição substancial é incompatível com o raciocínio reducionista do processo civil brasileiro. Para o processo trabalhista, é fundamental a incidência da dispensa da caução, suprindo o Texto Consolidado, todavia, sem a restrição descabida para a seara trabalhista de teto quanto ao valor da caução, em homenagem à efetividade da tutela jurisdicional.

Por último, o caso do inciso II que expõe a execução provisória autorizada em função de agravo de instrumento nas instâncias superiores, apenas uma adaptação ao texto merece ser feita, qual seja, afastar-se o STJ e incluir-se, de conformidade com a organização judiciária brasileira, o Tribunal Superior do Trabalho que está correlacionado ao STJ.[9] Essa hipótese é essencial, para, volta-se a repetir, não haver a corrosão do direito jurisdicionado, pela motivação da delonga procedimental. Para a efetivação da decisão, não se precisa aguardar o trânsito em julgado, a cognição exauriente. Hodiernamente são múltiplos os exemplos oferecidos pela técnica processual, no caminho de efetividade, sem trânsito com cognição pautada em verossimilhança, como nos institutos da antecipação de tutela, tutela específica, reintegração liminar de trabalhador na Justiça do Trabalho etc. Os mitos estão sendo gradativamente rompidos, como primordialmente nos interessa, no particular, o da *nulla executio sine titulo* (execução *ex intervallo*).

Somente deve preponderar o entendimento restritivo do TST na Súmula n. 417, quanto à orientação de que não se deve admitir penhora em dinheiro a título de execução provisória, desde que sejam nomeados outros bens à penhora, contudo é de se flexibilizar essa compreensão, quando se está diante de patente estado de necessidade do trabalhador proveniente de ato ilícito ou quando o pólo mais forte da relação jurídica processual deixa escoar seus prazos e momentos oportunos na execução ou tumultua o próprio processo, gerando obstáculos à efetividade do direito do jurisdicionado, no que demonstra o abuso do direito processual, ato atentatório ao exercício da jurisdição, como prescrito no parágrafo único do art. 14 do CPC, no que se permite na colisão de interesses que se dê primazia à penhora de dinheiro em execução provisória.

Quanto ao § 3º do art. 475-O em comento, desburocratiza-se o procedimento da execução provisória, visto que se permite ao advogado que se valha da dicção legal do § 1º do art. 544 do CPC, no que tange à declaração de autenticidade pelas cópias juntadas. Interpreta-se que, mesmo o profissional esquecendo de

---

(9) Pela compatibilidade parcial do art. 475-O do CPC para o processo trabalhista, é o pensamento de Edilton Meireles e Leonardo Dias Borges, para quem deve ser afastada essa hipótese do inciso II do § 2º. *A nova reforma processual e seu impacto no processo do trabalho.* 2. ed. São Paulo: LTr. 2007.

produzir essa declaração, presume-se autenticidade quanto às cópias anexadas ao pedido de execução provisória e, se a parte contrária entender que são falsas, ela que atrai para si o ônus de prova.[10]

2.3. Art. 475-J

O art. 475-J do CPC delineia que o cumprimento de sentença tem lugar quando o devedor é condenado ao pagamento de quantia certa ou fixada em liquidação e o prazo para ele é peremptório de quinze dias.

A redação não deixa margem à dúvida, ratificando-se a eficácia mandamental da fase de cumprimento de sentença, nascendo para o devedor obrigação de pagamento da quantia, desde que ela esteja liquidada, por meio da sentença, ou quando está sujeita à execução provisória (art. 475-O do CPC).

O devedor tem o prazo para pagamento de 15 (quinze) dias e, se não adotar essa opção, ficará sujeito à incidência automática de multa no montante de 10% sobre o valor da condenação devidamente atualizado.

O que se argúi tão-só acerca da multa é qual o termo *a quo* de sua eficácia, pois o dispositivo legal em destaque não foi claro na perspectiva da fluência do prazo de 15 dias para pagamento por parte do devedor.

Subentende-se que o prazo de 15 dias, tendo em mira a complexa estrutura de organização judiciária brasileira em função da viabilidade de interposição de todos os recursos, fatalmente a última decisão estará concentrada em Brasília, no Supremo Tribunal Federal. Compartilhamos, assim, da opinião de *Humberto Theodoro Junior*[11] e *Cássio Scarpinella Bueno*[12] Vejamos.

O prazo deve ser contado do trânsito em julgado da decisão, consoante art. 184 do CPC, se, porém, for caso de instância superior, grau recursal, aguardar-se-á baixa dos autos e intimação das partes (art. 240 e ss do CPC), via "cumpra-se o v. acórdão", para desencadear o curso do lapso temporal quinzenal.

Por conseguinte, os fatores de diversidade de tribunais + elevado número de recursos + país extenso geograficamente (pacto federativo complexo) impedem o raciocínio de que o prazo de 15 dias deveria ser automático, sem devida intimação das partes.

Humberto Theodoro Júnior faz uso de expressão totalmente oportuna para defesa da intimação em função de grau recursal, qual seja, não corre prazo "por embaraço judicial."

---

(10) Nesse rumo, exemplica-se com recente julgado do STJ da Min. Eliana Calmon, oriundo da 2ª T., n. RESP 892174/SP (2006/0219337-7), de 17 de abril de 2007, publicado no DJ 30.04.07, p. 306.

(11) As vias de execução do Código de Processo Civil brasileiro reformado. In: *Aspectos polêmicos da nova execução 3 de títulos executivos judiciais — Lei n. 11.232/05.* Coord. Teresa Arruda Alvim Wambier. *Op. cit.* p. 327.

(12) *A nova etapa da reforma do* CPC. v. 1. São Paulo: Saraiva, 2006. p. 78-79.

As garantias constitucionais jamais podem ser suprimidas, por isso, somente haverá devido processo legal, por intermédio da intimação, realizando-se a comunicação do ato processual sem ser pessoalmente ao devedor, mas sim na pessoa do advogado, como medida que vem somar esforços em prol da razoável duração do processo.

Há dois posicionamentos sobre a natureza jurídica da multa de 10% que recai *ope legis* ao devedor. Tem-se uma terceira posição, tanto no Processo Civil, quanto no Trabalhista que é favorável pela sua natureza mista, visto que essa multa é coercitiva para o adimplemento espontâneo, porém, punitiva para o descumprimento.(13)

Daniel Amorim Assumpção Neves(14) e *Marcelo Abelha Rodrigues*(15) visualizam a multa como sanção processual, com caráter punitivo. Se o devedor teve prazo para adimplemento espontâneo da obrigação e, não procedeu desse modo, é executado com o *plus* da punição, ou seja, valor da condenação acrescido do montante de 10% a título de multa.

Sérgio Shimura,(16) na mesma trilha, já professava em 2005, antes da entrada em vigor da Lei n. 11.232 que ela teria fundo punitivo, em função do rumo da proposta legislativa ter caminhado para fazer diferença dela com as multas diárias (*astreintes)* dos arts. 461 e 461-A do CPC.

Sob outro prisma, devem ser citados *Cássio Scarpinella Bueno*,(17) *Luiz Rodrigues Wambier*, *Teresa Arruda Alvim Wambier* e *José Miguel Garcia Medina*,(18) para quem ela é de natureza coercitiva, visto que o devedor é incentivado ao cumprimento da decisão e quedando-se inerte, padecerá o incremento do valor da sua condenação no montante fixo de 10% sob rótulo de multa.

Somos pela posição de que a multa é de caráter coercitivo, inibitório, tentando impedir o inadimplemento, para o melhor resultado do cumprimento da sentença.

A multa dos arts. 461 e 461-A do CPC e do art. 475-J em debate objetivam o cumprimento espontâneo do julgamento, a fim de se evitar os percalços dos atos executivos e/ou de expropriação, alcançando-se desde logo o elo entre direito material e processual, via satisfação do credor.

---

(13) Pensam assim, ASSIS, Araken de. *Op. cit.* p. 213 e REIS, Sérgio Cabral dos. Breves comentários à nova execução civil e a sua repercussão no processo do trabalho. *In Direito processual do trabalho:* reforma e efetividade. (org. Luciano Athayde Chaves). São Paulo: LTr — ANAMATRA, 2007. p. 219.

(14) NEVES, Daniel Amorim Assumpção. *Início do cumprimento da sentença.* Reforma do CPC. São Paulo: RT, 2006. p. 218-220.

(15) RODRIGUES, Marcelo Abelha. *A terceira etapa da reforma processual civil.* São Paulo: Saraiva, 2006. p. 128-130.

(16) Cumprimento de sentença. *In Execução no processo civil* — novidades e tendências. Coord: Daniel Amorim Assumpção Neves. São Paulo: Método, 2005.

(17) *Op. cit.* p. 81-82.

(18) *Breves comentários à nova sistemática processual civil 2.* São Paulo: RT, 2006. p. 145.

A multa, nos moldes como implementada, merece crítica por ser fixa e não ter seguido o legislador o parâmetro agasalhado nos arts. 461 e 461-A em que a multa é de contorno variável, pois os núcleos são idênticos e deveria ter ocorrido a paridade de tratamento.

Na continuidade da interpretação do art. 475-J do CPC, somente com o requerimento do credor é que se desencadeiam os atos de expropriação, com a expedição do mandado de penhora e avaliação sobre o valor da condenação acrescido da multa de 10% pelo não adimplemento da decisão.

Nessa ordem de idéias, em não havendo cumprimento espontâneo de pagamento por parte do devedor, incide automaticamente a multa no percentual de 10% e, ao invés de haver uma execução *ex officio*, optou o legislador pela provocação da tutela executiva, por meio do requerimento do credor. Foi ainda mais longe o legislador, pois prescreveu no §5º do art. em debate que, se a execução não for requerida no prazo de seis meses, o juiz arquivará os autos, sem prejuízo de futuro desarquivamento a pedido da parte.

Dessa maneira, preservou-se o critério/princípio da disponibilidade/oportunidade da execução nas mãos do credor. Acabou a petição inicial, existe apenas simples requerimento.

Daniel Amorim Assumpção Neves critica a manutenção de iniciativa do credor, pois, para o jurista, "sendo a principal modificação gerada pela lei comentada a transformação do binômio 'processo de conhecimento-processo de execução' em processo sincrético, com o binômio 'fase de conhecimento-fase de satisfação', não se justifica a opção do legislador por condicionar o início de uma mera fase procedimental à manifestação da parte, privilegiando a inércia da jurisdição em momento processual em que deveria ser prestigiado o impulso oficial".(19)

Araken de Assis interpreta que o impulso deve residir, como manteve a lei, nas mãos do exeqüente, porquanto, além da insuficiência patrimonial que já pode ser uma realidade, há o risco da execução provisória que recai sobre ele e que pode gerar-lhe responsabilidade e também a execução trabalhista não oferece os riscos da civil e não pode ser a ela equiparada.(20)

Após as duas abordagens contrárias selecionadas, analisa-se mais detidamente o procedimento dos atos executivos via requerimento do credor.

Não deixa de ter razão *Daniel Amorim Neves,* quando lança sua crítica, a partir do novo modelo adotado no Brasil do sincretismo procedimental, o qual conduziria inegavelmente ao princípio inquisitivo dos atos executivos.

Todavia, concordamos integralmente com o magistério de *Marcelo Abelha Rodrigues,* para quem "ao contrário do sistema dos arts. 461 e 461-A, ao iniciar o

---

(19) *Início do cumprimento da sentença. Op. cit.* p. 221.

(20) *Cumprimento de sentença. Op. cit.* p. 241-242.

processo sincrético para pagamento de quantia, não está ali embutido o início da fase executiva, e, por isso, não pode o juiz de ofício dar início à execução, tal como ocorre no cumprimento das obrigações específicas. A justificativa da distinção parece-nos simples, e decorre do fato de que é bastante comum hoje em dia que as execuções para pagamento de quantia sejam infrutíferas, e, justamente para evitar um desperdício de tempo e dinheiro, caberia ao exeqüente decidir se deve ou não requerer o início da fase executiva. Se o credor já sabe, de antemão, da inexistência de patrimônio do executado, poderá, quiçá, entender que naquele momento não seria adequado iniciar uma fase executiva que seria fadada ao insucesso. Por isso, considerando que há uma diferença abissal entre a lépida atividade executiva das obrigações específicas e a longa trilha para a execução das obrigações pecuniárias, agiu certo o legislador ao deixar o início da execução por expropriação à provocação do exeqüente, e não por ato de ofício do juiz".[21]

Na colisão entre os princípios inquisitivo e dispositivo, escolheu o legislador, ponderando os interesses no sistema processual civil, que deveria continuar o dispositivo, visto que não se trata de mero critério de renunciabilidade sem justificativa, porque leva consigo o respeito a outros princípios processuais, de porte constitucional, importantíssimos para a realidade processual, quais sejam, o da economia processual e, culturalmente, o da lealdade processual, pois, em já se tendo conhecimento da ausência de patrimônio do credor, do que adianta desenvolver os atos executivos?

A natureza jurídica do procedimento é de ordem pública relativa, tendo-se a marca da imperatividade, mas não da irrenunciabilidade, podendo ser objeto de livre disposição pela parte, a qual possui total liberdade de exteriorizar sua vontade (fundo patrimonial).

Para o processo trabalhista, várias reflexões serão feitas.

Inicia-se o estudo para o processo trabalhista, com citação ímpar de *Luciano Athayde Chaves*, "o art. 880 da CLT ainda conserva a superada idéia de autonomia do processo de execução, na medida que alude à necessidade da expedição de 'mandado de citação ao executado, a fim de que cumpra a decisão ou o acordo no prazo.' Cuida-se de comando normativo atingido em cheio pelo fenômeno do *ancilosamento normativo,* diante do que preconiza a atual dinâmica do processo comum, abrindo caminho para o reconhecimento do que a Ciência Jurídica denomina de 'lacuna ontológica'."[22]

Pela subsidiariedade explícita do art. 769 da CLT, a multa disposta no art. 475-J pode e deve ser inserida no processo trabalhista, como forma de se coibir o

---

(21) *Op. cit.* p. 132-133.
(22) *Op. cit.* p. 55.

inadimplemento. O prazo para cumprimento voluntário do mandado na Justiça do Trabalho deve ser adaptado ao prazo comum que vigora no sistema laboral, que é de 08 (oito) dias.[23]

Para absorção dessa multa pelo Judiciário Trabalhista, assim como acontece na ação civil pública, deverá o magistrado incorporar logo o valor dela no dispositivo da decisão, pois, uma vez ciente da data da publicação da sentença, os efeitos fluem fatalmente, caso seja líquida ou a partir da ciência da liquidação.

O executado não nomeia mais bens à penhora, tendo passado esse direito ao credor, evitando-se incidente protelatório e, com isso, afasta-se o art. 882 da CLT, eis que lacunoso, merecendo a adaptabilidade necessária do diploma processual civil por meio do art. 475-J em tela.

Em existindo prejuízo com a constrição judicial, nasce para o executado na Justiça Especializada o direito ao incidente de impugnação, que deve ser interpretado não com o prazo de quinze dias (art. 475-J, §3º do CPC), mas de oito dias no perfil da legislação trabalhista.

Não é compatível com a organização judiciária trabalhista a necessidade do credor requerer a expedição do mandado de penhora e avaliação como na Justiça Comum, vez que há o art. 878 que suscita a atuação de ofício pelo magistrado.

Como se expôs linhas acima, não se comunga do magistério de *Araken de Assis,* na trilha de que o diferencial estaria em que o crédito trabalhista comporta menor potencial de risco perante o da Justiça Comum. Não se trata disso jamais! O crédito trabalhista é tão de risco quanto o do cível, mas o desnivelamento foi gerado porque a estrada do cível é muito mais tortuosa da que a trabalhista e pelo campo de celeridade empregado na laboral, ainda que, com todos os senões estruturais que conhecemos, mesmo assim é muito mais ágil que a da Justiça Comum e pela principiologia de tutela ao obreiro, deve ser inquisitivo e no rumo de ordem pública absoluta, enquanto que o da cível permanece de ordem patrimonial e, por isso, como ordem pública relativa, na total disponibilidade pelo credor.

Além disso, após a penhora, a intimação do devedor na pessoa do advogado via imprensa oficial ou via postal, como entabula o §1º do art. 475-J do CPC e, desse modo, ampliou-se o leque de formas da CLT, não se resumindo à intimação pessoal do devedor que constitui o meio mais moroso e paradoxal com as linhas mestras do informalismo que é o tônus do processo trabalhista.

Quanto ao arquivamento de seis meses do §5º do art. 475-J do CPC, tem-se a celeuma entre a aplicação da lei processual civil ou da Lei de Execução Fiscal, pelo art. 40, cujo comando advém do art. 889 da CLT. A polêmica se concentra no fato da existência ou não da prescrição intercorrente para a Justiça do Trabalho.

---

(23) No mesmo sentido, BEBBER, Júlio César. Reforma do CPC — Processo sincrético e repercussões no processo do trabalho. *Revista LTr.* São Paulo: LTr, v. 2. p. 143. Discorda desse prazo CHAVES, Luciano Athayde. *Op. cit.* p. 57.

Reafirma-se o teor da Súmula n. 114 do TST e interpreta-se que o art. 40, § 4º da LEF somente tem incidência nos créditos previdenciários da Justiça Obreira (art. 114, VIII da CF/88)[24] e, como regra, pela lógica e critérios de heterointegração[25] pelo art. 769 da CLT e cronológico e lógico, deve ser aplicado o CPC com a medida do mero arquivamento provisório.

3. Considerações conclusivas e impacto na atuação do Ministério Público do Trabalho

A Lei n. 11.232/05 veio na linha de proporcionar ao jurisdicionado a unificação e simplificação procedimental, viabilizando técnica processual-procedimental a serviço do direito material, em respeito à norma-princípio, preceito de ordem pública maior que é o do direito à tutela jurisdicional executiva efetiva.

O processo trabalhista já possuía sua "tríade de efetividade"[26] que é pautada pelos institutos do art. 765 da CLT, irrecorribilidade das decisões interlocutórias e art. 878 da execução de ofício, contudo, essa estrutura apenas não é suficiente.

A Constituição de 1988 consolida nosso caminho sem volta na abertura dos princípios e o sistema processual trabalhista, sendo apenas uma porção contida num universo maior, precisa ser interpretado nos seus matizes por esse arcabouço principiológico oriundo do Texto Constitucional.

A subsidiariedade do processo civil no trabalhista, portanto, impõe-se, porque o primeiro se encontra atualizado com todo esse quadro de idéias do modelo de tutela constitucional do processo.

Por último, chamamos atenção para o impacto das reformas processuais civis do processo de execução para atuação do Ministério Público do Trabalho.

O microssistema da ação civil pública (Lei n. 7347/85) não pode restar indiferente ao novel paradigma.

A execução da multa, à guisa de ilustração, não é mais compatível somente após o trânsito em julgado como prescrito no § 2º do art. 12 da lei em comento.

Como bem ressalta *Eduardo Talamini*, "talvez se pudesse sustentar a incongruência de, para a proteção dos direitos coletivos *lato sensu* — de crucial relevância axiológica —, adotar-se solução menos eficiente do que a da disciplina

---

(24) No mesmo rumo, HERKENHOFF FILHO, Hélio Estellita. *Reformas no Código de Processo Civil e implicações no processo trabalhista.* Rio de Janeiro: Lumen Juris, 2007. p. 151.

(25) A heterointegração é fundamental para que sempre na Justiça do Trabalho se acolmate as lacunas ontológicas e axiológicas. Nesse rumo, LEITE, Carlos Henrique Bezerra. *Curso de direito processual do trabalho.* 5. ed., São Paulo: LTr, 2007. p. 868.

(26) Terminologia colhida na obra de COSTA, Marcelo Freire Sampaio que está no prelo pela Editora Método e tratará dos impactos da Lei n. 11.232/05 no processo trabalhista.

geral. Afinal, a possibilidade de executar o crédito da multa antes do trânsito em julgado confere a esse mecanismo maior poder de persuasão. No entanto, diante do teor literal do art. 12, § 2º da Lei n. 7.347/85 — que poderia ter sido expressamente alterado pelo Código do Consumidor, como foram tantos outros —, e não se podendo tachá-lo de inconstitucional, não parece viável desconsiderá-lo."(27)

Pela Lei n. 11.232/05, será que o microssistema da ação civil pública pode alijar-se do núcleo dos arts. 461 e 461-A do CPC? Tem-se uma nítida incompatibilidade entre o substrato rígido da lei da ação civil pública e a Lei n. 11.232/05 que reforça para todo o sistema processual as bases dos arts. 461 e 461-A do CPC.

A lei da ação civil pública é insuficiente para o modelo de tutela constitucional do proceso e, como diz irrepreensivelmente *Luiz Guilherme Marinoni,* para quem "no caso de omissão ou de insuficiência legal, o juiz deve supri-la, aplicando diretamente a norma que institui o direito fundamental à tutela jurisdicional efetiva[...]".(28)

Apesar de ser esse o nosso entendimento, confessa-se que a curto prazo não se vê uma mudança de mentalidade do Judiciário Trabalhista, o qual permanecerá na literalidade da lei da ação civil pública.

Todavia, desperta-se para reflexão, pois enfraquece-se o Judiciário Especializado nesse modo de ser, haja vista que a tutela jurisdicional prolatada não alcançará níveis de concretude e muito menos sob a óptica de maximização de resultados.

Devemos começar a trilhar a estrada de constitucionalização e aproveitamento das reformas processuais civis no processo trabalhista, especialmente no quadro da tutela coletiva, leia-se imediatamente no instituto da ação civil pública.

Na esteira do exposto, somos totalmente favoráveis ao Código de Processo Coletivo brasileiro, por três razões no particular. A primeira é que restará revogada a lei da ação civil pública, assim como diversos microssistemas processuais coletivos, unificando-se as premissas da tutela coletiva.(29) A segunda é que a base de todo o processo coletivo será a tutela oriunda dos arts. 461 e 461-A do CPC. E, terceiro, que passa a ter interpretação extensiva quanto ao pedido e causa de pedir, acarretando até a prolação da sentença a possibilidade de alteração, observando-se nitidamente a redução de rigidez no processo para a consecução dos interesses transindividuais.

Podemos, então, negar hoje essa realidade ao processo trabalhista, se temos amparo no art. 769 da CLT?

---

(27) *Tutela relativa aos deveres de fazer e não fazer.* 2. ed. São Paulo: RT, 2003. p. 444.

(28) Controle do Poder Executivo do Juiz. *In Execução Civil. Estudos em homenagem ao Professor Paulo Furtado.* Coord. Fredie Didier Jr. Rio de Janeiro: Lumen Juris, 2006. p. 234-235.

(29) A redação proposta no Anteprojeto de Código Brasileiro de Processos Coletivos – versão do IBDP é: "Revogam-se a Lei n. 7.347/85; arts. 81 a 104 da Lei n. 8.078/90; pará. 3º do art. 5º da Lei n. 4.717/65; arts. 3º, 4º, 5º, 6º e 7º da Lei n. 7.853/89; art. 3º da Lei n. 7.913/89; arts. 210, 211, 212, 213, 215, 217, 218, 219, 222, 223 e 224 da Lei n. 8.069/90; art. 2º- A da Lei n. 9.494/97; arts. 81, 82, 83, 85, 91, 92 e 93 da Lei n. 10.741/03."

O Ministério Público do Trabalho não pode compactuar com essa visão e compreendemos desde logo pela aplicação do modelo constitucional e, posteriormente, pelo Código de Processo Coletivo, caso aprovado e já em vigor.

4. Bibliografia

ASSIS, Araken de. *Cumprimento de sentença.* Rio de Janeiro: Forense, 2006.

BEBBER, Júlio César. Reforma do CPC — Processo sincrético e repercussões no processo do trabalho. *Revista LTr.* São Paulo: LTr, v. 2.

BUENO, Cássio Scarpinella. *A nova etapa da reforma do Código de Processo Civil.* v. 1. São Paulo: Saraiva, 2006.

CARNEIRO, Athos Gusmão. Cumprimento da sentença conforme a Lei n. 11.232/2005. In: *Aspectos polêmicos da nova execução 3 de títulos executivos judiciais – Lei n. 11.232/05.* Coord. Teresa Arruda Alvim Wambier. São Paulo: RT, 2006.

CHAVES, Luciano Athayde. *A recente reforma no processo comum e seus reflexos no direito judiciário do trabalho.* São Paulo: LTr, 2006.

COSTA, Marcelo Freire Sampaio. *Reflexos do CPC no processo do trabalho. Estudo da lei de cumprimento de sentença e notas da Lei n. 11.382:* leitura constitucional do princípio da subsidiariedade. São Paulo: Método, no prelo.

DINAMARCO, Candido Rangel. *Execução civil.* 6. ed. São Paulo: Malheiros, 1998.

FERRAZ JÚNIOR, Tércio Sampaio. *Teoria da norma jurídica.* 3. ed. Rio de Janeiro: Forense, 1997.

HERKENHOFF FILHO, Hélio Estellita. *Reformas no Código de Processo Civil e implicações no processo trabalhista.* Rio de Janeiro: Lumen Juris, 2007.

LEITE, Carlos Henrique Bezerra. *Curso de direito processual do trabalho.* 5. ed. São Paulo: LTr, 2007.

MARINONI, Luiz Guilherme. Controle do Poder Executivo do Juiz. In: *Execução civil. Estudos em homenagem ao Professor Paulo Furtado.* Coord. Fredie Didier Jr. Rio de Janeiro: Lumen Juris, 2006.

MEDINA, José Miguel Garcia. *Execução civil:* princípios fundamentais. São Paulo: RT, 2002.

MEIRELES, Edilton e BORGES, Leonardo Dias. *A nova reforma processual e seu impacto no processo do trabalho.* 2. ed. São Paulo: LTr, 2007.

NERY JR., Nelson e NERY, Rosa Maria de Andrade. *CPC comentado.* 9. ed. São Paulo: RT, 2006.

NEVES, Daniel Amorim Assumpção e outros. *Início do cumprimento da sentença. Reforma do CPC.* São Paulo: RT, 2006.

REIS, Sérgio Cabral dos. Breves comentários à nova execução civil e a sua repercussão no processo do trabalho. In: *Direito processual do trabalho:* reforma e efetividade. (org. Luciano Athayde Chaves). São Paulo: LTr — ANAMATRA, 2007.

RODRIGUES, Marcelo Abelha e outros. *A terceira etapa da reforma processual civil*. São Paulo: Saraiva, 2006.

SARAIVA, Renato. *Curso de direito processual do trabalho*. São Paulo: Método, 2005.

SHIMURA, Sérgio. Cumprimento de sentença. In: *Execução no processo civil* — novidades e tendências. Coord: Daniel Amorim Assumpção Neves. São Paulo: Método, 2005.

TALAMINI, Eduardo. *Tutela relativa aos deveres de fazer e não fazer*. 2. ed. São Paulo: RT, 2003.

TEIXEIRA FILHO, Manoel Antonio. *Execução no processo do trabalho*. 7. ed. São Paulo: LTr, 2001.

THEODORO JÚNIOR, Humberto. *O cumprimento de sentença e a garantia do devido processo legal*. 2. ed. Belo Horizonte: Mandamentos, 2006.

_______. As vias de execução do Código de Processo Civil brasileiro reformado. In: *Aspectos polêmicos da nova execução 3 de títulos executivos judiciais — Lei n. 11.232/05*. Coord. Teresa Arruda Alvim Wambier. São Paulo: RT, 2006.

WAMBIER, Luiz Rodrigues; ALVIM, Teresa Arruda; MEDINA, José Miguel Garcia. *Breves comentários à nova sistemática processual civil*. 2. ed. São Paulo: RT, 2006.

A LEI N. 11.382 E O PROCESSO DO TRABALHO

Estêvão Mallet(*)

Sumário: 1. Introdução; 2. As primeiras disposições da Lei n. 11.382; 3. A dificuldade ontológica da execução; 4. Impropriedades da Lei n. 11.382; 5. Estímulos ao adimplemento da obrigação e maior rigor na execução; 6. Novas disposições sobre a penhora; 7. Localização e apreensão de bens suscetíveis de execução; 8. Simplificação e valorização da arrematação; 9. Peculiaridades dos embargos à execução na Lei n. 11.382; 10. Conclusão.

1. Introdução

Em prosseguimento à reforma da legislação processual, iniciada há mais de uma década, fizeram-se aprovar, no final de 2006, quatro novas leis, de ns. 11.382, 11.417, 11.418 e 1.419. A primeira cuida preponderantemente do processo de execução; a segunda trata da edição, revisão e cancelamento de súmulas vinculantes, previstas no art. 103-A, da Constituição; a terceira disciplina o instituto da repercussão geral em recurso extraordinário, nos termos do art. 102, § 3º, também da Constituição; a última regula a utilização de meios eletrônicos em processo judiciais. Na presente altura, indicam-se, tão somente, algumas impressões, de caráter geral, sobre diferentes aspectos da Lei n. 11.382, aquela que, de todas as leis citadas, mais amplamente alterou o Código de Processo Civil. Embora trate ela muito mais da execução fundada em título extrajudicial, seus dispositivos interessam ao processo do trabalho por pelo menos dois diferentes motivos. De um lado, após a Lei n. 9.958 e depois da Emenda Constitucional n. 45, não há mais dúvida em relação à possibilidade de execução de título extrajudicial perante a Justiça do Trabalho. De outro lado, as disposições atinentes ao processo de execução aplicam-se também ao chamado cumprimento da sentença (CPC, art. 475-R) — considerada agora mera fase do processo — especialmente no tocante à disciplina da apreensão e expropriação de bens.

(*)Professor de Direito do Trabalho da Faculdade de Direito da Universidade de São Paulo, doutor e livre-docente em Direito, Conselheiro da Ordem dos Advogados do Brasil, Secção de São Paulo, e advogado.

2. As primeiras disposições da Lei n. 11.382

Os primeiros preceitos do Código de Processo Civil alterados pela Lei n. 11.382 não dizem respeito à execução, principal tema nela tratado. Compreendem, em síntese, medidas tendentes a a) atualizar a redação de alguns dispositivos legais e b) facilitar a prática de certos atos processuais, com a atribuição de ônus às partes e a eliminação de formalismos desnecessários e inúteis.

No primeiro grupo estão as modificações dos incisos IV, do art. 411, e I, do art. 493, que apenas adaptam os dispositivos à Constituição de 1988, antes desatualizados, por conta da extinção do Tribunal Federal de Recursos e da criação do Superior Tribunal de Justiça. Mas a adaptação foi duplamente incompleta. Em primeiro lugar, permanece a omissão relativamente aos juízes dos Tribunais Regionais Federais, que, por simetria, deveriam ter sido mencionados no inciso IX, do mesmo art. 411. Em segundo lugar, é pena que não se tenha sanado a indevida ausência, no inciso I, do art. 493, de alusão ao Tribunal Superior do Trabalho, ausência tanto mais injustificável quanto é certa a aplicação das regras do Código de Processo Civil à ação rescisória trabalhista, nos expressos termos do art. 836, da CLT, na redação dada pela Lei n. 7.351.

A atribuição, ao oficial de justiça, da incumbência de efetuar avaliações, conforme o inciso V, adicionado ao art. 143, do CPC, harmoniza-se com o texto dos arts. 652, § 1º, e 680, ambos do CPC, na redação que lhes foi conferida pela mesma Lei n. 11.382, bem como com o art. 475-J, § 2º, introduzido pela Lei n. 11.232. A medida inspira-se no exemplo do processo do trabalho, em que ao oficial de justiça já cabia tal tarefa desde a Lei n. 5.442. Não é excessivo lembrar, de passagem, que a avaliação feita pelo oficial de justiça, a despeito da fé pública de que se reveste, não está imune a questionamento. É impugnável, tanto no processo civil como no processo do trabalho, como enunciado em doutrina e jurisprudência[1] e, ainda, consoante revela o art. 13, da Lei n. 6.830. Aliás, a impugnação da avaliação constitui, inclusive, matéria para embargos, nos termos da nova redação do art. 745, inciso II, do CPC.

As providências tendentes a facilitar a prática de certos atos processuais, com a criação de ônus para as partes e a eliminação de formalismos desnecessários e inúteis, envolvem a dispensa de autenticação de peças do próprio processo (inciso V, do art. 365) e a presunção de validade de intimações, em caso de não comunicação de mudança de endereço (art. 238, parágrafo único).

A dispensa de autenticação de peças, quando declarada sua autenticidade pelo advogado, é plenamente justificável. Guarda alguma semelhança com a figura

---

(1) Em jurisprudência, confira-se o seguinte precedente: "Penhora – Avaliação. É juridicamente possível, sim, questionar avaliação de bem penhorado. Seja pelo constitucional direito de petição e ampla defesa, seja porque expressamente previsto na lei..." (TRT — 3ª Reg., SE, AP. n. 2097/98, Rel. Juiz Paulo Araújo in DJMG de 12.02.99, p. 3 in Revista do Direito Trabalhista, 3/99, p. 73). Em doutrina, veja-se BATALHA, Wilson de Souza Campos. *Tratado de direito judiciário do trabalho,* São Paulo: LTr, 1995, v. II. p. 766.

do *affidavit*, de ampla utilização no direto anglo-americano[(2)]. O inciso V, adicionado ao art. 365, do CPC, em que prevista a franquia, corrige a impropriedade da norma do art. 544, § 1º, parte final, do CPC, com a redação dada pela Lei n. 11.352, que considerava a possibilidade de declaração de autenticidade apenas de peças para a formação de agravos dirigidos ao Supremo Tribunal Federal ou ao Superior Tribunal de Justiça. A jurisprudência trabalhista, com todo o acerto, não hesitou em aplicá-la também no processo do trabalho, para o agravo de instrumento interposto contra decisão denegatória de seguimento de recurso de revista[(3)]. Alguns precedentes, em inaceitável e incorreta interpretação estrita do texto legal, não a admitiam em recursos dirigidos a outros Tribunais[(4)].

Agora não há mais espaço para o formalismo vazio da autenticação extrajudicial ou mesmo judicial, que nada acrescenta à segurança do processo e toma desnecessariamente o tempo de servidores, a ser doravante melhor aproveitado em outras e mais produtivas atividades. Ademais, os riscos de falsidade, que nem mesmo a autenticação judicial ou extrajudicial elimina por completo, ficam sensivelmente atenuados com o controle exercido pela parte contrária, em virtude do contraditório inerente ao processo. Por isso mesmo é que a Orientação Jurisprudencial n. 43, da Subsecção I, do Tribunal Superior do Trabalho já dizia, em clara superação do teor literal do art. 830, da CLT[(5)]: "O instrumento normativo em cópia não autenticada possui valor probante desde que não haja impugnação ao seu conteúdo, eis que se trata de documento comum às partes". Ora, não há documento mais comum às partes, em sentido amplo, do que as peças dos processos em que elas litigam. Assim, a partir do art. 365, inciso V, do CPC, é desnecessária a autenticação, judicial ou extrajudicial, de peças para formação de agravos, de cartas de sentença — como previsto, aliás, no art. 475-O, § 3º, do CPC —, cartas precatórias, cartas de ordem, cartas rogatórias ou outros desdobramentos

---

(2) A propósito, Stuart Sime, *Civil procedure*, Oxford: Oxford University Press, 2003, p. 391 e segs., bem como Antonio Lefebvre d'Ovidio, *Affidavit*, *Enciclopedia del diritto*, Varese: Giuffrè, 1958, I, p. 668, e John Bouvier, *Bouvier's Law Dictionary and concise encyclopedia*, v. 1. Kansas City: West Publishing, 1914, p. 158.

(3) Cf. item IX, da Instrução Normativa n. 16, do Tribunal Superior do Trabalho.

(4) "Agravo de instrumento. Autenticação de peças por advogado. As peças juntadas com o agravo de instrumento não estão autenticadas, de acordo com o artigo 830 da CLT. A regra de autenticação de peças pelo advogado, contida no item IX da Instrução Normativa n. 16/99 só se observa em relação ao recurso extraordinário e não nos demais recursos trabalhistas, conforme a previsão do parágrafo 1º do artigo 544 do CPC. Não conheço do recurso" (TRT — 2ª Reg., 3ª T., AI n. 00915-2002-035-02-01, Rel. Juiz Sérgio Pinto Martins, Ac. n. 20030475397, julg. em 09.09.03 *in* DOE SP, PJ, TRT 2ª de 23.09.03). Na mesma linha restritiva, em doutrina, Antônio Cláudio da Costa Machado, *Código de processo civil interpretado,* São Paulo: Mancle, 2004. p. 793.

(5) Expressivo, a propósito, o seguinte acórdão: "Diante dos avanços tecnológicos, presume-se que a cópia xerográfica seja reprodução fiel do original, o que, em princípio, afasta a necessidade de autenticação. A impugnação à cópia desta natureza, portanto, para ter eficácia, exige que se aponte a razão pela qual justifica-se uma dúvida sobre a sua confiabilidade. Superação da regra do art. 830, da CLT, neste caso especial, por se tratar de norma editada anteriormente à descoberta e operacionalização do processo de reprografia." (TRT — 10ª Reg., 2ª T., Ac. n. 0914/95, Rel. Juiz Monteiro de Lima *in* DJDF de 23.06.95, p. 8.753).

do processo. Basta a declaração de autenticidade, feita pelo próprio advogado ou, no processo do trabalho, pela parte, quando exercer o *jus postulandi*. A alusão ao "próprio processo" deve ser entendida em termos amplos, de modo a abranger tanto a relação processual principal, em cujos autos estejam entranhadas as peças originais, como outras relações processuais dependentes ou acessórias. Logo, é perfeitamente aplicável o inciso V, do art. 365, às peças trazidas dos autos principais para os autos de embargos de terceiro ou de ação cautelar ou de ação rescisória. Na verdade, nada explica, a não ser a falta de mais apurada técnica legislativa, a remissão, para a juntada de cópias em embargos à execução, ao art. 544, § 1º, *in fine*, feita na própria Lei n. 11.382, com a nova redação do parágrafo único, do art. 736. Correto seria a indicação da norma geral, ou seja, o art. 365, inciso V, do CPC.

A eficácia probatória em comento estende-se apenas ao campo do processo em que litigam as partes, ainda que entendida em sentido amplo a expressão. A conclusão ampara-se não só nos fundamentos da norma que a introduziu como, também, na previsão, existente em sua parte final, da possibilidade de impugnação da autenticidade das peças. Portanto, a cópia simples, extraída de peça juntada em processo entre A e B, não tem a eficácia de original quando juntada em outro processo, envolvendo C e D, sem nenhum nexo de dependência ou acessoriedade com o primeiro.

A declaração de autenticidade das peças produz efeitos desde logo. O escoamento do prazo para impugnação não constitui condição suspensiva de eficácia, a despeito da imprecisa redação do dispositivo legal. Em outros termos, não é preciso aguardar o decurso do prazo, sem impugnação, para que as peças em cópia, declaradas autênticas, tenham a força probatória dos originais. A força probatória é imediata, sujeita a resolver-se, porém, em caso de acolhimento de impugnação, processada na forma do art. 390 e seguintes do CPC. Impugnação abusivamente deduzida pode caracterizar litigância de má-fé, nos termos do art. 17, inciso VI, do mesmo Código.

Já a presunção de validade de intimações, em caso de não comunicação de mudança de endereço (art. 238, parágrafo único), providência relevante para a simplificação da prática de certos atos, alarga a obrigação do art. 39, inciso II, do CPC. Antes cabia ao advogado informar tão somente a mudança do seu endereço. Agora lhe compete declinar também a mudança do endereço da parte. Sem a comunicação de mudança, "presumem-se válidas" — tais as inadequadas palavras da lei — as intimações dirigidas ao último endereço registrado nos autos. A imprecisa redação do dispositivo pode dar margem a que se afirme, especialmente no processo do trabalho, diante da previsão da Súmula 16, do Tribunal Superior do Trabalho, ser meramente relativa a presunção enunciada, tanto mais que a mesma lei, quando quis realçar o caráter absoluto da presunção, o fez de maneira expressa (cf. nova redação do art. 659, § 4º). A considerar-se meramente relativa a presunção, provado o não recebimento da intimação, haveria de a repetir, para evitar ocorrência de nulidade. Não há espaço, porém, para falar em presunção meramente relativa, ao menos não no caso. Não está em causa, em rigor, nem mesmo mera presunção de validade do ato, mas, isso sim, atribuição de eficácia ao ato, tal como praticado. Na verdade, pretendeu o legislador dizer, conquanto não tenha sabido exprimir-se: "Serão eficazes as comunicações e intimações dirigidas ao endereço declinado nos autos, quando não comunicada sua alteração".

A alusão a "modificação temporária" há de ser entendida em termos, *modus in rebus*. Não significa obrigação de informar novo endereço em caso de deslocamentos meramente transitórios, passageiros. Nem importa que deles possa decorrer, para o empregador, a obrigação de pagamento de adicional de transferência, na forma do art. 469, § 3º, da CLT. O quadro é outro. Apenas a mudança com alguma duração, conquanto não definitiva, gera o ônus de informar. A finalidade da norma justifica a interpretação proposta. Do contrário, ao invés de simplificar-se o processo, ficaria ele ainda mais burocratizado, pelo ingresso de sucessivas petições, mesmo em casos de deslocamentos fugazes das partes. Em conseqüência, o empregado deslocado para outra cidade, por algumas semanas ou mesmo um mês, por conta de necessidade transitória de serviço ou em gozo de férias, não está obrigado a comunicar, nos processos que eventualmente tenha ajuizado, o seu deslocamento, como se afigura até mesmo óbvio. Daí que, enviada a notificação exatamente durante o período de sua ausência, ela não surte efeito, não se "presume válida", conforme os termos da lei. Deverá ser repetida, sob pena de comprometimento do ulterior desenvolvimento do processo. Diverso é o quadro para o empregado transferido para outro Estado, por dois anos, que omite a comunicação da mudança.

3. A dificuldade ontológica da execução

Após os dispositivos desvinculados da execução, já examinados, repete-se, na Lei n. 11.382, a preocupação, presente também na Lei n. 11.232, de tornar mais eficiente o cumprimento das decisões judiciais ou a execução de títulos extrajudiciais. Afinal, para nada serve a rápida conclusão do processo (ou fase) de conhecimento se a execução (ou o cumprimento) da decisão não se realiza ou se realiza com extrema dificuldade. Como já dizia *Ramalho*, há mais de um século, "na execução do julgado é que consiste principalmente o exercício da justiça"[6].

Ao enfrentar esse problema — hoje sério, como se sabe — é preciso ter em conta, antes de qualquer coisa, a dificuldade ontológica inerente ao cumprimento das decisões judiciais e à execução dos títulos extrajudiciais. Não sendo assim, perde-se o contato com a realidade, de que decorre a adoção de medidas inadequadas, representadas pelo reformismo vazio. É o que se verifica, em grande parte, com a transformação do cumprimento das sentenças em fase do processo,

---

(6) *Practica civil e commercial.* São Paulo: Typographia Imparcial de Joaquim Roberto de Azevedo Marques, 1861. p. 201.

para deixar de ser processo autônomo. Vista por muitos como deveras significativa, nada – ou quase nada – influi na essência das coisas. A execução de sentença já foi tratada pela doutrina e pela legislação, ao longo do tempo, como fase do processo[(7)] — sem autonomia, portanto —, depois como processo autônomo[(8)], e agora, de novo, como fase. Nem por isso tornou-se, após cada uma das mudanças, mais ou menos expedita. Como diria *Shakespeare:* "o que chamamos de rosa, com outro nome, exalaria o mesmo perfume tão agradável"[(9)].

É claro que os conceitos devem transformar-se à medida que evolui o conhecimento. Não se pretende negar tal circunstância. O que é preciso ter em conta, no entanto, é que modificar os conceitos, as concepções ou os nomes, por si só, não basta para transformar a realidade. Seria incorrer em ingênuo idealismo imaginar o contrário e *Pontes de Miranda* bem captou o ponto quando escreveu, em crítica desatualizada sob o plano dos costumes, mas notavelmente moderna no tocante ao tema da execução: "a ação de execução de sentença, seja qual for o nome que se lhe dê, ainda que algum legislador de idéias um tanto estapafúrdias redigisse lei em que a execução das sentenças de condenação se colasse à sentença mesma, não desapareceria. Seria o mesmo processo para duas ações! Mais: para duas pretensões, uma das quais somente se faz valer com a sentença sobre a outra. Vestir de calças uma mulher não é fazê-la homem"[(10)].

Pois bem, o que mais embaraço cria à execução não é a sua definição como processo autônomo ou como mera fase do processo, mas a sua finalidade, a sua razão de ser, a sua essência. Para melhor compreender a observação, vale a pena relembrar a expressiva síntese com que *Carnelutti* diferenciou a atividade executiva da atividade cognitiva. Disse ele que, enquanto na atividade cognitiva o juiz "*transforma il fatto in diritto*", na atividade executiva deve "*transforma(re) il diritto in fatto*"[(11)]. Ora, como se conclui sem nenhum esforço, transformar a realidade é sempre mais difícil do que imaginar como deveria ela ser. Formular, a partir de certos fatos, um dado juízo de valor, ou seja, transformar o ser em dever ser – transformar o fato em direito, na expressão de *Carnelutti* —, sempre é possível,

---

(7) Gusmão, por exemplo, escreveu: "a execução outra cousa não é senão a effectividade, a realização ou concretização do julgado, e portanto parte integrante do juízo ou da acção" *(Processo civil e comercial,* v. I, CXII, São Paulo: Saraiva, 1921. p. 406). E o Código de Processo Civil de 1939 dispunha, no art. 196: "A instância começará pela citação inicial válida e terminará por sua absolvição ou cessação ou pela execução da sentença".

(8) Por todos, Alfredo de Araújo Lopes da Costa, *Direito processual civil brasileiro,* v. I, n. 137, p. 143, Rio de Janeiro: Forense, 1959, dizendo, na página seguinte, ser velho o "erro dos que ainda negam à execução a natureza de ação".

(9) *Romeu e Julieta,* ato segundo, cena II in *Obras completas,* v. I, Rio de Janeiro: José Aguilar, 1969. p. 307.

(10) *Comentários ao Código de Processo Civil,* v. VI, Rio de Janeiro: Forense, 1949. p. 43-44.

(11) *Diritto e processo*, n. 176, Napoli: Morano, 1958, p. 283-284. Já no *Sistema* Carnelutti se aproximava da mesma idéia, quando escreveu: "*non sarebbe azzardato definere questa differenza* (entre cognição e execução) *con la antitesi tra la ragione e la forza; invero quella è lo strumento del processo giurisdizionale, questa è lo strumento del processo esecutivo*" (*Sistema di diritto processuale civile*, I, Padova: CEDAM, 1936. p. 180).

ainda que se possa chegar a resultado mais ou menos correto, conforme as condições dadas. Já a atividade de adequar os fatos (ser) ao direito (dever ser) – transformar o direito em fato ou, mais genericamente, transformar a realidade — é algo que nem sempre se tem como fazer. Obstáculos materiais por vezes tornam inviável a realização do direito. Se, por exemplo, o direito impõe ao devedor a entrega de certo bem, mas o bem pereceu, é impossível transformar o direito (obrigação de entregar o bem) em fato (efetiva entrega do bem). Resta, então, a mera possibilidade de indenização (art. 234, parte final, do Código Civil). Mas, ainda assim, se o devedor não tem patrimônio, não há comando judicial ou força humana que possa tornar factível a obrigação de indenizar.

É justamente por caber à execução a tarefa de transformar a realidade — transformar o direito em fato, na expressão de *Carnelutti* — que a sua conclusão muitas vezes se mostra muito difícil ou mesmo impossível. Para retomar o exemplo mencionado no parágrafo anterior, se o devedor não tem patrimônio, não há como concluir a execução, quer seja ela tratada como fase, quer como processo autônomo. Se tem patrimônio, mas consegue ocultá-lo com alguma facilidade, não lhe convindo indicá-lo, chega-se ao mesmo resultado.

Por conta do que se disse até aqui é que se percebe importar muito mais, para tornar eficiente a execução, a adoção de medidas tendentes a a) desestimular o inadimplemento da obrigação subjacente ao título executivo e b) facilitar a localização e apreensão de bens suscetíveis de execução. A nova Lei n. 11.382 contempla medidas do gênero, que merecem ser consideradas. Antes, porém, não custa indicar algumas omissões, imprecisões ou impropriedades técnicas que nela se contêm, além de contradições teóricas em seus dispositivos.

4. Impropriedades da Lei n. 11.382

Nem sempre foi coerente ou cuidadoso o legislador ao redigir as disposições da Lei n. 11.382. Aprimorou, é certo, a redação de alguns preceitos. Substitui, por exemplo, a referência a "devedor" ou a "credor", do texto original do Código, pela alusão, mais acertada, aos sujeitos da relação processual, a saber, "exeqüente" ou "executado". É o que se vê nos arts. 716, 717, 718, 720, 722, entre outros. Na ação de cobrança, o autor não é credor e o demandado não é nem deve ser tratado como devedor. As partes, no processo, são autor e réu[12]. Do mesmo modo, na execução, as partes são as do plano processual, ou seja, exeqüente e executado. Credor e devedor são os sujeitos da relação material. Correta, portanto, a modificação empreendida pela Lei n. 11.382. Mas, em evidente contradição com a mudança em exame, o legislador manteve a antiga denominação na epígrafe da

---

(12) Nem sempre os termos são usados apropriadamente, contudo. A Lei n. 11.232, por exemplo, em um mesmo artigo, como o 475-J, ora refere-se a credor (*caput*), ora a exeqüente (§ 3º), para indicar o mesmo sujeito.

Subseção II, da Seção I, do Capítulo IV, do Título II, *verbis*: "Da Citação do Devedor e da Indicação de Bens". Na terminologia da Lei n. 11.382 a citação é do executado, não do devedor. Pior ainda que, logo no primeiro artigo da referida Subseção, se lê: "Art. 652. O executado será citado...". A contradição entre o artigo e a epígrafe da Subseção é gritante. Idêntica contradição existe entre o Título III, "DOS EMBARGOS DO DEVEDOR", e o texto do art. 736, *caput*. E, na seqüência, os embargos, que no Título são do devedor, no parágrafo único, do art. 736, transformam-se em "embargos à execução"...

São erros meramente formais, que não alteram a essência das normas em que se manifestam, é verdade. Mas não seria nada difícil corrigi-los, para evitar que ficassem impressos — na expressiva alegoria de *Ruy Barbosa*, usada quando da crítica a desatenções identificadas por ele no Projeto de Código Civil — "no bronze de uma codificação"[(13)], tanto mais porque enfeiam um texto — o do Código de Processo Civil — originalmente redigido com esmero. De que adianta o apuro terminológico subjacente à modificação, também feita pela Lei n. 11.382, do art. 716, na substituição da incorreta referência a "recebimento da dívida" por "recebimento do crédito", quando erros mais graves são cometidos em outros pontos da norma legal? De que vale tirar o termo "sentença", incorretamente lançado no art. 722, § 1º, substituindo-o por "decisão", se impropriedades de maior monta existem no mesmo diploma legal?

No rol das imperfeições deve-se ainda incluir a regra do art. 655-B, ao dispor: "Tratando-se de penhora em bem indivisível, a meação do cônjuge alheio à execução recairá sobre o produto da alienação do bem". A norma consolida solução dada a antiga controvérsia, sobre a alienação de bem indivisível. Havia precedentes, amparados em alguma doutrina[(14)], no sentido de que a alienação só poderia ser de fração ideal[(15)]. Certa feita foi-se ainda além, para afirmar-se a impenhorabilidade do bem em sua totalidade, ante a impossibilidade de penhora parcial, por conta da indivisibilidade[(16)]. Ficaram tais precedentes superados por decisão em

---

(13) Parecer sobre a redação do Código Civil, *Obras Completas de Rui Barbosa,* v. XXIX, tomo I, Rio de Janeiro: Ministério da Educação e Saúde, 1949. p. 6.

(14) SAAD, Eduardo Gabriel. *Direito processual do trabalho,* n. 320, São Paulo: LTr, 1988, p. 735.

(15) "Inadmissível a alienação judicial do bem por inteiro, ainda que seja indivisível, reservando-se à mulher a metade do preço alcançado. O direito do meeiro sobre os bens não pode ser substituído pelo depósito da metade dos valores obtidos com a hasta publica."(STJ — 4ª T., REsp n. 89167/PR, Rel. Min. Barros Monteiro, julg. 23.09.1996 *in* DJU de 11.11.1996, p. 43.718) e "Execução. Mulher casada. Penhora. Meação. Embargos de terceiro. Bem indivisível. Não poderá ser levado à praça bem de terceiro que não tem responsabilidade pelo débito. A alienação judicial de bem indivisível, integrante da comunhão, será apenas da parte ideal que cabe ao devedor executado"(STJ — 3ª T., Resp. n. 11.1179/SP, Rel. Min. Eduardo Ribeiro, julg. 19.11.1999 in DJU de 08.03.2000, p. 103).

(16) "Execução. Embargos de terceiros. Cônjuge. Legitimidade. Bem de família. Parte ideal. Bem indivisível...Penhora que recaí sobre a parte ideal de propriedade de sócia, não atinge a parte de meação do esposo, restando ser nula, porquanto o imóvel não é passível de fracionamento, porque é indivisível, e, não comportando divisão cômoda, torna-se impossível a penhora de apenas uma fração." (TRT — 2ª Reg., 11ª T., AP n. 01118.2006.045.02.00-9, Rel. Juíza Rita Maria Silvestre, julg. em 27.02.07 in 20.03.07)

que se afirmou "Os bens indivisíveis, de propriedade comum decorrente do regime de comunhão no casamento, na execução podem ser levados à hasta pública por inteiro, reservando-se à esposa a metade do preço alcançado"[17]. Alienação de fração ideal não faz, na prática, sentido. Desvaloriza o bem e cria condomínio insustentável, fomentando novos litígios, tanto mais diante da índole temporária da comunhão, como assinala a doutrina[18] e como claramente se vê pelo texto do art. 1.320, do Código Civil. Do mesmo modo, não se justifica a idéia de impenhorabilidade do bem havido em comunhão. A Lei n. 11.382 andou bem, portanto. Deveria, contudo, ter ido além, e generalizado a proposição nela contida, que é acertada. Não há razão para falar-se apenas em meação do cônjuge, conquanto seja o caso mais freqüente de co-propriedade sobre bem indivisível. O certo é a referência, em termos mais amplos, a co-proprietário. A regra do art. 655-B há de ser interpretada, portanto, de modo ampliativo. Supere-se o seu indevidamente restritivo teor literal, baseado apenas em *id quod plerumque accidit*, pois o legislador *dixit minus quam voluit*.

A nova redação do inciso VI, do art. 656, sana evidente lapso do texto original do art. 667, do Código de Processo Civil, no qual a realização de segunda penhora era medida excepcional, não admitida como regra[19] e não prevista para a hipótese de insucesso da tentativa de alienação do bem. Chegou mesmo o Supremo Tribunal Federal a dizer, de modo claramente exagerado e incorreto, "inflexível o rol de hipóteses do art. 667"[20]. É inevitável permitir a substituição da penhora, sempre que "fracassar a tentativa de alienação judicial do bem", como previsto na nova norma, ora em exame. Por mais que a penhora tenha por efeito individualizar os bens sujeitos à execução[21], não faz sentido impedir o prosseguimento do processo, com outra penhora, se já demonstrada a inviabilidade da alienação do que se apreendeu. Mas a alteração do art. 656 gerou contradição com o art. 667, não modificado, na medida em que a segunda penhora, no caso do inciso VI, do art. 656, dá-se à margem das três situações indicadas pelo art. 667.

Outra regra bastante deficiente é a do art. 738, § 1º. Que, na contagem do prazo para oferecimento de embargos à execução, seja excluída a aplicação da regra do art. 191, do Código de Processo Civil, como previsto no § 3º, do mesmo art. 738, entende-se. A preocupação com a celeridade, presente também no § 2º, sempre do art. 738 — como se vê na referência à imediata comunicação da citação

---

(17) STJ — CE, REsp 200.251/SP, Rel. Min. Sálvio de Figueiredo Teixeira, julg. em 06.08.01 in DJU de 29.04.02, p. 152.

(18) LOPES, Serpa. *Curso de direito civil,* v. VI, n. 194, Rio de Janeiro: Freitas Bastos, 1960. p. 311.

(19) Não era correto, todavia, tratar o rol do art. 667 como se contivesse "enumeração...taxativa" (ASSIS, Araken de. *Manual do processo de execução,* n. 211.1, São Paulo: RT, 1998. p. 527).

(20) STF — 2ª T., RE n. 103.616, Rel. Min. Francisco Rezek, julg. em 15.03 85 in DJU de 12.04.85, p. 4.940.

(21) MOREIRA, José Carlos Barbosa. *O novo processo civil brasileiro,* Rio de Janeiro: Forense, 2000, p. 226, e THEODORO JÚNIOR, Humberto. *Curso de direito processual civil,* v. II, n. 809, Rio de Janeiro: Forense, 2000. p. 170.

"inclusive por meios eletrônicos" —, explica a exceção que, não tivesse sido estabelecida, daria margem a controvérsia, tendo em conta a dúvida sobre se os embargos, na execução de título extrajudicial, continuam a ter a natureza de ação incidental, de modo a afastar a dobra legal(22), ou não, fazendo-a, em conseqüência, incidir. Mas o que não se compreende é que o § 1º, do art. 738, fixe o termo inicial do prazo para embargar em caso de vários executados (juntada do mandado entregue a cada um deles) e, ao mesmo tempo, exclua da previsão os cônjuges. Fica-se, ao fim e ao cabo, sem regra clara sobre o termo inicial do prazo para cada cônjuge embargar. Há pelo menos duas alternativas. O prazo de cada cônjuge conta-se a) do recebimento do mandado, não da sua juntada aos autos, ou b) da juntada aos autos do primeiro mandado cumprido. Cada uma delas tem o seu problema. A primeira alternativa contradiz, sem motivo aparente, a regra geral do art. 241, inciso II. A segunda, que poderia parecer a pretendida pelo legislador, cria problema na hipótese de ter sido citado um cônjuge e juntado o mandado, antes de citado o outro cônjuge. Imaginar a fluência do prazo para o último, mesmo antes de sua citação, é rematado absurdo. De outro lado, pensar que os cônjuges serão sempre citados pelo mesmo e único mandado é ainda pior. A dificuldade para citar um cônjuge alargaria, gratuitamente, o prazo para a manifestação do cônjuge já citado. Ademais, a imposição de um só mandado torna sem sentido a exceção criada. Afinal, fosse assim, para ambos o prazo começaria a correr da juntada do mandado. Resta supor, em construção que está muito longe do texto da norma, que o prazo para os cônjuges será o da juntada do primeiro mandado cumprido, quando ambos já tiverem sido citados, ou da juntada de cada mandado, quando a citação do último ocorrer depois da juntada do mandado entregue ao primeiro.

Já a nova redação do art. 683, inciso II, corrige erro incompreensível do texto anterior, no qual só se previa nova avaliação do bem penhorado em caso de diminuição de seu valor. Aliás, também o art. 620, do Código Civil, estranhamente menciona a possibilidade de revisão do contrato de empreitada apenas em caso de "diminuição no preço do material ou da mão-de-obra". Difícil explicar como, em país em que durante tanto tempo houve elevada inflação, só tenha o legislador olhos para a diminuição de preço, não para a hipótese mais plausível e corrente, de aumento de preço. Resolveu-se a impropriedade do Código de Processo Civil. De todo modo, melhor teria sido, na linha do proposto pela doutrina, a previsão de nova avaliação em caso de "alteração" de preço ou de valor do bem penhorado(23).

5. Estímulos ao adimplemento da obrigação e maior rigor na execução

Em várias passagens procura a Lei n. 11.382 estimular o adimplemento da obrigação subjacente ao título executivo, tornando menos interessante, do ponto

---

(22) Assim a doutrina anterior à Lei n. 11.382. Cf., por exemplo, DALL'AGNOL JUNIOR, Antonio Janyr. *Comentários ao Código de Processo Civil,* v. III, Porto Alegre: LeJur, 1985. p. 179.

(23) NEVES, Celso. *Comentários ao Código de Processo Civil,* v. VII, n. 44, Rio de Janeiro: Forense, 1999. p. 82.

de vista econômico, a mora do devedor, inclusive com a concessão de vantagens patrimoniais em caso de pagamento. Em alguns pontos, os excessos são manifestos. Em termos gerais, todavia, as providências adotadas justificam-se. Como nota *Gordon Tullock*, "*the payment which will be extracted by the court proceedings may be sufficient to deter violation of the contract*"(24). Se o descumprimento da decisão é economicamente vantajoso para o devedor, torna-se maior a possibilidade de que ocorra. Quando, ao contrário, se torna mais oneroso, cresce a possibilidade de adimplemento da obrigação.

Eis a razão, por exemplo, para a previsão, em duas diferentes oportunidades (parágrafo único, do art. 740, e § 3º, do art. 746, ambos do CPC), de multa de 20% do valor da execução, em caso de embargos "manifestamente protelatórios", na linha do que se vê em outros sistemas jurídicos. O *Código procesal civil y comercial de la Nación*, da Argentina, quase com as mesmas palavras, estabelece multa em caso de o executado obstruir o curso da execução "*con articulaciones manifestamente improcedentes*"(25). Curioso é que não se tenha feito a mesma previsão para a impugnação dos arts. 475-L e 475-M, do CPC. Mas não existe óbice em aplicá-la à hipótese, não tanto por conta do disposto no art. 457-R, como pelo fato de não haver nela, em rigor, nenhuma novidade. Apenas se explicitou o que já se encontrava no art. 17, especialmente no inciso VI, do CPC, pois embargos evidentemente protelatórios — tal como a impugnação — não deixam de caracterizar a provocação de "incidente manifestamente infundado".

Outra regra voltada a desestimular, do ponto de vista econômico, a não satisfação da execução corresponde ao parágrafo único, do art. 652-A. Reduz-se à metade o valor dos honorários advocatícios, caso o executado pague, no prazo de três dias, o que dele se cobra. Repete-se, no campo da execução, a técnica antes empregada na ação monitória, conforme art. 1.102-C, § 1º, criando-se hipótese de sanção premial(26). Mas a vantagem somente incide se "integral" o pagamento. Em caso de pagamento parcial, os honorários permanecem devidos por inteiro, sem redução. Não vigora a redução proporcional prevista no art. 475-J, § 4º, do CPC.

O maior rigor com a execução, presente em várias passagens da Lei n. 11.382, manifesta-se também no abandono da tradicional concessão ao executado, do direito de indicação dos bens a serem penhorados — corolário do *favor debitores*(27) —,

---

(24) *Trials on trial — The pure theory of legal procedure*, New York: Columbia University Press, 1980, p. 17. Ainda sobre o tema, Richard Posner, *Economic analysis of law*, New York: Aspen Publishers, 1998 p. 630.

(25) Art. 551.

(26) A alusão a sanção com sentido premial justifica-se plenamente, na medida em que toda sanção opera criando um interesse contrário a determinada conduta (Carnelutti, *Teoria generale del diritto*, § 45, Roma: Foro Italiano, 1940, p. 79), o que se pode fazer tanto punindo a conduta não desejada como premiando a conduta desejada.

(27) MARQUES, José Frederico. *Instituições de direito processual civil*, v. V, ns. 1.143 e 1.172, Rio de Janeiro: Forense, 1960. p. 139 e p. 185.

faculdade antes prevista no art. 655, do CPC, agora eliminada pelo novo § 2º, do art. 652. Cabe doravante ao exeqüente a indicação de bens, podendo ele observar ou não a ordem legal. Em Portugal, já se havia abandonado, na execução trabalhista, o direito de indicação pelo executado, atribuindo-se ao exeqüente nomear bens à penhora, na forma do art. 90º, n. 1, do Código de Processo do Trabalho[(28)]. Também na Colômbia o exeqüente, ao requerer a execução, indica desde logo os bens passíveis de penhora, e o juiz decreta "*inmediatamente el embargo y secuestro de los bienes muebles o el mero embargo de inmuebles del deudor, que sean suficientes para asegurar el pago de lo debido y de las costas de la ejecución*"[(29)]. O processo do trabalho brasileiro permanece desatualizado e mais brando no tratamento do executado, com a indicação de bens, cabendo, de início, a ele (CLT, art. 882, *caput*), ressalvada a sua ineficácia, caso não observada a ordem legal.

A possibilidade de decreto de prisão do depositário infiel, nos próprios autos da execução, independentemente de propositura de ação de depósito, nos termos do § 3º, do art. 666, do CPC, referenda diretriz já assentada na jurisprudência, encampada pela Súmula 619, do Supremo Tribunal Federal. Trata-se de solução perfeitamente compatível com o processo do trabalho, omisso no particular. Observe-se, todavia, a necessidade de aceitação do encargo pelo depositário, para o decreto de prisão, como bem registrado na OJ-SDI II, n. 89, do Tribunal Superior do Trabalho[(30)]. A sua não aceitação gera outras conseqüências, que não a possibilidade de prisão.

Também com o propósito de estimular o cumprimento da obrigação, estabeleceu o art. 745-A, *caput*, regra cheia de problemas, assim redigida: "No prazo para embargos, reconhecendo o crédito do exeqüente e comprovando o depósito de 30% (trinta por cento) do valor em execução, inclusive custas e honorários de advogado, poderá o executado requerer seja admitido a pagar o restante em até 6 (seis) parcelas mensais, acrescidas de correção monetária e juros de 1% (um por cento) ao mês". A previsão, a despeito do propósito louvável que a anima, chega a ser disparatada. Tratando-se de crédito exigível, já que não se executa, nem mesmo após a reforma, crédito não exigível (CPC, art. 586, com a redação da Lei n. 11.382), não se pode obrigar o exeqüente a financiar o executado, concedendo, ao último, prazo para cumprimento da obrigação. Nem a eventual vantagem concreta para o exeqüente, consistente em receber em prazo mais curto do que o obtido com a ordinária execução judicial, justifica a mudança estabelecida. Basta considerar o princípio subjacente à regra do art. 313, do Código Civil. Por meio de acor-

---

(28) Dispõe o art. 90º, n. 1, do *Código de Processo do Trabalho* de Portugal: "O autor tem o prazo de 10 dias, prorrogáveis pelo juiz, para apresentar a lista dos bens que nomeia à penhora".
(29) Art. 101, do *Código Procesal del Trabajo y de la Seguridad Social* (Decreto-Ley 2158 de 1948).
(30) "A investidura no encargo de depositário depende da aceitação do nomeado que deve assinar termo de compromisso no auto de penhora, sem o que, é inadmissível a restrição de seu direito de liberdade".

do sempre se pode estabelecer prazo para adimplemento da obrigação. Por meio de favor legal, sem razão para a benesse, é absurdo. Afirmar a sua incompatibilidade com o processo do trabalho não é nada difícil. O mandado, no processo do trabalho, é expedido para cumprimento da obrigação, sem possibilidade de parcelamento (CLT, art. 880, *caput*). Apenas havendo concordância do exeqüente (CLT, art. 764, § 3º) cabe prazo ou parcelamento.

Como se não bastasse, a regra do art. 745-A suscita ainda vários problemas teóricos. Uma grave dificuldade, por si só bastante séria, relaciona-se com os pressupostos para o deferimento do pedido. Não estão indicados na lei, conquanto o § 1º, do mesmo preceito, deixe claro que o juiz pode negar a pretensão. Fica aberto o espaço, em conseqüência, para vacilações, dúvidas e incertezas. De outro lado, do texto legal decorre não se admitir reconhecimento do crédito *sub conditione*, desde que aceito o pedido de parcelamento. Logo, o executado, depois de reconhecer o crédito, não mais pode se retratar, ainda que indeferido o pedido de parcelamento, salvo, obviamente, vício na manifestação de vontade(31). Fica o executado sujeito, portanto, a grave risco, a saber, o de reconhecer o crédito, apenas para receber o benefício do parcelamento, sem que tenha garantia, contudo, de obter a vantagem. Como se não bastasse, o § 2º, do art. 745-A, chega ao paroxismo de, em caso de inadimplemento de qualquer parcela, vedar ao executado o oferecimento de embargos. Restaura-se, de modo canhestro, a proibição de falar nos autos, do texto original do art. 601, do CPC. Impor multa e prever o vencimento antecipado das parcelas não pagas, como faz o mesmo § 2º, do art. 745-A, são providências aceitáveis. Impedir que o executado se defenda, todavia, ofende, de forma manifesta, a garantia constitucional de ação. Pense-se, apenas a título de exemplo, em inadimplemento decorrente de motivo de força maior ou de causa superveniente extintiva da obrigação. Suscitado o inadimplemento pelo exeqüente, não há como impedir que se defenda o executado. Assim, o § 2º, do art. 745-A, interpretado em conformidade com a Constituição, como tem de ser, obsta, apenas, o oferecimento de embargos fundados em matéria antecedente ao reconhecimento do crédito, não em matéria superveniente.

6. Novas disposições sobre a penhora

Se em alguns pontos o rigor do legislador com o executado é evidente e mesmo exorbitante, segundo visto no item anterior, em outros pontos surpreende o oposto, ou seja, a indevida e contraditória brandura e leniência das regras editadas.

A criação de nova hipótese de impenhorabilidade, para as aplicações de até 40 salários mínimos em caderneta de poupança (art. 649, inciso X), não faz nenhum sentido, muito menos no processo do trabalho. Qual a razão para dar ao devedor o direito de não pagar seus credores e permanecer com investimentos

---

(31) Cf., em outra situação, art. 352, do CPC.

financeiros? Se o que se quis foi estimular ainda mais a aplicação em caderneta de poupança, investimento que já conta com larga preferência entre muitas pessoas[32], o caminho escolhido não poderia ser pior. Leva à inadimplência das obrigações legitimamente assumidas, com enfraquecimento do vínculo jurídico obrigacional. A regra, como proclama invariavelmente a doutrina, é a penhorabilidade dos bens do devedor, conforme arts. 391, do Código Civil, e 591, do CPC[33]. A impenhorabilidade mostra-se excepcional e assim deve e tem de ser tratada, até mesmo pelo legislador, sem abusiva introdução de novos casos, sob pena, inclusive, de inconstitucionalidade, por conta de criação de obstáculo desproporcional e não razoável à tutela processual do credor. A garantia constitucional de ação (Constituição, art. 5º, inciso XXXV) compreende também a garantia de execução das decisões tomadas pelos tribunais. Como assinalou a Corte Européia de Direitos Humanos, ao traçar os limites do direito de acesso aos tribunais, previsto no art. 6º, n. 1, da Convenção Européia de Direitos Humanos[34], "*the "right to a court", of which the right of access, that is the right to institute proceedings before courts in civil matters, constitutes one aspect...would be illusory if a Contracting State's domestic legal system allowed a final, binding judicial decision to remain inoperative to the detriment of one party... Execution of a judgment given by any court must therefore be regarded as an integral part of the "trial" for the purposes of Article 6 (art. 6)*"[35]. Nessa linha, já no campo das limitações legais à penhorabilidade de bens, o Tribunal Constitucional de Portugal considerou inconstitucional o art. 300º, n. 1, do Código de Processo Tributário, que previa certa hipótese de impenhorabilidade absoluta, nos seguintes termos: "Penhorados quaisquer bens pelas repartições de finanças, não poderão os mesmos bens ser apreendidos, penhorados ou requisitados por qualquer tribunal...". Entendeu o Tribunal que "o art. 300º, nº 1, 1ª parte, C.P.T. sofre de inconstitucionalidade, por violação da garantia de propriedade privada e do princípio constitucional da proporcionalidade ou da proibição do excesso, aflorado este último na nossa Constituição em preceitos como o do nº 2 do art. 18º da Lei Fundamental"[36]. Daí poder-se falar, também no direito brasileiro, de inconstitucionalidade do art. 649, inciso X, do CPC. Com muito mais razão tem de afastar-se a idéia de incidência da restrição relativamente a

---

(32) Cf. a matéria Jovens são conservadores ao escolher investimento, publicada no jornal *Folha de S. Paulo,* de 19.02.07, caderno Dinheiro, p. B-3.

(33) A propósito, em termos gerais, VINCENT, Jean e PRÉVAULT, Jacques. *Vois d'exécution et procedures de distribution*, Paris: DALLOZ, n. 94, 1999, p. 68, ANDRIOLI, Virgilio, *Commento al Codice di Procedura Civile*, v. III, Napoli: Jovene, 1957, p. 132, e, na doutrina nacional, MOREIRA, José Carlos Barbosa. *O novo processo civil brasileiro...* cit., p. 226, e ASSIS, Araken de. *Manual do processo de execução....* cit., n. 104, p. 318.

(34) O dispositivo mencionado, na parte que aqui interessa, tem a seguinte redação: "*In the determination of his civil rights and obligations or of any criminal charge against him, everyone is entitled to a fair and public hearing within a reasonable time by an independent and impartial tribunal established by law*".

(35) Sobre o direito à execução da decisão como parte integrante do direito de acesso aos tribunais, cf. GUINCHARD, Serge e outros, *Droit processuel — Droit commun et droit comparé du procès*, n. 476 e segs., Paris: Dalloz, 2003, p. 748 e segs.

(36) Acórdão n. 516/94, item n. 9, decisão de 27.09.94.

"toda e qualquer aplicação financeira", e não apenas no caso de caderneta de poupança[(37)]. Pelo contrário, o caráter excepcional das impenhorabilidades, antes assinalado[(38)] e formulado, em termos categóricos, pelo *caput*, do art. 30, da Lei n. 6.830[(39)], faz com que a interpretação das normas correspondentes seja feita de modo restritivo, para nelas não incluir hipóteses não contempladas expressamente. *Exceptiones sunt strictissimae interpretationis*. Assim, não se pode invocar o disposto no art. 649, inciso X, do CPC, para afastar a penhora realizada sobre fundos de aplicação financeira, fundos de ações, depósitos remunerados, certificados de depósitos bancários etc.

A ampliação da impenhorabilidade de rendimentos produzidos pelo trabalho, ante a referência, introduzida no inciso IV, do art. 649, a "ganhos de trabalhador autônomo" e a "honorários de profissional liberal", agravada pelo caráter ilimitado da restrição, diante do veto aposto ao § 3º, que se pretendia inserir no mesmo art. 649, é de um despropósito ainda maior do que a regra já criticada do inciso X, do mesmo preceito. Era perfeitamente justificável a idéia do preceito vetado, de admitir a penhora, mesmo de salários ou outros rendimentos produzidos pelo trabalho, "até 40% (quarenta por cento) do total recebido mensalmente acima de 20 (vinte) salários mínimos". Dizer, como se lê nas razões apresentadas para o veto, que "a tradição jurídica brasileira é no sentido da impenhorabilidade, absoluta e ilimitada, de remuneração"[(40)], causa grande espécie. Apego à tradição? Para manter a tradição e deixar tudo como estava, não seria necessário aprovar a Lei n. 11.382 e tampouco fazer as sucessivas reformas do Código de Processo Civil. Não seria exatamente o momento de abandonar tradição que não mais se justifica, tradição em desarmonia com os mais variados sistemas jurídicos[(41)] e em desacordo até

---

(37) É o que propõe Francisco Antonio de Oliveira (Comentários à Lei n. 11.382/06 in *O Trabalho*, Suplemento Especial, n. 120, fevereiro 2007, p. 3.704).

(38) Cf. nota 24, acima.

(39) "Art. 30 — Sem prejuízo dos privilégios especiais sobre determinados bens, que sejam previstos em lei, responde pelo pagamento da Dívida Ativa da Fazenda Pública a totalidade dos bens e das rendas, de qualquer origem ou natureza, do sujeito passivo, seu espólio ou sua massa, inclusive os gravados por ônus real ou cláusula de inalienabilidade ou impenhorabilidade, seja qual for a data da constituição do ônus ou da cláusula, excetuados unicamente os bens e rendas que a lei declara absolutamente impenhoráveis".

(40) Mensagem n. 1.047.

(41) Para citar apenas alguns países, lembre-se de que em Portugal, França, Bélgica, Holanda, Espanha, Argentina e Chile, a impenhorabilidade dos rendimentos decorrentes do trabalho é limitada a certo valor. O Código de Processo Civil de Portugal, em seu art. 824º, dispõe: "1 — São impenhoráveis: a) Dois terços dos vencimentos, salários ou prestações de natureza semelhante, auferidos pelo executado; b) Dois terços das prestações periódicas pagas a título de aposentação ou de outra qualquer regalia social, seguro, indemnização por acidente ou renda vitalícia, ou de quaisquer outras pensões de natureza semelhante. 2 — A impenhorabilidade prescrita no número anterior tem como limite máximo o montante equivalente a três salários mínimos nacionais à data de cada apreensão e como limite mínimo, quando o executado não tenha outro rendimento e o crédito exequendo não seja de alimentos, o montante equivalente a um salário mínimo nacional". Já o *Code du Travail* da França, no art. R-145-2, estabelece gradação para a impenhorabilidade, admitindo penhora proporcionalmente maior para os ganhos mais elevados, em providência de perfeita justiça distributiva: "*Les proportions dans lesquelles les rémunérations*

com a tutela preconizada para o salário pela própria Organização Internacional do Trabalho[42]? Se apego à tradição fosse argumento bom, ainda hoje teríamos o chamado *beneficium commune* do recurso, cujos antecedentes remontam ao direito romano[43], e que estava presente nas Ordenações do Reino[44], na Consolidação

---

annuelles visées à l'article L. 145-2 sont saisissables ou cessibles sont fixées comme suit: — au vingtième, sur la tranche inférieure ou égale à 3 310 euros; — au dixième, sur la tranche supérieure à 3 310 euros, inférieure ou égale à 6 500 euros; — au cinquième, sur la tranche supérieure à 6 500 euros, inférieure ou égale à 9 730 euros; — au quart, sur la tranche supérieure à 9 730 euros, inférieure ou égale à 12 920 euros; — au tiers, sur la tranche supérieure à 12 920 euros, inférieure ou égale à 16 120 euros; — aux deux tiers, sur la tranche supérieure à 16 120 euros, inférieure ou égale à 19 370 euros; — à la totalité, sur la tranche supérieure à 19 370 euros. Les seuils déterminés ci-dessus sont augmentés d'un montant de 1 250 euros par personne à la charge du débiteur saisi ou du cédant, sur justification présentée par l'intéressé". Na Bélgica existe regra semelhante, a prever a penhorabilidade de salários, de acordo com o valor recebido. A parcela acima de 1.111 é penhorável em sua integralidade (Patrick Humblet e Marc Rigaux, *Aperçu du droit du travail belge*, Bruxelles: Bruylant, 2004, p. 91). A mesma solução, com valores diversos, vigora no direito holandês (Antoine T. J. M. Lacobs, *Labor Law in the Netherlands*, The Hague, Kluwer, 2004, p. 66). Na Espanha, o art. 607, da *Ley de Enjuiciamiento Civil*, admite a penhora de salários e demais rendimentos do trabalho nos seguintes termos: "*1. Es inembargable el salario, sueldo, pensión, retribución o su equivalente, que no exceda de la cuantía señalada para el salario mínimo interprofesional. 2. Los salarios, sueldos, jornales, retribuciones o pensiones que sean superiores al salario mínimo interprofesional se embargarán conforme a esta escala: 1.º Para la primera cuantía adicional hasta la que suponga el importe del doble del salario mínimo interprofesional, el 30 por 100. 2.º Para la cuantía adicional hasta el importe equivalente a un tercer salario mínimo interprofesional, el 50 por 100. Para la cuantía adicional hasta el importe equivalente a un cuarto salario mínimo interprofesional, el 60 por 100. Para la cuantía adicional hasta el importe equivalente a un quinto salario mínimo interprofesional, el 75 por 100*" . Na Argentina, é o art. 147, da *Ley de Contrato de Trabajo* a dispor: "*Las remuneraciones debidas a los trabajadores serán inembargables en la proporción resultante de la aplicación del artículo 120, salvo por deudas alimentarias. En lo que exceda de este monto, quedarán afectadas a embargo en la proporción que fije la reglamentación que dicte el Poder Ejecutivo Nacional, con la salvedad de las cuotas por alimentos o litis expensas, las que deberán ser fijadas dentro de los límites que permita la subsistencia del alimentante*". Por fim, no Chile, o ***Código del Trabajo* estabelece, no art. 57: "***Las remuneraciones de los trabajadores y las cotizaciones de seguridad social serán inembargables. No obstante, podrán ser embargadas las remuneraciones en la parte que excedan de cincuenta y seis unidades de fomento*". Vejam-se ainda, admitindo também a penhora de salários, acima de determinados valores, o *Código de Trabajo* do Panamá, art. 161, n. 7, e o *Code de procédure civile* do Quebec, art. 553, n. 11.

(42) A Organização Internacional do Trabalho, em sua Convenção n. 95, limita-se a preconizar a proteção do salário contra penhora "*dans la mesure jugée nécessaire pour assurer l'entretien du travailleur et de sa famille*". Não se fala em impenhorabilidade ilimitada, que não protege interesse coletivo, senão apenas o do próprio devedor. Cf., a propósito, *Les normes internationales du travail – Une approche globale*, A. Odero, Genève: BIT, 2002, p. 275.

(43) Cf., sobre o tema, Vittorio Scialoja, *Procedura civile romana*, § 59, Roma: Fratelli Pallotta, 1894, p. 465 e Riccardo Orestano, *Appello (diritto romano)* em *Enciclopedia del diritto*, Varese: Giuffrè, 1958, II, p. 712.

(44) Ordenações Filipinas, Livro III, Título LXXII: "...os Juizes...ainda que achem, que o appellante não he aggravado, se acharem que ao appellado foi feito aggravo, provel-o-hão, e emendarão seu aggravo; posto que não seja per elle, nem per seu Procurador appellado, nem allegado esse aggravo perante os Juizes de alçada". Também assim já nas Ordenações Manuelinas, Livro III, Título LVII, e mesmo nas Afonsinas, Livro III, Título LXXV.

de Ribas[45] e mesmo em alguns Códigos Estaduais de Processo[46], mas que a legislação moderna julgou acertado, ante a feição dispositiva da iniciativa processual, abandonar. Do mesmo modo, e no campo que aqui interessa, manter a tradição levaria a que tivéssemos de conviver com a impenhorabilidade de certos bens de fidalgos e cavaleiros, por conta do que se achava muito bem assentado nas Ordenações Filipinas[47]. Foi preciso, em algum momento, abandonar a tradição, como se deveria ter feito também agora. Como, no estágio atual da civilização, proclamar a impenhorabilidade absoluta e total dos honorários do médico, do arquiteto ou do advogado, seja qual for o valor recebido, impedindo-se, com isso, a satisfação até de créditos mínimos devidos a empregado que para qualquer deles tenha prestado serviços, sem receber, contudo, salário? É algo que dificilmente se harmoniza com a ordem de valores posta pela Constituição. Mais uma vez cabe a referência ao Tribunal Constitucional português, o qual, quando enfrentou o tema da impenhorabilidade de pensões devidas pelas instituições de segurança social, deixou claro que a norma era legítima apenas por salvaguardar o "direito fundamental do devedor a uma sobrevivência com um mínimo de qualidade". Por isso mesmo assentou — em observação de grande importância para os termos do problema ora posto — "ter de concluir-se que, para além desse patamar necessário para garantir aquele mínimo de sobrevivência — o qual não pode ser definido em termos válidos para todos os tempos, uma vez que é algo historicamente situado —, já será constitucionalmente ilegítimo o sacrifício total do direito do credor"[48].

Igualmente censurável é a definição dos bens móveis da residência do executado não suscetíveis a penhora. A alusão, no art. 649, inciso II, a "móveis, pertences e utilidades domésticas... correspondentes a um médio padrão de vida", alarga, indevida e exageradamente, a garantia da impenhorabilidade. Apenas os bens de fato essenciais, não os relacionados com o padrão médio de vida, devem ser salvaguardados. Assim, aliás, o Código de Processo Civil de Portugal, cujo art. 822º, n. 1, alínea "f", torna impenhoráveis os bens "imprescindíveis a qualquer economia doméstica"[49]. De outro modo, chega-se ao excesso de impedir, como já

---

(45) Art. 1581: "Se se conhecer que a sentença appellada fez aggravo ao appellado, e não ao appellante, a emendarão em favor daquelle..."

(46) Assim o Código de Processo Civil da Bahia, cujo art. 1253 dispunha: "O recurso de apelação é comum a ambas as partes, e por êle tanto se pode prover ao apelante, como ao apelado...".

(47) Livro III, § 23.

(48) Acórdão n. 349/91, item n. 7, decisão de 03.07.91.

(49) Também o *Nouveau Code de Procédure Civile* do Grão-Ducado de Luxemburgo sublinha o caráter excepcional da impenhorabilidade de bens existentes na residência do devedor. Como se vê da listagem contida em seu art. 728, (1), n. 2, são impenhoráveis apenas: "*le coucher nécessaire du saisi et de sa famille, les vêtements et le linge indispensable à leur propre usage, ainsi que les meubles nécessaires pour les ranger, une machine à laver le linge et un fer à repasser, les appareils nécessaires au chauffage du logement familial, les tables et chaises permettant à la famille de prendre les repas en commun ainsi que la vaisselle et les ustensiles de ménage indispensables à la famille, un meuble pour ranger la vaisselle et les ustensiles de ménage, un appareil pour la préparation des repas chauds, un appareil pour la conservation des aliments, un appareil d'éclairage par chambre habitée, les objets nécessaires aux membres handicapés de la famille, les objets*

fez a jurisprudência brasileira, a penhora de antena parabólica[50], forno de micro-ondas, freezer e teclado musical[51] ou, ainda, microcomputador e impressora[52]. Em Portugal, ao contrário, teve a Relação de Lisboa oportunidade de assentar: "Só são bens absolutamente impenhoráveis o que é absolutamente necessário para que possa dizer-se que uma economia doméstica existe, reportando-se o disposto na al. f) do n. 1, do art. 822º do Cód. Proc. Civil à economia doméstica mais modesta, marginal, integrada por utensílios como os talheres, os trastes de cozinha, catres ou camas, mesas, cadeiras, bancos ou tripeças...Não estão nesse caso o recheio da casa constituído por televisão, frigorífico, candeeiros, 'maples', etc."[53]. De idêntico modo, a Corte de Apelação da cidade francesa de Riom registrou: "*tout objet se rattachant à une activité de loisirs, tenant au confort ou à la esthétique d'une habitation, à l'amélioration des conditions d'existence, en un mot du superflu, peut faire l'objet d'une saise. Spécialement peuvent être saisis un poste de télévision...*"[54]. Não se pode, muito menos no processo do trabalho, impedir o empregado de receber o seu crédito, de natureza alimentar, para permitir ao executado manter o seu "médio padrão de vida".

A redação dada ao art. 655 envolve pelo menos duas novidades importantes. Em primeiro lugar, explicita a penhorabilidade de cotas sociais e ações (inciso VI), referendando a jurisprudência dominante[55]. Em segundo lugar, atualiza a ordem de preferência, que deve corresponder à liquidez decrescente dos bens, o que explica ocuparem agora os veículos, sujeitos a mais fácil alienação, com amplo mercado e avaliação em jornal, a segunda posição, logo após o "dinheiro, em espécie ou em depósito ou aplicação em instituição financeira".

De se registrar, outrossim, a possibilidade, aparentemente sem restrições, de substituição da penhora por carta de fiança e, ainda, por seguro garantia judicial

---

affectés à l'usage des enfants à charge qui habitent sous le même toit, les animaux de compagnie, les objets et produits nécessaires aux soins corporels et à l'entretien des locaux, les outils nécessaires à l'entretien du jardin, le tout à l'exclusion des meubles et objets de luxe" Nada que se refira ao médio padrão de vida do cidadão luxemburguês.

(50) STJ — 1ª T., REsp n. 410.787/SP, Rel. Min. Luiz Fux, julg. em 06.08.02 in DJU de 23.09.02 p. 247.

(51) STJ — 4ª T., REsp n. 218.882/SP, Rel. Min. Sálvio e Figueiredo Teixeira, julg. em 02.09.99 *in* DJU de 25.10.99 p. 92.

(52) STJ — 2ª T., REsp 691.729/SC, Rel. Min. Franciulli Netto, julg. em 14.12.04 in DJU de 25.04.05 p. 324.

(53) Relação de Lisboa, Acórdão de 09.07.1985 in ABÍLIO NETO, *Código de Processo Civil anotado,* Lisboa: Ediforum, 1997, p. 935. Na Itália chegou-se a suscitar a inconstitucionalidade do art. 514, n. 2), do *Codice di Procedura Civile*, por não incluir, no rol de bens móveis impenhoráveis, o aparelho de televisão. A Corte Constitucional rejeitou a alegação, sublinhando a necessidade de, na definição dos bens impenhoráveis, "*contemperare l'interesse del debitore con quello del creditore*"(*Ordinanza* 492/1990, decisão de 09.10.1990, publicada em 31.10.90).

(54) VINCENT, Jean e PRÉVAULT, Jacques. *Vois d'exécution et procedures de distribution cit.*, n. 107, p. 76.

(55) STJ — 4ª T., REsp n. 317.651/AM, Rel. Min. Jorge Scartezzini, julg. em 05.10.04 in DJU de 22.11.04, p. 346 e STJ — 4ª T., REsp n. 172.612/SP, Rel. Min. Barros Monteiro, julg. em 18.08.98 in DJU de 28.09.98 p. 76.

(art. 656, § 2º). Antes da reforma, a utilização de carta de fiança, no processo do trabalho, admitida pela jurisprudência pacificada(56), resultava da aplicação subsidiária do art. 9º, inciso II e § 2º, da Lei n. 6.830. Agora, encontra fundamento no próprio Código de Processo Civil. A importância afiançada ou garantida, porém, deve corresponder ao valor do débito e mais 30%. Afasta-se a incidência, na hipótese, da regra do art. 823, do Código Civil, no qual se prevê o que *Pontes de Miranda* chamou de "princípio da reduzibilidade" da fiança, segundo o qual "o excesso está fora da garantia fidejussória"(57). De outra parte, embora não o diga expressamente a lei, a fiança ou garantia temporalmente limitada, admissível em tese(58), não pode ser aceita no caso específico, dado comprometer a segurança do juízo. O único termo admissível é a satisfação integral do débito, com os correspondentes acessórios (Código Civil, art. 821).

7. Localização e apreensão de bens suscetíveis de execução

A execução de obrigação de pagar supõe a localização e a apreensão de bens do executado (CPC, art. 646). Facilitar tais atividades significa, portanto, tornar mais eficaz a execução. Foi o que procurou fazer, em várias passagens, a Lei n. 11.382.

Tudo começa com a nova redação do inciso IV, do art. 600, do CPC, segundo o qual se considera atentatório à dignidade da justiça o comportamento do executado que "intimado, não indica ao juiz, em 5 (cinco) dias, quais são e onde se encontram os bens sujeitos à penhora e seus respectivos valores". Mais uma vez a alteração não contempla grande novidade. A hipótese já estava no texto anterior do inciso IV. Apenas se procura afastar, de uma vez por todas, a indevida tolerância da jurisprudência, formada sem amparo na lei, para com o comportamento omissivo do executado(59), tolerância agora ainda mais inviável, ante o que dispõe também o § 1º, do art. 656: "§ 1º É dever do executado (art. 600), no prazo fixado pelo juiz, indicar onde se encontram os bens sujeitos à execução, exibir a prova de sua propriedade e, se for o caso, certidão negativa de ônus, bem como abster-se de qualquer atitude que dificulte ou embarace a realização da penhora (art. 14, parágrafo único)". O próprio executado é obrigado, portanto, a indicar bens sobre os quais possa recair a penhora, sob pena de, omitindo-se, de modo abusivo, incorrer em litigância de má-fé. Trata-se, no fundo, de decorrência do princípio da

---

(56) Cf. Orientação Jurisprudencial n. 59, da *Subseção II de Dissídios Individuais do Tribunal Superior do Trabalho.*

(57) *Tratado de direito privado,* tomo XLIV, § 4.786, n. 11, Rio de Janeiro: Borsoi, 1963, p. 143.

(58) Novamente MIRANDA, Pontes de. *Tratado de direito privado...* cit., § 4.786, n. 11, p. 142.

(59) Veja-se, por exemplo, o seguinte precedente: "Execução. Penhora. Indicação de bens pelo devedor. Omissão. Atentado à justiça. O executado não esta obrigado a relacionar seus bens passíveis de penhora, sob pena de sofrer a multa do art. 601 do CPC Recurso conhecido e improvido." (STJ — 4ª T., REsp n. 152.737/MG, Rel. Min. Ruy Rosado de Aguiar, julg. em 10.02.97 in DJU de 30.03.98 p. 81).

cooperação ou da colaboração, segundo o qual, na fórmula do art. 266º, do Código de Processo Civil de Portugal, as partes têm de "cooperar entre si, concorrendo para se obter, com brevidade e eficácia, a justa composição do litígio"(60). Daí que, na execução, o mesmo Código português prevê, em caso de não indicação, pelo exeqüente, de bens passíveis de penhora, a intimação do executado, para que os indique, no prazo de 10 dias, sob pena de, fazendo falsa declaração ou omitindo-se, sem justificar o seu silêncio, ficar sujeito a "sanção pecuniária compulsória, no montante de 1% da dívida ao mês, desde a data da omissão até à descoberta dos bens"(61). Na Espanha o quadro é muito semelhante. Se o exeqüente não indica bens à penhora, o executado é intimado "*para que manifieste relacionadamente bienes y derechos suficientes para cubrir la cuantía de la ejecución, con expresión, en su caso, de cargas y gravámenes, así como, en el caso de inmuebles, si están ocupados, por qué personas y con qué título*"(62), sob cominação de sanção, "*cuando menos por desobediencia grave*", caso "*no presente la relación de sus bienes, incluya en ella bienes que no sean suyos, excluya bienes propios susceptibles de embargo o no desvele las cargas v gravámenes que sobre ellos pesaren*"(63).

A penhora realizada por meio eletrônico, dita penhora *on line*, que tanta celeuma gerou, por conta, em particular, de sua eficácia, aplicada que foi com grande êxito no processo do trabalho, já não mais comporta questionamento. Encontra-se prevista nos arts. 655-A, *caput*, e 659, § 6º, dispositivos que explicitam o que já se continha na redação dada pela Lei n. 11.280, ao parágrafo único, do art. 154, do CPC(64). É salutar a nova previsão legal. Conforme se anotou em outra oportunidade, "o procedimento para realização da penhora...não pode ficar imune aos avanços tecnológicos. Pelo contrário, a adoção de novas e mais rápidas técnicas de transferências de valores, produzidas por expeditos recursos de informática, recomenda e até impõe a igual criação, pelo direito, de meios mais eficazes de apreensão de valores...Como é intuitivo, créditos e lançamentos contábeis podem ser ocultados ou transferidos com grande facilidade e com enorme rapidez, sem nenhuma outra operação, nos dias de hoje, do que meros comandos emitidos de qualquer computador ligado à *Internet*. Não custa nada nem toma tempo, em conseqüência, remeter valores de uma parte a outra do mundo ou trazê-los de onde

---

(60) Sobre o princípio da cooperação ou colaboração, FREITAS, José Lebre de. *Introdução ao processo civil.* Coimbra: Coimbra Editora, 1996. p. 149. Na doutrina alemã fala-se, mais amplamente, em "dever de verdade" no processo (cf., sobre o tema, JAUERNIG, Othmar. *Direito processual civil,* § 26, Coimbra: Almedina, 2002. p. 151). Os autores franceses aludem ao princípio da lealdade, do qual tiram também o dever de as partes concorrerem para "*la manifestation de la vérité*" (cf. CORNU, Gerard e FOYER, Jean, *Procédure civile*, Paris: PUF, 1996. p. 457).

(61) Art. 833º, n. 7.

(62) *Ley de Enjuiciamiento Civil*, art. 589, n. 1.

(63) *Idem,* art. 589, n. 2.

(64) "Art. 154 ... Parágrafo único. Os tribunais, no âmbito da respectiva jurisdição, poderão disciplinar a prática e a comunicação oficial dos atos processuais por meios eletrônicos, atendidos os requisitos de autenticidade, integridade, validade jurídica e interoperabilidade da Infra-Estrutura de Chaves Públicas Brasileira — ICP — Brasil."

estiverem ou enviá-los novamente para onde bem se quiser. Em semelhante contexto, imaginar que o procedimento para formalização da penhora possa continuar a se fazer sem nenhuma alteração, como há quatro séculos ocorria, mediante expedição de mandado, a ser fisicamente entregue pelo oficial de justiça à instituição detentora dos créditos, constitui verdadeira irrisão. Não faz sentido, tanto mais quanto é certo que, diversamente do que ocorre com bens imóveis, a transferência de créditos fica praticamente imune à seqüela judicial, pela dificuldade de apreensão de valores existentes apenas contabilmente..."[65].

Destinada a facilitar a apreensão de bens, evitando controvérsias com terceiros de boa-fé, a regra do art. 615-A, *caput*, permite, independentemente de provimento judicial, mediante simples certidão, a averbação da execução em registro de imóveis, registro de veículos ou outros registros, como, por exemplo, assentamentos em que anotada a titularidade de ações ou de cotas sociais.

A averbação não impede a transferência de domínio. Apenas faz presumir em fraude de execução – sem prejudicar, evidentemente, as demais hipóteses já previstas em lei (*v. g.*, art. 593, inciso II, do CPC) — a alienação ou oneração efetuadas após a averbação, conforme § 3º, do mesmo dispositivo. Do contrário, se houvesse efetivo impedimento à alienação, por conta da simples averbação da ação, seria inconstitucional a norma. Como decidiu a Suprema Corte dos Estados Unidos da América, ao tratar do "*prejudgment writ of replevin*", previsto na legislação da Flórida e da Pensilvânia, admitir a apreensão de bens sem prévia ciência do executado e sem que estejam presentes circunstâncias que autorizem tutela de urgência, ofende a garantia do devido processo legal[66].

Não se fixou prazo para a realização da averbação. Daí entender-se, acertadamente, que pode ela ser feita a qualquer tempo, enquanto não registrada, pelo mesmo exeqüente, a penhora[67], momento a partir do qual desaparece o interesse na medida. A averbação não confere, todavia, preferência sobre o bem, efeito que é próprio da penhora, permanecendo em vigor a regra dos arts. 612 e 613, do CPC. Assim, formalizada a averbação pelo exeqüente A, sobrevindo penhora em favor do exeqüente B, terá o último preferência sobre o produto da alienação do bem, independentemente da pretérita averbação.

A largueza da averbação permitida pela Lei n. 11.382 é contrabalançada pela previsão de responsabilidade do exeqüente, em caso de abuso (art. 615-A, § 4º). O exercício desmedido da faculdade de averbação pode caracterizar ilicitude, nos

---

(65) MALLET, Estêvão. Anotações sobre o bloqueio eletrônico de valores no processo do trabalho (penhora *on line*) in *Direito, trabalho e processo em transformação,* São Paulo: LTr, 2005. p. 265 e seguintes.

(66) *Fuentes v. Shevin* (407 U.S. 67). No *writ of replevin*, já dizia Black a questão central é exatamente o direito do autor "*to immediate possession of the property at the commencement of the action*" (*Black's Law Dictionary*, St. Paul, West Publishing, 1968, p. 1.464).

(67) CHICUTA, Kioitsi. Averbação do ajuizamento da execução no Registro de Imóveis. Reflexos da alteração do CPC pela Lei n. 11.382/2006 in *Revista do Advogado,* AASP, março de 2007, n. 90, p. 83.

termos do art. 187, do Código Civil. Aliás, *Josserand,* ao tratar do abuso de direito, mencionou, como exemplos de exercício ilegítimo do direito de executar crédito devido, a multiplicação de penhoras "*dans un but vexatoire afin de causer des désagréments au saisi et de compromettre son crédit*" e, ainda, "*la disproportion existant entre l'étendue de la saisie et ses causes*"(68). São situações que podem se configurar, a partir da franquia do art. 615-A, *caput*, do CPC.

Tanto a possibilidade de averbação como a responsabilidade em caso de abuso são compatíveis com o processo do trabalho. A eventual hipossuficiência do empregado não lhe confere, e nem poderia, o direito de agir irresponsavelmente.

Por fim, é preciso notar que a averbação somente cabe se o bem estiver em nome do próprio executado. Se a execução é movida, de início, apenas contra a sociedade, não serve a correspondente certidão de distribuição para que se faça, sem mais, averbação em bem pertencente ao sócio, a pretexto da admissibilidade, em tese, da desconsideração da personalidade jurídica da sociedade. É preciso que haja pronunciamento judicial a autorizar a desconsideração da personalidade jurídica. Após a inclusão do sócio no pólo passivo da lide, por decisão judicial, aí sim, solicitada nova certidão, cabe a averbação em bem de sua propriedade.

8. Simplificação e valorização da arrematação

Há, na Lei n. 11.382, conjunto de medidas tendentes a simplificar a alienação judicial dos bens apreendidos e a reforçar a eficácia da aquisição realizada pelo arrematante.

Em primeiro lugar, substitui-se a exigência, para realização da alienação judicial, de intimação pessoal do executado por mera intimação de seu advogado (CPC, art. 687, § 5º). Em segundo lugar, o edital agora é mais sintético. Basta remissão à matrícula ou registro do bem penhorado (art. 686, inciso I, e 703, inciso I), tendo em conta tratar-se de assentamentos sujeitos a consulta pública. Em terceiro lugar, a própria licitação comporta divulgação eletrônica (art. 687, § 2º), destinada a dar-lhe a máxima publicidade, para atrair maior número de interessados e elevar o valor arrecadado. Em quarto lugar, permite-se a "alienação por iniciativa particular", criando-se nova Subseção no capítulo relativo à execução por quantia certa contra devedor solvente. A figura aproxima-se do leilão do art. 888, § 3º, da CLT.

Muito significativa é a previsão de lance parcelado, apresentado na própria praça, nos termos do art. 690, § 1º, do CPC: "Tratando-se de bem imóvel, quem

---

(68) *De l'Esprit des droits et de leur relativité*, n. 55, Paris: Dalloz, 1939. p. 78-79.

estiver interessado em adquiri-lo em prestações poderá apresentar por escrito sua proposta, nunca inferior à avaliação, com oferta de pelo menos 30% (trinta por cento) à vista, sendo o restante garantido por hipoteca sobre o próprio imóvel". Amplia-se a franquia da antiga regra do art. 700, que, em sua redação original, com exigência, de apresentação de proposta antes da praça e pagamento de 40% do lance à vista, tornara-se letra morta, fazendo com que na prática surgissem invariavelmente apenas lances à vista. Se o lance à vista tem a vantagem de evitar o *aliud pro alio*(69), dificulta a alienação. A facilitação de aquisição em prestações, com redução das formalidades, admitida proposta apresentada na própria praça, e diminuição da parcela a ser paga à vista (antes 40%; agora 30%), permite, ao mesmo tempo, ampliar o rol de pretendentes e elevar o valor das ofertas. Providência de alto significado prático, favorável ao exeqüente e ao próprio executado, beneficiado por arrematações mais elevadas, até porque, havendo saldo, lhe será entregue (art. 690, § 4º). Poder-se-ia ter ido além, para admitir a medida mesmo em caso de bens móveis, constituindo-se, para garantia do pagamento, depósito do bem em favor do arrematante, enquanto pendente de liquidação o valor total a ser pago. Como quer que seja, deve considerar-se a medida compatível com o processo do trabalho, mediante interpretação construtiva do § 4º, do art. 888, da CLT, que alude a preço, sem excluir parcelamento, devendo-se entender que o prazo de 24 horas, mencionado na referida norma, aplica-se, em caso de arrematação em parcelas, ao vencimento de cada uma delas(70).

Reforça a Lei n. 11.382, outrossim, a eficácia da arrematação, cercando o arrematante de mais garantias. Em caso de embargos à arrematação, outorga-se-lhe o direito de desistir da aquisição (art. 694, § 1º, inciso IV). Com isso, evita-se o risco de ser o licitante obrigado a depositar o valor oferecido como lance, de que fica privado, algumas vezes, por largo período de tempo, sem a contrapartida do recebimento da posse ou da propriedade do bem arrematado. A desistência caracteriza, no caso, direito de natureza claramente potestativa. Seu exercício prescinde de motivação ou fundamentação. Basta a manifestação de vontade, feita após a ciência do ajuizamento de embargos. Contestados os embargos pelo arrematante, porém, há preclusão lógica para a desistência.

Por outro lado, também com o propósito de aumentar a eficácia da alienação judicial, os embargos do executado, mesmo quando acolhidos, não prejudicam a arrematação (art. 694, *caput*), remanescendo ao executado, apenas, o direito "a haver do exeqüente o valor por este recebido como produto da arrematação; caso inferior ao valor do bem, haverá do exeqüente também a diferença" (art. 694, § 2º).

---

(69) NEVES, Celso. *Comentários ao Código de Processo Civil* ... cit., n. 52. p. 100.
(70) Já assim, frente à redação original do art. 700, do CPC, COSTA, Coqueijo. *Direito processual do trabalho,* n. 600, Rio de Janeiro: Forense, 1984. p. 631.

9. Peculiaridades dos embargos à execução na Lei n. 11.382

Tal como na Lei n. 11.232, a impugnação à execução, chamada de embargos do devedor, embora caiba ao executado apresentá-la, prescinde, na nova redação do Código de Processo Civil, de garantia do juízo (art. 736). O prazo para oposição é de quinze dias. No processo do trabalho, mesmo em se tratando de título executivo extrajudicial, como no caso de acordo perante comissão de conciliação, termo de ajustamento de conduta (CLT, art. 876) ou outros títulos decorrentes da competência estabelecida pela Emenda Constitucional n. 45, prevalece o prazo da CLT, de 5 dias, como se pode deduzir do art. 1º, da Instrução Normativa n. 27, do Tribunal Superior do Trabalho. Permanece, como regra, também a exigência de segurança do juízo, ressalvadas as situações em que suscitada inexistência de pressuposto processual ou ausência de condição da ação de execução(71).

A possibilidade de rejeição liminar dos embargos, quando manifestamente protelatórios (art. 739, inciso III), é perfeitamente compatível com o processo do trabalho, estando implícita, aliás, na parte inicial, do art. 765, da CLT.

10. Conclusão

Com poucas medidas realmente inovadoras – como é, sem sombra de dúvida, a melhor disciplina da possibilidade de arrematação parcelada (art. 690, § 1º, do CPC) –, mais consolidando o que já se praticava (arts. 655, inciso VI, 655-B, e 666, § 3º, por exemplo), a Lei n. 11.382 não deve alterar substancialmente o panorama atual da execução. Pelo eficaz cumprimento das decisões judiciais muito mais fez a Justiça do Trabalho, com a adoção de providências deveras simples, que nem mesmo demandaram reforma legislativa, como se deu com a penhora eletrônica, meio preferencial de apreensão de bens no processo do trabalho(72), e os leilões unificados(73).

Aliás, é mesmo possível que as novas disposições legais até comprometam algumas execuções em curso, fazendo-as retroceder, como ocorrerá, por exem-

---

(71) Sobre o tema, mais amplamente, cf. MALLET, Estêvão. Oposição à execução fora dos embargos e sem garantia do juízo in *Direito, trabalho e processo em transformação...* cit., p. 218 e seguintes.

(72) É o que resulta do art. 53, da Consolidação dos Provimentos da Corregedoria-Geral da Justiça do Trabalho, assim redigido: "Tratando-se de execução definitiva, se o executado não proceder ao pagamento da quantia devida nem garantir a execução, conforme dispõe o artigo 880 da CLT, o juiz poderá, de ofício ou a requerimento da parte, emitir ordem judicial de bloqueio via Sistema Bacen Jud, com precedência sobre outras modalidades de constrição judicial".

(73) Cf., no âmbito do Tribunal do Trabalho da 2ª Região, em que já realizados, com grande êxito, vários leilões unificados, o Regulamento de leilão judicial unificado, publicado no DOE/SP-PJ, Caderno 1, Parte 1, de 17.03.06, p. 308 e segs.

plo, caso as hipóteses de impenhorabilidade agora criadas, especialmente aquela do inciso X, do art. 649 — que nada justifica, como se procurou mostrar no item 6, acima —, sejam aplicadas de forma retroativa, para autorizar levantamento de constrições feitas antes da reforma legislativa, solução que, embora incorreta sob o aspecto técnico(74), se acha sedimentada na jurisprudência(75).

---

(74) Constitui a penhora, quando já formalizada, ato jurídico perfeito e acabado, protegido pela garantia do art. 5º, XXXVI, da Constituição. Contra a retroatividade de novas hipóteses de impenhorabilidade, ASSIS, Araken de, *Manual do processo de execução...* cit., n. 110, p. 340. Na doutrina francesa, não admitindo efeito retroativo à declaração legal de impenhorabilidade de certo bem, ROUBIER, Paul. *Le droit transitoire*, n. 106, Paris: Dalloz et Sirey, 1960. p. 568. Na jurisprudência nacional, cf.: "Execução fiscal — Bem de família — Cancelamento da penhora — Inadmissibilidade — Realização antes do advento da Lei n. 8.009/90 — Inaplicabilidade — Direito adquirido — Irretroatividade da lei mais nova — Ofensa ao artigo 5º, XXXVI, da Constituição Federal — Recurso não provido". (TJ-SP. 19ª Câm. Civ., AI n. 258.148-2, Rel. Des. Ferreira Conti, julg. em 28.08.95) e "Penhora — Levantamento pretendido — Inadmissibilidade — Ato realizado — Bem de família — Anterioridade à Medida Provisória n. 143/90 e à Lei Federal n. 8009/90 — Aplicação do princípio da irretroatividade das leis — Validade também no tocante às leis processuais que não podem atingir atos processuais pretéritos, já perfeitos e acabados — Recurso não provido". (TJ-SP. AI n. 172.967-2, Rel. Des. Carlos Ortiz, julg. em 30.04.91). Sempre no mesmo sentido, **1º Trib. Alçada Civil de São Paulo, 3ª Câm., Proc. n.** 461862-0, Rel. Juiz:J. B. Franco de Godoi, julg. em 20.10.92, e **1º Trib. Alçada Civil de São Paulo, 6ª Câm., Proc. n.** 501214-8, Rel. Juiz Carlos Roberto Gonçalves, julg. em 31.03.92.

(75) É pacífica, na jurisprudência, a idéia, formulada a partir dos problemas provocados pela aprovação da Lei n. 8.009, de que a impenhorabilidade superveniente atinge as constrições feitas antes da reforma legislativa. Cf., por exemplo, a decisão tomada pelo Plenário do Supremo Tribunal Federal no AI-AgR n. 159.292/SP, Rel. Min. Carlos Velloso, julg. em 28.06.96 in DJU de 13.06.97, p. 26.700. Na mesma linha, no Superior Tribunal de Justiça, há a Súmula 205: "A Lei n. 8.009/90 aplica-se à penhora realizada antes de sua vigência".

O PROCESSO COLETIVO COMO INSTRUMENTO DE TRANSFORMAÇÃO DA REALIDADE SOCIAL DOS TRABALHADORES E O CÓDIGO BRASILEIRO DE PROCESSOS COLETIVOS

Guadalupe Louro Turos Couto(*)

1. A coletivização do processo na justiça do trabalho

O direito do trabalho foi o primeiro ramo do direito a dar guarida à tutela dos direitos coletivos, quando nos idos da década de 1940 previu, nos arts. 856 *usque* 875 da Consolidação das Leis do Trabalho (CLT), aprovada pelo Decreto-Lei n. 5.452, de 1º de maio de 1943, o dissídio coletivo, como instrumento voltado à defesa dos trabalhadores coletivamente considerados como integrantes de uma empresa, grupo ou categoria.

A CLT, considerada extremamente moderna para a época, concebeu mecanismos para a tutela coletiva dos direitos no Brasil, como por exemplo, a legitimidade das associações sindicais, a extensão da coisa julgada a todos os empregados da mesma empresa e até mesmo a todos os membros de uma mesma categoria profissional.

Com inspiração na experiência da justiça do trabalho foram introduzidas no ordenamento jurídico brasileiro as ferramentas de defesa dos interesses difusos, coletivos e individuais homogêneos, pelo microssistema constituído pela Lei n. 7.347, de 24.07.1985, Lei da Ação Civil Pública (LACP) e pela Lei n. 8.078, de 11.09.1990, Código de Defesa do Consumidor (CDC). Esses diplomas, aplicáveis subsidiariamente ao processo laboral por força do disposto no art. 769 da CLT(1), tornaram possível a todos os trabalhadores — sem exceção — a defesa coletiva de seus interesses perante os órgãos da justiça trabalhista.

Vários são os instrumentos processuais para a defesa dos interesses transindividuais dos trabalhadores perante os órgãos da justiça do trabalho, entre os quais o dissídio coletivo, a ação de cumprimento, a ação civil pública, o mandado de segurança coletivo e o mandado de injunção.

(*) Procuradora do Trabalho e Mestre em Direito Processual pela Universidade do Estado do Rio de Janeiro.

(1) "Art. 769. Nos casos omissos, o direito processual comum será fonte subsidiária do direito processual do trabalho, exceto naquilo em que for compatível com as normas deste Título."

No âmbito trabalhista, as ações civis públicas têm importante papel na educação democrática e de ressonância das aspirações e expectativas da maioria coletivizada ou indeterminada de trabalhadores. Nesse diapasão, servem como exemplos da importância das ações coletivas as propostas pelo Ministério Público do Trabalho, criadas com o objetivo de erradicar questões demandadas pela precarização dos direitos sociais e trabalhistas comum na intermediação de mão-de-obra por cooperativas fraudulentas; trabalho forçado e degradante; trabalho de crianças e adolescentes; terceirização irregular dos cargos e empregos públicos em evidente burla ao concurso público; utilização de empregados travestidos de pessoas jurídicas; discriminação sofrida por mulheres, negros, portadores de HIV, de deficiência, entre outras.

Diante desse quadro, a tutela coletiva assume o relevante papel de prevenir e inibir que tais lesões se repitam e, ao mesmo tempo, abre caminho para a satisfação dos direitos fundamentais, evitando o abarrotamento do Judiciário.

O processo coletivo para a tutela dos interesses coletivos constitui o caminho potencializado de se resolver, em único processo, um grande conflito social ou um feixe de conflitos individuais que podem receber a tutela jurisdicional coletiva em decorrência dos laços de identidade fáticos e jurídicos que os unem. Isso tudo, vale dizer, com menor custo e maior celeridade, além de evitar a existência de decisões em ações individuais conflitantes.

Esse caminho potencializado de resolver conflitos de interesses em um só processo tem fundamental importância na área trabalhista porque desempenha o papel de despersonalizar o trabalhador lesado, eis que fica liberado de encontrar-se com o ex ou o atual empregador em demanda individualmente proposta, correndo o risco de sofrer as represálias, não raro, praticadas por este, *verbi gratia*: ser dispensado ou integrar listas negras das empresas do ramo, prejudicando a possibilidade de a vítima obter um novo emprego.

O Brasil é o pioneiro no tratamento dos interesses e direitos transindividuais e individuais homogêneos. Por essa razão o país ocupa uma posição de vanguarda em relação aos demais países ibero-americanos. Não obstante o pioneirismo do processo do trabalho na coletivação dos processos e dos vinte e dois anos de vigência da Lei n. 7.347/85, que criou a ação civil pública — principal instrumento de defesa coletiva de direitos no ordenamento jurídico brasileiro — não se pode desconhecer que há óbices que dificultam o esperado acesso à ordem jurídica justa na justiça do trabalho, mesmo após os aperfeiçoamentos trazidos pelo CDC há dezessete anos.

Com efeito, referidos óbices são das mais variadas espécies: culturais, econômicos, informativos e legislativos. Como óbices culturais têm-se as fortes resistências ideológicas à atuação do Ministério Público e dos Sindicatos como legitimado ativo para a defesa dos interesses difusos, coletivos e, principalmente, dos individuais homogêneos.[2] Os de índole informativa, por sua vez, se exteriorizam no despreparo dos operadores do Direito para o enfrentamento dos conflitos massificados e das dificuldades para romper com os dogmas do processo individual e de enxergar com as lentes do processo coletivo os princípios e os institutos da legitimação, da competência, da conexão, da litispendência, da coisa julgada, da liquidação e execução das sentenças[3]. Isso se faz perceber, *e.g.*, no infindável número de ações coletivas extintas no 1º grau de jurisdição, por ilegitimidade e por falta de interesse de agir dos entes coletivos, tais como Ministério Público, Sindicatos e Associações de Classe.[4] Já os obstáculos econômicos podem ser observados nas manobras processuais e políticas utilizadas pelo poder econômico para impedir que os instrumentos coletivos cumpram com sua missão de diminuir a exploração da força de trabalho e de transformar a realidade social dos trabalhadores, por meio da concretização dos direitos trabalhistas e sociais constitucionalmente garantidos. Por fim, os entraves de natureza legislativa revelam-se ante a constatação de que o microssistema formado pela LACP e pelo CDC é lacônico, forçando o operador do Direito, muitas vezes, a socorrer-se das regras do processo individual para suprir a ausência detectada no processo coletivo.[5]

---

(2) A mencionada resistência foi confirmada na Pesquisa sobre "Ações Civis Públicas no TST: Atuação do Ministério Público do Trabalho e dos Sindicatos", realizada pelos Procuradores Regionais do Trabalho Adriane Reis de Araújo e Ricardo José Macedo de Britto Pereira e pelo Procurador do Trabalho Cássio Casagrande, que revelou que, muito embora a LACP e o CDC tenham como fonte de inspiração as regras acerca do dissídio coletivo contidas na CLT, paradoxalmente, o Poder Judiciário Trabalhista apresenta grande índice de rejeição ao processamento e julgamento das demandas coletivas para a defesa dos interesses transindividuais. Apoiada pelo Centro de Estudos de Direito e Sociedade (IUPERJ), juntamente com a Escola Superior do Ministério Público do Trabalho e o Centro Universitário de Brasília (UNICEUB), a pesquisa envolveu a análise de 238 acórdãos emitidos pelas Turmas e Seções Especializadas do Tribunal Superior do Trabalho, no período de janeiro de 1994 a junho de 2006. (Cadernos CEDES, ano I, n. 06, Rio de Janeiro, IUPERJ, dez. 2006).

(3) Perspicaz e digno de nota o exemplo fornecido por Gregório Assagra (2003, p. 29) quando lança crítica à utilização dos instrumentos, princípios e regras de cunho individual no processo coletivo: "[...] seria como criar um motor de mais de mil cavalos de potência, próprio para um ônibus moderno a ser projetado e tentar enxertá-lo, com simples remendos, em uma carcaça de um veículo tipo Fusca/73 e ao mesmo tempo pretender que esse veículo transporte, de uma só vez, um grupo de mais de cinqüenta pessoas até um destino comum".

(4) É o que se depreende dos resultados obtidos por meio da análise das 409 ações civis públicas propostas no período de 1992 a 2003 perante o Tribunal Regional do Trabalho da 1ª Região (Estado do Rio de Janeiro), sobressaindo o seguinte: (i) 71,8% das ações são extintas sem julgamento de mérito no primeiro grau de jurisdição, com fulcro no art. 267, IV, do CPC (ausência de condições da ação); (ii) 53,6% das demandas foram extintas ante o entendimento de que o Ministério Público do Trabalho não é parte legítima para o ajuizamento de ação civil pública, ou, pelo menos, não o é para a matéria veiculada na causa de pedir; (iii) o percentual restante teve como fundamento para a extinção distintas motivações: desistência da ação, inépcia da inicial, litispendência ou coisa julgada (CARELLI *et al.*, 2007. p. 84).

(5) As leis que regem o processo coletivo assim estabelecem. Art. 19, da LACP: "Aplica-se à ação civil pública, prevista nesta Lei, o Código de Processo Civil, aprovado pela Lei n. 5.869, de 11 de janeiro de 1973, naquilo em que não contrarie suas disposições. Art. 90, do CDC: "Aplicam-se às ações previstas neste Título as normas do Código de Processo Civil e da Lei n. 7.347, de 24 de junho de 1985, inclusive no que respeita ao inquérito civil, naquilo que não contrariar suas disposições."

Para aqueles que militam na área trabalhista, a *via crucis* parece ser maior porque se não houver resposta para o silêncio da LACP e do CDC, o operador jurídico deverá debruçar-se, primeiramente, sobre a legislação aplicada a este ramo especializado do Direito, isto é, a CLT. Caso não obtenha sucesso, recorrerá à Lei n. 5.584/70 e, na ausência de regra específica nesta, à Lei n. 6.830/80, permitida, ainda, no silêncio desta última, a invocação — por força do disposto no art. 769 da CLT — das regras do Código de Processo Civil (CPC). Esse caminho será, pois, trilhado sem deixar de proceder às necessárias adaptações para os conflitos de massa, já que esses dois últimos diplomas legais foram talhados para a tutela dos interesses individuais.

Note-se, assim, que os diplomas (CLT, Lei n. 5.584/70, Lei n. 6.830/80 e CPC) apresentam uma estrutura lógica e harmoniosa, segundo a ótica de suas individualidades. Tal estrutura, no processo coletivo, fica gravemente ameaçada quando se tenta nela introduzir elementos extraídos da estrutura dos processos de natureza individual, funcionando, nestes casos, como "rolhas redondas em orifícios quadrados".

Em rigor, essas migrações das regras criadas para solucionar os conflitos individuais para o processo coletivo geram incertezas e confusão, pois exige dos juízes a tarefa de suprir as lacunas do microssistema coletivo, por meio da aplicação da regra disposta no diploma normativo de natureza individual, no processo coletivo para solucionar os conflitos que envolvem macrolesões. Para tanto, deverá o juiz romper os dogmas do processo individual e aplicar as suas regras nos conflitos transindividuais, de forma adequada, atentando para os fins e princípios do processo coletivo.

Mas, há de se considerar que essas importações/migrações legislativas precisam ter um fim. Elas são maléficas para a almejada celeridade e efetividade do processo. A relevância e a magnitude da tutela coletiva impõem que o ordenamento jurídico ofereça um sistema de tutela executiva completo e pleno. O que se propugna, por meio do Código Brasileiro de Processos Coletivos, é que o ordenamento preveja e coloque à disposição dos jurisdicionados meios executivos adequados e suficientes para proporcionar, dentro do que for juridicamente possível, a exata satisfação de todos os direitos julgados merecedores de tutela executiva e, por isso mesmo, consagrados em títulos executivos.

A propósito, a codificação do direito coletivo será um passo importante para uniformizar o procedimento e assegurar maior grau de certeza aos juízes e aos consumidores dos serviços prestados pelo Judiciário, quiçá um atalho para se garantir a tão aguardada efetividade do processo.

Nesse contexto, o objetivo deste ensaio é apresentar, sistematizar e analisar os mais relevantes aspectos do Anteprojeto de Código Brasileiro de Processos Coletivos (ACBPC), enfatizando as proposições que estão diretamente relacionadas com o dia-a-dia dos Procuradores do Trabalho.

2. Evolução do processo coletivo brasileiro

O processo coletivo brasileiro, como ramo do Direito, já alcançou maturidade doutrinária, didática e científica em suficiente medida para ser codificado. A maturidade doutrinária, importante destacar, pode ser observada pela quantidade de obras e artigos dedicados ao processo coletivo. Didaticamente, o processo coletivo vem tomando forças, uma vez que as universidades(6) vêm oferecendo cursos em níveis de graduação e pós-graduação para lecionar a disciplina em foco. No âmbito científico, igualmente, o direito processual coletivo já conquistou o seu espaço, uma vez que possui institutos, princípios e fins próprios. Os institutos da legitimação, competência, conexão, litispendência, coisa julgada, liquidação e execução das sentenças possuem características próprias nas ações coletivas, completamente dissociadas do direito processual individual. No que tange aos princípios pode-se apontar os do acesso coletivo à justiça; do devido processo social; da celeridade, da inversão do ônus da prova; da condenação genérica, consagrada no art. 95 do CDC; da gratuidade, positivado no art. 18 da LACP e art. 87 do CDC; da ampla divulgação da demanda, expresso no art. 94 do CDC; da coisa julgada oponível *erga omnes*, *ultra partes*, *secundum eventum litis* e *in utilibus*, e da relativização da litispendência (LEITE, 2004. p. 46-51).

Dessa feita, resta apenas a chamada autonomia legislativa. Como já mencionado, a utilização subsidiária dos institutos clássicos dos diplomas legais, de natureza individualista, tem trazido problemas aos operadores de Direito quando da solução dos conflitos coletivos.

Pois bem. Então, por que não repensar e aprimorar os dispositivos que regem o processo coletivo no Brasil?

Ada Pellegrini Grinover, *Aluisio Gonçalves de Castro Mendes, Antonio Gidi* e *Kazuo Watanabe* fizeram essa mesma pergunta enquanto discutiam com os processualistas ibero-americanos a elaboração do Código Modelo de Processos Coletivos do Instituto Ibero-Americano de Direito Processual.

Ainda, inspirados pelo Código Modelo de Processos Coletivos para Ibero-América(7), pós-graduandos *stricto sensu* da USP, da UERJ(8) e da UNESA, capitaneados pelos processualistas *Ada Pellegrini Grinover, Aluisio Gonçalves*

---

(6) É o exemplo da UERJ, USP e UNESA.

(7) O Código-Modelo de Processos Coletivos para Ibero-América, aprovado em outubro de 2004, constitui não só um repositório de princípios, mas um modelo concreto para inspirar as reformas, de modo a tornar mais homogênea a defesa dos interesses e direitos individuais em países de cultura jurídica comum. Cf. Exposição de Motivos do Código-Modelo de Processos Coletivos para Ibero-América (2007. p. 426-432).

(8) Adriana Silva de Britto, Claudia de Abreu Lima Pisco, Diogo Campos Medina Maia, Guadalupe Louro Turos Couto, Luiz Norton Baptista de Mattos, Márcio Barra Lima, Maria Carmem Cavalcanti de Almeida, Mariana Romeiro de Albuquerque Mello, Marília de Castro Neves Vieira, Paula Maria de Castro Barbosa.

de Castro Mendes e *Kazuo Watanabe* estão priorizando as discussões das propostas para a elaboração de um Código Brasileiro que contenha os procedimentos adequados às aspirações de funcionalidade e efetividade da tutela jurisdicional coletiva.

Outros países ibero-americanos, igualmente embalados pelo Código-Modelo estão legislando acerca da tutela dos interesses difusos e coletivos. Vale ressaltar que a base do Código Modelo é a legislação brasileira, com várias modificações e inovações.

Nesse caso, cabe indagar novamente por que não preferiram ampliar a legislação vigente? A resposta é porque chegou a hora de se dispor de um diploma autônomo, informado por princípios e regras, próprios do processo coletivo. O processo coletivo brasileiro já possui, hoje, autonomia doutrinária, didática e científica, só falta a legislativa.

Não há que se negar que a codificação do direito coletivo será um passo importante para uniformizar o procedimento, assegurar maior grau de certeza aos juízes e aos consumidores dos serviços prestados pelo Judiciário, garantindo, ainda, a desejada efetividade do processo coletivo.

O Anteprojeto de Código Brasileiro de Processos Coletivos elaborado no âmbito da USP foi encampado pelo Instituto Brasileiro de Direito Processual (IBDP) e encaminhado ao Ministério da Justiça em outubro de 2006. Os Anteprojetos do IBDP e da UERJ/UNESA não são antagônicos, ao contrário, em muitos dispositivos até se completam.

Neste ponto, passa-se à demonstração das principais inovações contidas nos dois Anteprojetos. Importante registrar que não haverá espaço para tecer maiores comentários sobre cada instituto, pois o objetivo é apresentar a temática e instigar a participação de interessados ao debate.

3. Anteprojetos de Código Brasileiro de Processos Coletivos: aspectos destacados

3.1. Juizados especializados e prioridade no processamento dos processos coletivos

O tratamento conferido aos processos coletivos nas varas do trabalho não é o desejado quando se leva em consideração que em um único processo está-se pleiteando a tutela de interesses de dezenas, centenas ou até milhares de trabalhadores. Diz-se isso porque já houve oportunidade para presenciar os processos coletivos misturados às inúmeras demandas voltadas à tutela dos interesses individuais, dando corpo à pilha composta por feitos de maior complexidade. Com efeito, não é demais denominar a tal pilha de "deixa para depois".

Essa, aliás, é uma tendência: deixar para mais tarde a apreciação de matérias mais complexas e garantir a produtividade mensurada em estatísticas.

Como bem destaca *Aluísio Gonçalves de Castro Mendes* (2007. p.19), os processos coletivos são o palco de conflitos internos da sociedade, relacionados, muitas vezes, com políticas públicas, com relevantes questões econômicas e, em certos casos, com complexidade científica. Por essa razão, não podem permanecer perdidos nos processos individuais, gozando, na prática, de idêntico valor e sendo-lhes atribuídos os mesmos recursos humanos e materiais.

Vale salientar que conferir tratamento prioritário aos processos coletivos representa um investimento em benefício do Poder Judiciário, eis que este só poderá dirimir os litígios de forma célere e eficaz se resolver os conflitos de massa processados e julgados de forma molecularizada, tendo de decidir a mesma questão repetidas vezes, de modo disperso, em processos atomizados, ou seja, processos individualmente processados e julgados.

É necessária, portanto, a preparação dos profissionais (juízes e serventuários) que manejam os processos coletivos por meio de cursos, *workshops* e seminários, como também a criação de juízos especializados para o processamento, julgamento e execução de processos coletivos.

A especialização é uma tendência universal. No Brasil constitui uma prática comum em todas as profissões e decorre da empatia do profissional com determinada matéria. No Judiciário têm-se exemplos clássicos da criação de órgãos especializados em direito civil, criminal, trabalhista, eleitoral, empresarial, fazendário, entre outros.

Assim, diante das especificidades do processo coletivo e da relevância social dos temas tratados nos processos coletivos, nada mais correto que sejam criados órgãos especializados para o processamento, julgamento e execução de processos coletivos, com a preparação e formação dos servidores e juízes que manejarão os processos coletivos, como também, implantar a estrutura apropriada para o registro e gerenciamento das informações e comunicações pertinentes veiculadas em sítios colocados à disposição dos jurisdicionados.

Diante dessa realidade e da necessidade de imprimir maior celeridade e efetividade aos processos coletivos, os co-autores dos Anteprojetos de Código Brasileiro de Processos Coletivos externaram preocupação com o processamento e o julgamento das ações coletivas. Para tanto, previram a criação de varas especializadas e, nos foros com menor movimento, determinaram a prioridade de processamento dos processos coletivos, a teor da redação dada aos arts. 4º e 5º do Anteprojeto da UERJ/UNESA, respectivamente: "O juiz dará prioridade ao processamento da ação coletiva" e "As ações coletivas serão processadas e julgadas em juízos especializados, quando existentes." De forma semelhante observa-se na dicção dos arts. 10 e 18 do IBDP:

> Art. 10. O juiz deverá dar prioridade ao processamento da demanda coletiva sobre as individuais, servindo-se preferencialmente dos meios eletrônicos para a prática de atos processuais do juízo e das partes, observados os critérios próprios que garantam sua autenticidade.
>
> [...]
>
> Art. 18. Sempre que possível, as demandas coletivas de que trata este Código serão processadas e julgadas em juízos especializados.

Importante mencionar que, independente da aprovação das propostas acima transcritas, a prioridade do processamento das demandas coletivas deve, desde já, ser observada nos tribunais pátrios. A mesma sorte segue a proposta de criação, pelo Poder Judiciário, de juízos especializados, pois, apesar de depender da previsão de organização judiciária em normas federais e estaduais, prescinde da aprovação de um Código Brasileiro de Processos Coletivos para ser implementada.

3.2. A questão da competência

O cerne da discussão sobre o foro competente para processar e julgar as ações coletivas está na descoberta do exato sentido e alcance das expressões "dano de âmbito local, regional e nacional", estabelecida no art. 93 do CDC.

A propósito, passados dezessete anos da vigência do CDC, não há na doutrina, tampouco na jurisprudência, um consenso em torno do significado de "dano de âmbito local, regional e nacional". O debate, ao contrário, encontra-se cada vez mais acirrado no âmbito trabalhista, mormente após a edição da Orientação Jurisprudencial n.130, pelo TST. A Subseção Especializada em Dissídios Individuais II, da referida corte superior trabalhista, em interpretação ímpar e isolada no mundo jurídico sobre o disposto no art. 93 do CDC, acabou criando um novo critério para fixação da competência: o dano supra-regional. Mas, o que significa dano supra-regional mesmo? Pois bem. O fato é que até hoje não há definição para nenhum dos critérios fixadores da competência territorial das ações coletivas.

No afã de estabelecer sentido às expressões "dano de âmbito local, regional e nacional" e, conseqüentemente, solucionar a controvérsia existente, *Ada Pellegrini Grinover,* co-autora do Anteprojeto do CDC e defensora ferrenha da concentração das ações coletivas no Distrito Federal, no Anteprojeto de Código Brasileiro de Processos Coletivos insistindo no erro de concentrar o julgamento nas capitais dos Estados-membros ou do país, utilizou novamente os termos para a fixação da competência, só que agora os conceituando com critérios aleatórios.

De acordo com o que estabelece o art. 22 do Anteprojeto de Código Brasileiro de Processos Coletivos, elaborado sob a coordenação da citada processualista:

> Art. 22. É absolutamente competente para a causa o foro: I — do lugar onde ocorreu ou deva ocorrer o dano, quando de âmbito local; II — de qualquer das comarcas ou sub-seções judiciárias, quando o dano de âmbito regional compreender até 3 (três)

> delas, aplicando-se no caso as regras de prevenção; III — da Capital do Estado, para os danos de âmbito regional, compreendendo 4 (quatro) ou mais comarcas ou subseções judiciárias; IV — de uma das Capitais do Estado, quando os danos de âmbito interestadual compreenderem até 3 (três) Estados, aplicando-se no caso as regras de prevenção; V — do Distrito Federal, para os danos de âmbito interestadual que compreendam mais de 3 (três) Estados, ou de âmbito nacional. (...) § 3º No caso de danos de âmbito nacional, interestadual e regional, o juiz competente poderá delegar a realização da audiência preliminar e da instrução ao juiz que ficar mais próximo dos fatos.

Nesse contexto, quadra imaginar, a título de exemplo, uma determinada empresa, com matriz em Chapecó e filiais nas cidades de Xanxerê e Concórdia (Figura 1), que não paga as horas extraordinariamente laboradas aos seus empregados. A lesão envolve trabalhadores do Oeste do Estado de Santa Catarina e desborda os lindes territoriais de mais de um juízo. Mas qual seria, então, o foro competente para processar e julgar a ação coletiva a ser proposta em face de referida empresa?

Segundo o Anteprojeto do IBDP, ocorrerá o fenômeno da concorrência e os três foros trabalhistas serão igualmente competentes para processar e julgar a ação coletiva, porém a competência será fixada pelas regras de prevenção.

Figura 1 — Exemplificação do estabelecido no inc. II do art. 22, do Anteprojeto do IBDP

Contudo, se a lesão abranger os limites territoriais de quatro comarcas diferentes ou mais, *in casu,* Chapecó, Xanxerê, Concórdia e Joaçaba, o critério de determinação da competência não mais será o da prevenção, segundo o estabelecido no inciso III do art. 22, do Anteprojeto do IBDP. Nessa hipótese, o critério a ser adotado para a fixação da competência será o da centralização e, como se trata de lesão que envolve mais de três municípios do mesmo Estado da federação, competente será o foro da capital desse Estado, no exemplo ofertado, a competência será de uma das varas do trabalho de Florianópolis.

Como se pode observar na Figura 2 a seguir, de acordo com a Tabela de Distâncias disponibilizada pelo Centro de Informática e Automação de Santa Catarina (CIASC), Florianópolis está situada a 501 km de Chapecó, 482 km de Xanxerê, 434 km de Concórdia e 371 km de Joaçaba.

Figura 2 — Exemplificação da hipótese do inc. III do art. 22, do Anteprojeto do IBDP

Em rigor, transferir o processamento e o julgamento para juízes da capital do Estado, a tanta distância do local do dano, representa um retrocesso no sistema de tutela jurisdicional coletiva sob os aspectos social, econômico, político e jurídico. Mais ainda. Os juízes lotados na Capital desconhecem a realidade socioeconômica do local onde a lesão se perpetrou, as fraudes praticadas na região e, principalmente, as lides costumeiramente levadas a efeito pelo réu da ação coletiva.

Assim, não faz sentido deslocar o processamento e julgamento da demanda coletiva para a capital do Estado, obrigando o réu a litigar a quilômetros de distância, justamente porque a lesão ultrapassa os limites territoriais de mais de três foros trabalhistas. No exemplo tem-se a demonstração de quão aleatório foi o estabelecimento da competência a partir do número de foros atingidos pela lesão coletiva.

Por isso, entende-se que fixar a competência na capital do Estado onde a lesão não se verificou contraria a intenção do legislador brasileiro em atribuir jurisdição ao juiz mais próximo do dano.

Na hipótese demonstrada na Figura 3, da mesma forma, o deslocamento do processamento e julgamento da demanda coletiva para a capital de um dos três Estados atingidos pela lesão, mesmo que esta atinja pequena área do interior de cada um deles, viola os princípios do acesso à justiça, da universalidade da jurisdição, da defesa, da economia e da celeridade processual.

Idêntico critério é utilizado para a fixação da competência quando a lesão transcender fronteiras de mais de um Estado da federação. Assim, conforme o Anteprojeto do IBDP, se a lesão atingir até três Estados-membros, competente será o juiz prevento. Mas, se o dano compreender o território de mais de três Estados, competente será o Distrito Federal.

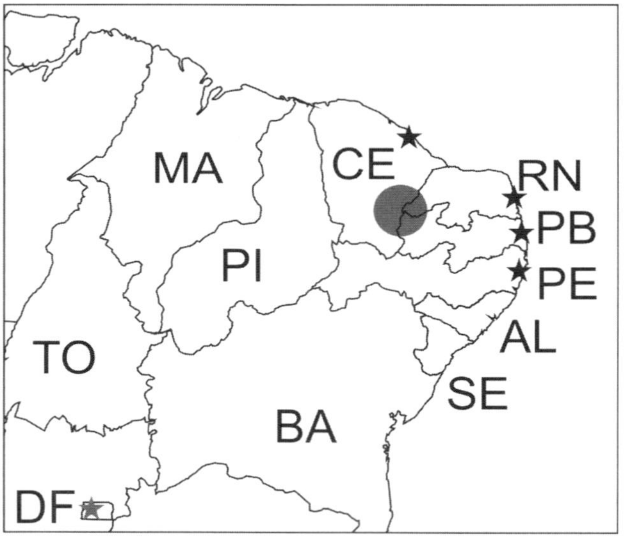

Figura 3 — Representação da regra estabelecida no inc. IV do art. 22, do Anteprojeto do IBDP

A Figura 4 exemplifica o que o Anteprojeto do IBDP elenca como lesão classificada de "âmbito nacional." No entendimento dos pesquisadores da USP, a lesão de âmbito nacional, consoante o exemplo ofertado, ocorre mesmo que o dano atinja pequenas porções territoriais dos Estados do Ceará, Rio Grande do Norte, Paraíba e Pernambuco. Por conta, então, do transbordamento dos lindes territoriais desses Estados, tanto os entes coletivos como os réus coletivos deverão deslocar-se a Brasília para impulsionar ou responder à demanda.

A distância geográfica entre o local do dano e Brasília, representada em escala no mapa abaixo, dá a nítida noção do equívoco de se concentrar as causas na Capital do Brasil.

A título de esclarecimento, Distrito Federal é um Estado da federação e como tal está subdividido em varas e comarcas. Desse modo, quando se menciona que competente é o foro do Distrito Federal, em rigor está-se atribuindo competência para dirimir os conflitos de massa de âmbito nacional às varas do trabalho de Taguatinga, Gama, Gurupi, Dianópolis, Palmas, Guaraí e Araguaína. Ora, se esses foros podem processar e julgar as ações coletivas porque estão localizadas no Estado do Distrito Federal, a justificativa para a concentração dos feitos na "capital do país" perde a razão de ser. A Capital do Brasil é Brasília e não Distrito Federal como, infelizmente, consta no CDC e nos Anteprojetos de Código Brasileiro de Processos Coletivos sob análise.

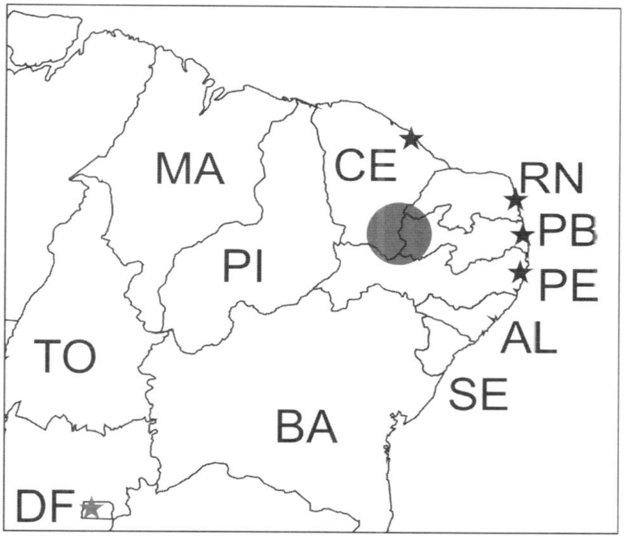

Figura 4 — Hipótese do inc. IV do art. 22, do Anteprojeto do IBDP

No que tange ao Anteprojeto apresentado pela UERJ e UNESA, importa acrescentar que no grupo reunido na UERJ, a maioria dos estudiosos entendeu que, em caso de dano de âmbito nacional deveriam ser competentes, concorrentemente, os foros das capitais dos Estados-membros e do Distrito Federal. No grupo da UNESA, contudo, prevaleceu a regra de que competente é o foro do lugar onde ocorreu ou deva ocorrer o dano e, em caso de abrangência de mais de um foro, a fixação deverá ocorrer pela prevenção.[9] Nesse aspecto

---

(9) Redação aprovada na UERJ: "Art. 3º. É competente para a causa o foro do lugar onde ocorreu ou deva ocorrer o dano. §1º. Em caso de abrangência de mais de um foro, determinar-se-á a competência pela prevenção, aplicando-se as regras pertinentes de organização judiciária. § 2º. Em caso de dano de âmbito nacional, serão competentes os foros das capitais dos estados e do distrito federal." Redação aprovada na UNESA: "Art. 3º. É competente para a causa o foro do lugar onde ocorreu ou deva ocorrer o dano. Parágrafo único. Em caso de abrangência de mais de um foro, determinar-se-á a competência pela prevenção, aplicando-se as regras pertinentes de organização judiciária".

entende-se que o Anteprojeto apresentado pela UERJ e UNESA incidiu no mesmo equívoco da centralização do processamento e julgamento dos feitos coletivos.

O fato é que a centralização na capital do país ou dos Estados federados inviabiliza a defesa coletiva dos membros das categorias pelos seus sindicatos, especialmente quando estas entidades, em razão de suas bases territoriais, não atuarem no Distrito Federal ou nas capitais. Mais ainda, nem sempre essas entidades dispõem de recursos suficientes para manter o acompanhamento processual a distância. A transferência de competência dificulta o próprio exercício da jurisdição, tendo em vista, por exemplo, a necessidade de oitiva de testemunhas que, por certo, estarão em outros Estados e deverão ser inquiridas após a expedição de precatória para um juízo deprecado.

Para o Ministério Público do Trabalho a regra tem o condão de sobrecarregar os colegas atuantes em Brasília. Demais, com o volume de inquéritos e ações civis públicas envolvendo danos nacionais em curso em todo o Brasil, notório é o assoberbamento da Procuradoria Regional do Trabalho da 10ª Região. Essa sobrecarga poderá implicar o abandono de investigações das denúncias que noticiam danos existentes no âmbito regional e, conseqüentemente, da respectiva e necessária atividade de prevenção e reparação, sem falar na dificuldade de apurá-los e processá-los, em razão da sistemática de concentração de todas as demandas de âmbito nacional.

Vale notar, ainda, que a regra de concentração da competência nas capitais dos Estados e da federação é, pois, diametralmente oposta aos esforços despendidos no sentido de aproximar o Ministério Público do Trabalho da sociedade e possibilitar o maior acesso dos trabalhadores à ordem jurídica justa, por meio da criação de ofícios no interior.

Se as regras de competência previstas no Anteprojeto de Código Brasileiro de Processos Coletivos encampado pelo IBDP forem aprovadas haverá o incentivo da "indústria da má-prestação do serviço", nos termos do Ministro do STF, Marco Aurélio de Mello. Esse serviço, vale o registro, é do Judiciário e do próprio Ministério Público.

Por tudo isso, compartilha-se com o entendimento do grupo de pós-graduandos da UNESA no sentido de que a regra da prevenção ainda é a melhor a ser adotada para a fixação da competência jurisdicional relativamente à tutela dos conflitos coletivos.

3.3. As técnicas da distribuição do ônus da prova e a tutela dos direitos materiais

Ônus da prova, segundo *Cândido Rangel Dinamarco* (2005. p. 71), "é o encargo, atribuído pela lei a cada uma das partes, de demonstrar a ocorrência dos fatos de seu próprio interesse para as decisões a serem proferidas no processo".

Em regra, o ônus da prova impinge a quem alega os fatos o dever de provar as suas alegações, sob pena de — não o fazendo — correr o risco de ter a demanda julgada contra si. Essa distribuição do ônus da prova, dependendo da posição da parte em juízo e da espécie de fato do art. 333 do CPC, está muito mais preocupada com a decisão judicial — aliás, com qualquer decisão, já que se veda o *non liquet* (art. 126 do CPC) — do que com a tutela do direito lesado ou ameaçado de lesão.

Na lição de *Eduardo Cambi* (2006. p. 341), se o demandante não conseguiu provar o fato constitutivo, julga-se improcedente o pedido e, ao contrário, se o demandado não conseguir provar os fatos extintivos, impeditivos ou modificativos, julga-se integralmente procedente o pedido, sem qualquer consideração com a dificuldade e a impossibilidade de a parte ou de o fato ser demonstrado em juízo. E mais, tal distribuição do ônus da prova, por si só, poderia inviabilizar a tutela dos direitos lesados ou ameaçados.

À evidência, a adoção desse critério objetivo para o ente coletivo, quando age em defesa da sociedade, não parece ser o mais justo, especialmente quando se considera que a prova é o que fundamenta o resultado do processo. Mas, para que essa prova se aproxime do ideal de justiça, é preciso que haja o rompimento dessa lógica perversa, razão porque o CDC permitiu ao juiz inverter, em determinadas situações, o ônus da prova a fim de que a hipossuficiência técnica e econômica dos entes coletivos não prejudicasse o resultado do processo coletivo.

Por essa razão, o direito processual coletivo possui regra própria estampada no art. 6º do CDC, que tem a seguinte dicção:

São direitos do consumidor: I — [...] VIII — *a facilitação da defesa de seus direitos, inclusive com a inversão do ônus da prova a seu favor*, no processo civil, quando a critério do Juiz, for *verossímil a alegação ou quando for ele hipossuficiente*, segundo as regras ordinárias de experiência [sem grifos no original].

A aplicação do mecanismo da inversão do ônus probatório nos feitos destinados à tutela dos interesses transindividuais, segundo o art. 6º, VIII, do CDC, se dá a critério do juiz (*ope iuris*) e não a critério da lei (*ope legis*)(10). Em outras

---

(10) A inversão do ônus probatório, a critério da lei, pode ser observada na recente Lei n. 11.430, de 26 de dezembro de 2006, publicada em 27.12.06, no DOU, Seção 1, p. 2. Essa Lei instituiu a presunção do "Nexo Técnico Epidemiológico da Previdência", o que significa que doenças e acidentes de trabalho, antes comprovados somente por perícia médica do INSS, passam a ser caracterizados automaticamente como decorrentes da atividade laboral exercida pelo trabalhador. Uma das principais conseqüências da adoção do nexo passa pela inversão do ônus da prova, ou seja, o empregador é quem deverá provar que a patologia adquirida pelo trabalhador não decorre do exercício das atividades da empresa. Andou muito bem o legislador ao estabelecer a responsabilidade objetiva do empregador e, conseqüentemente, a inversão do ônus da prova em favor da vítima. Ao empregador cabe, por presunção e de acordo com os princípios constitucionais de proteção ao meio ambiente do trabalho (art. 7º, XXVIII, da CRFB/88) e dos deveres fiduciários de custódia e segurança (cláusula de incolumidade do trabalhador), o encargo de provar a não ocorrência do fato, a inexistência do dano, a extensão do dano, a falta de nexo causal entre o fato e o dano e as circunstâncias excludentes de responsabilidade, tais como caso fortuito, força maior ou culpa exclusiva da vítima. (BRASIL. Câmara dos Deputados. MP 316/2006).

palavras, significa dizer que a inversão do ônus probatório só será possível se o magistrado verificar a presença de apenas um dos requisitos estabelecidos no dispositivo em foco: a verossimilhança da alegação ou a hipossuficiência dos beneficiários da ação coletiva. E, como o legislador restringiu, não seria lícito ao intérprete ampliar.(11)

O vocábulo verossímil significa o que é semelhante à verdade, o que tem aparência de verdade, o que não repugna a verdade, enfim, o provável. Juridicamente, não há um conceito determinado em torno da palavra verossimilhança.

A presença do requisito da verossimilhança depende, pois, de avaliação subjetiva, pelo juiz, caso a caso, combinada com a aplicação de regras e máximas de experiência, ou seja, com fundamento nos indícios (cujos meios de prova incluem a amostragem e a prova estatística) ou nas sérias suspeitas de que o fato realmente tenha ocorrido.

Cecília Matos (1993. p. 90) aponta a verossimilhança como um patamar na escala do conhecimento, na medida em que "não mais se exige do órgão judicial a certeza sobre os fatos, contentando-se o CDC com a comprovação do verossímil, que varia conforme o caso concreto".

Dessarte, para o juiz inverter a carga probatória sob o fundamento da verossimilhança, contará muito mais com sua intuição e bom senso do que com a lógica inerente à aplicação da distribuição da carga probatória estabelecida nos arts. 818 da CLT e 333 do CPC.

O requisito da hipossuficiência, por sua vez, pode ser aferido diante das circunstâncias do caso concreto e está relacionado com a coletividade ou o grupo de interessados substituídos. Assim, uma vez verificado, pelo juiz, que a parte contrária possui melhores condições técnicas ou econômicas para produzir a prova, os fatos constitutivos dos direitos transindividuais podem ser presumidos até que o contrário seja demonstrado.

Note-se que o art. 6º, VIII, do CDC não exige a quem alega a hipossuficiência a obrigatoriedade de demonstrá-la. A hipossuficiência, em verdade, decorre das próprias circunstâncias do caso concreto e o juiz pode inferi-la por meio das regras ordinárias de experiência.

A aplicação do mecanismo da inversão do ônus da prova é necessária e salutar para a defesa dos interesses transindividuais, mas dois questionamentos de ordem prática vêm atormentando os doutrinadores: o primeiro alude a inquirir se o mecanismo da inversão do ônus da prova, constante no título I do CDC, aplica-se a todas as ações civis públicas para a tutela dos interesses difusos, coletivos e individuais homogêneos, haja vista que o art. 21 da LACP admitiu expressamente, tão-só, a adoção das regras dispostas no Título III do CDC, que trata das questões

---

(11) Nesse sentido lecionam Kazuo Watanabe (2001. p. 732-735), Marcelo Abelha Rodrigues (2003. p. 327) e Humberto Theodoro Júnior (2001a. p. 134-136).

processuais; o segundo questionamento está relacionado à aplicação ou não da ferramenta nas ações coletivas que versam sobre direitos individuais homogêneos na justiça do trabalho.

Quanto ao primeiro questionamento, a doutrina vem entendendo que, como a inversão do ônus probatório constitui um mecanismo processual necessário para a melhor defesa da coletividade em juízo, é natural e necessária a sua aplicação a todas as ações civis públicas para a tutela dos interesses difusos, coletivos e individuais homogêneos. Quanto ao segundo tem-se que a inversão do ônus da prova aos feitos destinados à tutela dos interesses individuais homogêneos "trabalhistas" é igualmente possível, por força do art. 21 da Lei n. 7.347/85, que estendeu as regras processuais estipuladas no CDC à defesa de todos os direitos e interesses difusos, coletivos e individuais homogêneos, ao dispor que: "aplicam-se à defesa dos direitos e interesses difusos, coletivos e individuais, no que for cabível, os dispositivos do Título III da Lei que instituiu o Código de Defesa do Consumidor".

Nelson Nery Junior e *Rosa Maria de Andrade Nery* (2001. p. 1.547) ao comentarem o art. 21 do CDC, afirmam que:

> [...] são aplicáveis às ações ajuizadas com fundamento na LACP as disposições processuais que encerram todo o Tít. III do CDC, bem como as demais disposições processuais que se encontram pelo corpo do CDC, como, por exemplo, a inversão do ônus da prova (CDC, 6º VI). Esse instituto, embora se encontre topicamente no Tít. I do Código, é disposição processual e, portanto, integra ontológica e teleologicamente o Tít. III, isto é, a defesa do consumidor em juízo. Há, portanto, perfeita sintonia entre os dois sistemas processuais, para a defesa dos direitos difusos, coletivos e individuais homogêneos.

Marcelo Abelha Rodrigues (2004. p. 341-342), comungando do mesmo entendimento, destaca:

> Ora, vê-se que muito embora o art. 6º, VIII, não esteja no Título III, é fora de dúvidas que todos os dispositivos ali presentes contêm regras de direito processual civil, e que o art. 117 (art. 21 da LAPC) manda aplicar a qualquer direito difuso [...] tais dispositivos, deixando nítida a intenção de que fosse criado um plexo jurídico de normas processuais civis coletivas para ser imediatamente aplicado aos direitos coletivos 'lato sensu'. Ora, sendo o art. 6º, VIII, uma norma de direito processual civil, é ilógico que não se entenda como contida esta regra de inversão do ônus da prova na determinação do art. 21 da LACP. Destarte, o fato de se encontrar o dispositivo fora do rol do Título III, embora ontologicamente seja também uma regra de direito processual, não afasta a premissa de que o art. 6º, VIII, do CDC, é regra principiológica do diploma que se projeta em todo o Código, inclusive sobre o referido Título que cuida de direito processual civil.

A inversão do ônus da prova é admitida no processo coletivo com um único fito, o de facilitar a defesa dos direitos coletivos. Como destaca *Eduardo Cambi*

(2005. p. 103), a aplicação das regras de distribuição do ônus probatório dispostas nos estatutos processuais de cunho individual, sem restrições ao processo coletivo, seria uma grande fonte de injustiças, porquanto não permitiria a tutela de direitos transindividuais importantes para a sociedade, mormente em decorrência das dificuldades que o autor coletivo teria para demonstrar os fatos juridicamente relevantes.

No âmbito trabalhista, a hipossuficiência de que se trata é a da coletividade de trabalhadores perante aquele que se afigura como parte mais forte na relação jurídica: o empregador. A hipossuficiência pode ser traduzida como a vulnerabilidade dos membros da classe trabalhadora para efeito de litigância sobre os direitos trabalhistas fraudados e/ou sonegados. Trata-se da vulnerabilidade do trabalhador, não apenas no aspecto econômico, mas a idéia de hipossuficiência social, de informações, de educação, de participação, de associação, entre outras.

Como já mencionado, no processo coletivo a inversão do ônus da prova não é uma regra, mas sim, uma exceção admitida somente mediante critério do juiz e se presente o requisito da verossimilhança da alegação, ou quando os beneficiários forem hipossuficientes.

Nos casos em que não estiverem presentes esses requisitos a regra a ser seguida é a da distribuição da carga probatória prevista no direito processual de natureza individual. Dessa forma, em se tratando de ação coletiva em curso na justiça do trabalho, na ausência dos requisitos para inversão estabelecidos no CDC, aplica-se a regra da distribuição da carga probatória prevista no art. 818 da CLT.

Na redação dada ao art. 818 da CLT, *in verbis*: "a prova das alegações incumbe à parte que as fizer". Porém, por ser considerada uma das mais primitivas regras acerca da distribuição da carga probatória, a sua aplicação prática tem gerado dificuldades. Em função da simplicidade vem-se admitindo a aplicação subsidiária do art. 333 do CPC,[12] para a distribuição do ônus probatório dos processos coletivos trabalhistas, com substrato no parágrafo único do art. 8º e art. 769, ambos da CLT.

A aplicação secundária das normas de processo comum ao rito trabalhista é admitida por força do art. 769 da CLT, desde que haja omissão na lei trabalhista e, ainda, desde que o dispositivo comum a ser incorporado ao processo laboral seja compatível com as normas e princípios deste. No caso específico, observa-se que não existe omissão normativa na CLT, tampouco compatibilidade da regra cunhada no art. 333 do CPC com os princípios inerentes ao processo laboral pátrio.

---

(12) No âmbito do direito processual civil, de cunho individual, o ônus da prova está distribuído da seguinte forma: ao autor incumbe provar os fatos constitutivos do seu direito e ao réu os impeditivos, extintivos ou modificativos do direito do autor, conforme regra disposta no art. 333 do CPC. Essa distribuição, segundo a teoria do processo, encontra fundamento e razão de ser em dois princípios informadores do processo civil pátrio, quais sejam: princípio da igualdade dos litigantes, que prega a equivalência de posição das partes e princípio denominado por Eduardo Cambi (2005. p. 103) da "auto-responsabilidade dos litigantes", que decorreria desta situação de isonomia dos litigantes, acarretando-lhes o dever de suportar as conseqüências danosas de sua omissão.

Dessa feita, cabe indagar se seria correto utilizar subsidiariamente a distribuição do ônus da prova estabelecido no art. 333 do CPC às ações coletivas em trâmite na justiça do trabalho.

O processo do trabalho, como é cediço, é regido por princípios próprios como o da maior aptidão para a prova e o da pré-constituição da prova que, somados ao princípio da proteção – informador do direito material do trabalho – afastam a adoção da distribuição equânime do ônus probatório estabelecido no art. 333 do CPC, na medida em que não se pode impor aos obreiros, na maioria das vezes hipossuficientes, o encargo de produzir prova em posição de igualdade com o empregador.(13)

Pelo princípio da melhor aptidão para a prova, será detentor do ônus da prova aquele que demonstrar estar mais apto a produzi-la, enquanto que, pelo princípio da prova pré-constituída, imputar-se-á o ônus àquele que não observou determinada formalidade prevista em lei(14).

A Súmula n. 338 do TST(15) prevê a inversão do ônus da prova quanto à comprovação da jornada de trabalho alegada pelo empregado nas empresas com mais de dez empregados e quando os cartões-ponto demonstrarem horas de entradas e saídas uniformes.

---

(13) A respeito vale conferir a obra de Carlos Alberto Reis de Paula. *A especificidade do ônus da prova no processo do trabalho*, 2001. p. 135.

(14) A jurisprudência do Tribunal Superior do Trabalho é pacífica no sentido de que a regra do art. 333 do CPC deve ser aplicada com cautela no direito do trabalho em razão da natureza especial da legislação, pois, ao contrário das relações civilistas lastreadas na presunção de igualdade entre as partes, o direito do trabalho nasce e se desenvolve com o escopo de reequilibrar a posição de desigualdade inerente à relação de emprego. No âmbito específico das provas, observam-se as dificuldades probatórias que podem ter o empregado e, em contrapartida, a maior facilidade probatória do empregador, que normalmente é quem dispõe das provas, principalmente a documental. Não se pode tratar igualmente os dois, sendo que o tratamento diferenciado é uma exigência do próprio princípio da igualdade, tendo essa desigualdade de tratamento uma justificativa objetiva e razoável, sem ofender o princípio do contraditório, que será sempre assegurado, facultando-se à parte a prova ou contraprova de seu direito ou interesse. Desse modo, a regra do artigo 333 do CPC, segundo o qual compete à parte que alega comprovar fato constitutivo de direito, enquanto à parte contrária cabe provar fato modificativo, extintivo ou impeditivo, deve ser aplicada com cautela no direito do trabalho. Em razão da natureza especial da legislação, esse dispositivo tem aplicação apenas subsidiária na esfera trabalhista. A repartição do ônus da prova de forma rígida, tal como previsto no art. 333 do CPC, resulta da situação de igualdade entre as partes litigantes no juízo cível. No processo trabalhista, diferentemente, presume-se a desigual posição do empregador e empregado, de maneira que a distribuição do ônus da prova não obedece à rigidez característica do processo civil. Com efeito, na esfera trabalhista, vige o princípio da aptidão para a prova, determinando que esta deve ser produzida pela parte que a ela tem acesso, quando estiver fora do alcance da parte contrária. Nessa situação, desnecessário perquirir a quem a prova interessaria, pois o ônus de apresentá-la incumbe à parte que a ela tem acesso. Em matéria de acidente de trabalho, como a que ora se examina, seria insensato exigir do trabalhador a comprovação da inexistência de culpa da empresa no *eventus damni*, sob pena de se desvestir o instituto da responsabilidade civil de toda sua eficácia e de se negar vigência à garantia constitucional do art. 7º, inciso XXVIII.

(15) Súmula n. 338 do TST: "Jornada de trabalho. Registro. Ônus da prova. I — É ônus do empregador que conta com mais de 10 (dez) empregados o registro da jornada de trabalho na forma do art. 74,

Em rigor, os princípios que informam o direito material e também o processual do trabalho têm permitido à jurisprudência abrandar o rígido traçado dessa divisão civilista do ônus da prova, invertendo-o quando a comprovação do fato constitutivo mostrar-se problemática para o obreiro em razão de sua própria situação de subordinação jurídica.

Assim, além do recurso aos princípios da melhor aptidão e da pré-constituição da prova, hodiernamente, outro mecanismo tem sido posto à disposição do juiz do trabalho para complementar o sentido do artigo 818 da CLT, quando este se mostre de aplicação insuficiente no caso concreto, qual seja o recurso à inversão do ônus da prova, por meio da instituição de presunções *iuris tantum* em desfavor do empregador-devedor. É o que resta refletido na jurisprudência da Súmula n. 212 do TST(16), que estatui a presunção relativa, favorável ao obreiro, de continuidade da relação de emprego, imputando ao patrão-reclamado o ônus de provar o término do contrato de trabalho quando for negada a prestação de serviço e o respectivo despedimento. Também é o que se pode defluir da leitura da Súmula 338 do TST.

Tanto o subsistema do processo coletivo quanto o do processo do trabalho baseiam-se em fundamentos semelhantes, pois ambos reconhecem a desigualdade de forças entre os pólos ativos das relações processuais. Por essa razão admitem a utilização do mecanismo da inversão do ônus probatório para facilitar a defesa do hipossuficiente.

A inversão da carga probatória nas ações coletivas "trabalhistas" ganha importância em função das dificuldades de o ente coletivo obter provas documentais, testemunhais ou até periciais que comprovem, por exemplo, a existência de pagamento "por fora", manipulação ilícita dos registros de jornada de trabalho, desvirtuamento do estágio profissional, utilização de pessoas jurídicas em substituição à mão-de-obra efetiva, assédio moral ou sexual, exigência de assinatura de documentos em branco.

Quanto ao momento processual para o juiz proceder à inversão do ônus probatório, há muita controvérsia na doutrina e na jurisprudência, justamente em função de sua ausência na redação do artigo 6º, VIII, do CDC.

Novamente cabe indagar qual é o momento correto para a fixação do ônus da prova, a fim de possibilitar o proferimento de uma sentença líquida. Como o CDC

---

§ 2º, da CLT. A não-apresentação injustificada dos controles de freqüência gera presunção relativa de veracidade da jornada de trabalho, a qual pode ser elidida por prova em contrário. II – A presunção de veracidade da jornada de trabalho, ainda não prevista em instrumento normativo, pode ser elidida por prova em contrário. III – Os cartões de ponto que demonstram horários de entrada e saída uniformes são inválidos como meio de prova, invertendo-se o ônus da prova, relativo às horas extras, que passa a ser do empregador, prevalecendo a jornada da inicial se dele não se desincumbir".

(16) Súmula n. 212 do TST. "Despedimento. Ônus da prova. O ônus de provar o término do contrato de trabalho, quando negados a prestação de serviço e o despedimento, é do empregador, pois o princípio da continuidade da relação de emprego constitui presunção favorável ao empregado".

não deixa expressamente claro, há doutrinadores que defendem a inversão do ônus da prova como uma regra de juízo e não de procedimento, e por esta razão não exigiria um momento próprio, podendo ficar tal julgamento reservado à sentença. Doutrinadores(17) que adotam esse entendimento reforçam a argumentação sustentando que o juiz não pode decidir antecipadamente a respeito porque a inversão do ônus probatório, no caso do artigo 6º, VIII, do CDC, depende da verossimilhança da alegação do consumidor ou de sua hipossuficiência e, na maioria dos casos, essas circunstâncias estão ligadas à análise das provas produzidas.

Por outro lado, há aqueles(18) que rejeitam o posicionamento explicitado, afirmando que a inversão aplicada somente na fase decisória poderá ferir o princípio do contraditório e da ampla defesa. Nessa altura do processo, cumpre lembrar, as partes não poderiam mais produzir novas provas, já que é na fase instrutória que lhes é permitido produzir as provas consideradas importantes, regra geral da sistemática processual. Por essa razão há doutrinadores que defendem que a inversão tem de ocorrer antes do início da fase da instrução, devendo as partes ter a ciência prévia respectiva, a fim de que, querendo, possam desincumbir-se do ônus probatório que lhes coube.

A inversão do ônus da prova contida no art. 6º, inciso VIII, do CDC, portanto, constitui uma técnica a ser utilizada pelo juiz para romper com a lógica perversa da distribuição do ônus da prova baseada na regra tradicional do art. 333 do CPC (fatos constitutivos, para o demandante; demais fatos, para o demandado) e facilitar a adequada tutela dos direitos materiais.

Para alcançar maior efetividade na tutela jurisdicional coletiva, o Código Modelo de Processos Coletivos para Ibero-América, nos §§ 1º e 2º do art. 12, revolucionou o tratamento da prova ao abraçar a teoria da distribuição dinâmica como regra, esta que autoriza o juiz, por meio da utilização de critérios abertos do senso comum e das máximas de experiências, a estabelecer quem está em melhores condições

---

(17) Nesse sentido, Kazuo Watanabe (2001. p. 735-736). Na lição do autor: "Quanto ao momento da aplicação da regra de inversão do ônus da prova, mantemos o mesmo entendimento sustentado nas edições anteriores: é o do julgamento da causa. É que as regras de distribuição do ônus da prova são regras de juízo e orientam o juiz quando há um *non liquet* em matéria de fato, a respeito da solução a ser dada à causa". E prossegue o doutrinador: "Efetivamente, somente após a instrução do feito, no momento da valoração das provas, estará o juiz habilitado a afirmar se existe ou não situação de *non liquet*, sendo caso ou não, conseqüentemente, de inversão do ônus da prova. Dizê-lo em momento anterior será o mesmo que proceder ao prejulgamento da causa, o que é de todo inadmissível". Cf. também Nelson Nery Junior e Rosa Maria de Andrade Nery (2001. p. 812).

(18) Nesse sentido, Candido Rangel Dianamarco (1996. p. 134), Teresa Arruda Alvim (1994. p.248) e Carlos Roberto Barbosa Moreira (1997. p. 145-148), para quem: "[...] a inversão, se ordenada na sentença, representará, quanto ao fornecedor, não só a mudança da regra geral até ali vigente naquele processo, como também algo que comprometerá sua defesa, porquanto se lhe foi transferido um ônus - que para ele não existia antes da adoção da medida —, obviamente deve o órgão jurisdicional assegurar-lhe a efetiva oportunidade de dele se desincumbir".

de demonstrar o fato controvertido. Desse modo, evita-se que uma das partes se mantenha inerte na relação processual porque a dificuldade da prova a beneficia. Eis o que dispõe o Código Modelo, *in verbis*:

> Art. 12. Provas — São admissíveis em juízo todos os meios de prova, desde que obtidos por meios lícitos, incluindo a prova estatística ou por amostragem.
>
> § 1º. O ônus da prova incumbe à parte que detiver conhecimentos técnicos ou informações específicas sobre os fatos, ou maior facilidade em sua demonstração. Não obstante, se por razões de ordem econômica ou técnica, o ônus da prova não puder ser cumprido, o juiz determinará o que for necessário para suprir a deficiência e obter elementos probatórios indispensáveis para a sentença de mérito, podendo requisitar perícias à entidade pública cujo objeto estiver ligado à matéria em debate, condenado-se o demandado sucumbente ao reembolso. Se assim mesmo a prova não puder ser obtida, o juiz poderá ordenar sua realização, a cargo do Fundo de Direitos Difusos e Individuais Homogêneos.
>
> § 2º. Durante a fase instrutória, surgindo modificação de fato ou de direito relevante para o julgamento da causa, o juiz poderá rever, em decisão motivada, a distribuição do ônus da prova, concedido à parte a quem for atribuída a incumbência no prazo razoável para a produção da prova, observado o contraditório em relação à parte contrária.
>
> § 3º. O juiz poderá determinar de ofício a produção de provas, observado o contraditório.

A diferença entre a técnica da inversão do ônus da prova e a da carga dinâmica está em que na primeira há o pressuposto da existência de um ônus previamente atribuído a uma das partes (fato constitutivo ao encargo do autor e fatos impeditivos, modificativos e extintivos ao réu), o qual, em determinadas circunstâncias e a critério do juiz, será invertido. Em outras palavras, será transferido para a parte contrária. De outra forma, segundo a carga dinâmica da prova, não há regras probatórias pré-estabelecidas e o juiz deverá aquilatar, diante do caso concreto, qual das partes possui maior aptidão para produzir determinada prova.

O Anteprojeto de Código Brasileiro de Processos Coletivos, capitaneado por *Ada Pellegrini* e encampado pelo Instituto Brasileiro de Direito Processual (IBDP), prevê a composição da técnica desenvolvida na teoria da carga dinâmica da prova (art. 11, §1º) com a da inversão do ônus da prova (art. 11, § 2º) como solução para a efetividade e celeridade do processo coletivo, apesar de, ainda, fazer referência à regra do art. 333 do CPC, quando dispõe:

> Art. 11. São admissíveis em juízo todos os meios de prova, desde que obtidos por meios lícitos, incluindo a prova estatística ou por amostragem.
>
> § 1º. Sem prejuízo do disposto no art. 333 do Código de Processo Civil, o ônus da prova incumbe à parte que detiver conhecimentos técnicos ou informações específicas sobre os fatos, ou maior facilidade em sua demonstração.
>
> § 2º. O ônus da prova poderá ser invertido quando, a critério do juiz, for verossímil a alegação, segundo as regras ordinárias de experiência, ou quando a parte for hipossuficiente.

§ 3º. Durante a fase instrutória, surgindo modificação de fato ou de direito relevante para o julgamento da causa (parágrafo único do artigo 5º deste Código), o juiz poderá rever, em decisão motivada, a distribuição do ônus da prova, concedendo à parte a quem for atribuída a incumbência prazo razoável para sua produção, observado o contraditório em relação à parte contrária (artigo 25, parágrafo 5º, inciso IV).

§ 4º. O juiz poderá determinar de ofício a produção de provas, observado o contraditório.

§ 5º. Para a realização de prova técnica, o juiz poderá solicitar a elaboração de laudos ou relatórios a órgãos, fundações ou universidades públicas especializados na matéria.

Aluisio Gonçalves de Castro Mendes (2007. p. 27-28), ao analisar a redação proposta no art. 11 do Anteprojeto do IBDP, critica a expressa menção ao disposto no art. 333 do CPC, em dois aspectos: o formal e o material. Formal porque se há a opção de normatização do direito processual coletivo em um Código próprio, não faz sentido a remissão às regras do CPC, de natureza individual. Material porque a remissão à regra clássica do processo civil acaba por enfraquecer a inovação proposta no sentido de o juiz fixar, em cada caso, a distribuição da carga probatória.

O Anteprojeto apresentado pela UERJ e UNESA, de forma inovadora, abandonou a antiga fórmula estabelecida na lei para a distribuição da carga probatória, ampliando os poderes do juiz, eis que adotou, consubstanciado na teoria da "carga dinâmica da prova", um sistema flutuante ou dinâmico de distribuição de encargos probatórios, de acordo com as peculiaridades do caso concreto, não obstante as facilidades técnicas e econômicas de cada parte. Na dicção do § 1º do art. 19:

> O ônus da prova incumbe à parte que detiver conhecimentos técnicos ou informações específicas sobre os fatos, ou maior facilidade em sua demonstração, cabendo ao juiz deliberar sobre a distribuição do ônus da prova por ocasião da decisão saneadora.

O grande diferencial da adoção da chamada carga dinâmica da prova pelo Código Modelo de Processos Coletivos para Ibero-América e pelo Anteprojeto apresentado pela UERJ e UNESA é que não há mais a exigência da verossimilhança constante no art. 6º, VIII, do CDC para a inversão do ônus probatório, mas, tão-somente, a do requisito da hipossuficiência. Hipossuficiência essa que, processualmente falando, está relacionada exclusivamente à capacidade de produzir provas, jamais com a situação econômica das partes.

Dessa feita, presente ou não a verossimilhança, o juiz ficará autorizado a distribuir a prova conforme as peculiaridades e conveniências, sempre que estiver convencido de que o material probatório possa ser bem produzido por uma das partes.

No âmbito do processo do trabalho, independentemente da aprovação do Código Brasileiro de Processos Coletivos, a adoção da técnica da carga dinâmica da prova já pode ser uma realidade nos processos coletivos com esteio no princípio da aptidão da prova. De acordo com tal princípio, competirá ao julgador verificar quem estava apto a produzir a prova, segundo os meios e condições de que dispunha. Ainda, devem também ser levados em consideração pelo julgador, no momento da aplicação do sistema fluído da carga probatória, os princípios informadores do direito material do trabalho, entre eles, o da proteção, da verdade real, da finalidade social e do *in dubio pro misero*.

Com efeito, percebe-se que a distribuição dinâmica do ônus da prova amplia os poderes do juiz, tornando-o um intérprete ativo e criativo, pois terá liberdade, desde que de forma motivada, de levar em consideração fatores culturais, sociais e econômicos, bem como princípios contemporâneos para organizar a carga probatória.

Assim, considerando que uma das finalidades precípuas da tutela jurisdicional coletiva é a de possibilitar aos jurisdicionados o maior acesso à ordem jurídica justa, deve-se buscar meios para facilitá-lo, sem esquecer que a adoção da técnica da carga dinâmica da prova constitui um meio para se alcançar tal desiderato.

4. Conclusão

Ideal seria que no Direito, assim como em outras ciências, houvesse a possibilidade de se testar, artificialmente, a efetividade e a eficiência de uma lei em laboratórios. Mas, infelizmente, não é assim. É preciso errar e acertar, caminhar e, novamente, errar e acertar. Não há fórmula pré-estabelecida.

São as experiências concretas — sejam elas positivas ou negativas — que inspiram interpretações novas de como implementar e dar maior eficiência aos conceitos gerais e abstratos das normas.

Quando a tarefa é elaborar um Código Brasileiro de Processos Coletivos as dificuldades são maiores ainda. Discute-se de cá e de lá, sempre na tentativa de acertar, sem perder de vista que, quando se fala em direito, processo e pretensão resistida, a idéia é de atributos muito caros: vida, liberdade, trabalho, patrimônio e justiça.

Nesses debates, três grupos de estudiosos com ideais comuns, apenas separados geograficamente, resolveram discutir as propostas para a elaboração de um Anteprojeto de Código Brasileiro de Processos Coletivos que contemplasse regras adequadas às aspirações de funcionalidade dos direitos difusos, coletivos e individuais homogêneos.

Desse encontro de idéias surgiram dois Anteprojetos: o Paulista e o Carioca. Ambos contêm propostas audaciosas e têm o objetivo de oferecer um instrumento que seja capaz de encurtar a distância entre o mundo do "dever-ser", materializado pelas normas voltadas a proporcionar o acesso à justiça, à cidadania e ao mundo real dos trabalhadores brasileiros.

As propostas formuladas não têm, pois, o condão de mudar simplesmente as leis que compõem o microssistema da tutela coletiva no Brasil, mas consolidar a teoria com a prática experimentada nessas duas décadas de vigência da LACP e do CDC.

Por fim, ainda que as propostas apresentadas não sejam aprovadas ou até mesmo que os Anteprojetos não recebam a atenção esperada, mesmo assim, a sua criação está sendo importante para incitar o debate, a revisitação a alguns institutos, a análise crítica das atuais regras voltadas à tutela coletiva e, principalmente, a superação dos óbices informativos e culturais que dificultam e em determinadas situações impedem a transformação da realidade dos trabalhadores brasileiros por meio do processo coletivo.

Enquanto isso, os trabalhadores brasileiros ficam, como "Pedro Pedreiro"(19), à espera do incremento do número de empregos no mercado de trabalho, que não se efetivará se não forem combatidas as cooperativas fraudulentas, a utilização de trabalhadores subordinados sob a capa de pessoas jurídicas e tantas outras práticas que tentam burlar a legislação trabalhista. Mais ainda, esperam por uma prestação jurisdicional efetiva que torne reais os direitos assegurados ao trabalhador.

5. Referências

ABELHA, Marcelo Rodrigues. *Elementos de direito processual civil.* 3. ed. São Paulo: RT, 2003.

_______. *Ação civil pública e meio ambiente*. 2. ed. Rio de Janeiro: Forense Universitária, 2004.

ALMEIDA, Gregório Assagra de. *Direito processual coletivo brasileiro*: um novo ramo do direito processual (princípios, regras interpretativas e a problemática da sua interpretação e aplicação). São Paulo: Saraiva, 2003.

ARAÚJO, Adriane Reis; CASAGRANDE, Cássio Luís; PEREIRA, Ricardo José Macedo de Brito. Ações civis públicas no TST: atuação do Ministério Público do Trabalho e dos sindicatos em perspectiva comparada. *Cadernos CEDES*, ano I, n. 06, Rio de Janeiro: IUPERJ, dez. 2006.

---

(19) Pedro pedreiro penseiro esperando o trem / Manhã parece, carece de esperar também / Para o bem de quem tem bem de quem não tem vintém / Pedro pedreiro fica assim pensando / (...) E a sorte grande do bilhete pela federal todo mês / Esperando, esperando, esperando, esperando o sol / Esperando o trem, esperando aumento para o mês que vem / Esperando a festa, esperando a sorte / E a mulher de Pedro está esperando um filho prá esperar também / (...) Pedro pedreiro está esperando a morte / Ou esperando o dia de voltar pro Norte / Pedro não sabe mas talvez no fundo espere alguma coisa mais linda que o mundo / Maior do que o mar, mas prá que sonhar se dá o desespero de esperar demais / Pedro pedreiro quer voltar atrás, quer ser pedreiro pobre e nada mais, sem ficar / Esperando, esperando, esperando, esperando o sol. (Composição e Música de Chico Buarque de Holanda)

ARRUDA ALVIM, Teresa. Noções gerais sobre o processo no código de defesa do consumidor. *Revista de Direito do Consumidor.* São Paulo, n. 10, p.248-257, 1994.

BARBOSA MOREIRA, Carlos Roberto. Notas sobre a Inversão do ônus da prova em benefício do consumidor. *Revista dos Tribunais.* São Paulo, n. 86, p. 123-140, abr./jun. 1997.

BRASIL. Câmara dos Deputados. MP 316/2006, Disponível em: <www2.câmara.gov.br/legislação/produtos/mpemdia>. Acesso em: 31 dez. 2006.

CAMBI, Eduardo. Inversão do ônus da prova e tutela dos direitos transindividuais: alcance exegético do art. 6º, VIII, do CDC. *Revista de Processo.* São Paulo: RT, n. 127, p. 275-301, set. 2005.

CARELLI, Rodrigo de Lacerda; CASAGRANDE, Cássio Luís; PERISSÉ, Paulo Guilherme Santos. *Ministério Público do Trabalho e tutela judicial coletiva.* Brasília: ESPMU, 2007.

CÓDIGO MODELO DE PROCESSOS COLETIVOS PARA IBERO- AMÉRICA [Exposição de Motivos]. In: GRINOVER, Ada Pellegrini; MENDES, Aluisio Gonçalves de Castro; WATANABE, Kazuo (Coords.). *Direito processual coletivo e o anteprojeto de código brasileiro de processos coletivos*. São Paulo: Revista dos Tribunais, 2007.

DINAMARCO, Cândido Rangel. *A instrumentalidade do processo.* 2. ed. São Paulo: RT, 1990.

_______. *Reforma do código de processo civil.* Coordenação de Sálvio de Figueiredo Teixeira. São Paulo: Saraiva, 1996.

_______. *Instituições de direito processual civil.* 2. ed. rev. atual de acordo com a EC 45/2004. São Paulo: Malheiros, 2005.

LEITE, Carlos Henrique Bezerra. *Liquidação na ação civil pública*: o processo e a efetividade dos direitos humanos, enfoques civis e trabalhistas. São Paulo: LTr, 2004.

MATOS, Cecília. *O ônus da prova no código de defesa do consumidor.* 1993. (Dissertação). Mestrado em Direito. Faculdade de Direito da Universidade de São Paulo. 1993.

MENDES, Aluisio Gonçalves de Castro. O anteprojeto de código brasileiro de processos coletivos: visão geral e pontos sensíveis. In: GRINOVER, Ada Pellegrini; MENDES, Aluisio Gonçalves de Castro; WATANABE, Kazuo (Coords.). *Direito processual coletivo e o anteprojeto de código brasileiro de processos coletivos*. São Paulo: Revista dos Tribunais, 2007.

NERY JUNIOR, Nelson; NERY, Rosa Maria de Andrade. *Código de processo Civil comentado e legislação processual civil extravagante em vigor.* 5. ed. São Paulo: RT, 2001.

REIS DE PAULA, Carlos Alberto. *A especificidade do ônus da prova no processo do trabalho.* São Paulo: LTr, 2001.

SANTA CATARINA. Centro de Informática e Automação. Mapa interativo. Tabela de distâncias. Disponível em: <www.mapainterativo.ciasc.gov.br/tabeladistancias.php>. Acesso em: 23 out. 2007.

THEODORO JÚNIOR, Humberto. *Direitos do consumidor*. 2. ed. Rio de Janeiro: Forense, 2001.

WATANABE, Kazuo. Acesso à justiça e sociedade moderna. In: GRINOVER, Ada Pellegrini *et al* (Coords.). *Participação e processo*. São Paulo: RT, 1998.

_______. Assistência judiciária como instrumento de acesso à orcem jurídica justa. *Revista da Procuradoria Geral do Estado de São Paulo*. São Paulo, v. 22, p.87-89, dez.1984.

_______. *Código Brasileiro de Defesa do Consumidor comentado pelos autores do anteprojeto*. 7. ed. Rio de Janeiro: Forense Universitária, 2001.

_______. *Da cognição no processo civil*. São Paulo: Perfil, 2005.

NOVOS CONTORNOS DA EXECUÇÃO TRABALHISTA

Valério Soares Heringer(*)

1. Preâmbulo

O cotidiano dos foros trabalhistas vem revelando uma forte crença na ausência de efetividade da prestação jurisdicional, tanto pela excessiva duração do processo de conhecimento quanto pelos enormes percalços enfrentados pelo credor ao longo do processo de execução, o que contribui para o fortalecimento da tendência de aceitação de acordos ruinosos para o trabalhador. O processo do trabalho se torna, com freqüência, instrumento de injustiça.

Essa frustração da expectativa de satisfação integral do crédito trabalhista vem determinando, por outro lado, um significativo aumento de inquéritos civis motivados por denúncias de utilização da Justiça do Trabalho como órgão homologador de rescisões trabalhistas. Já passa da hora, portanto, de se adotar providências concretas tendentes a eliminar o sentimento de impunidade trabalhista, nas palavras do Juiz do Trabalho *Leonardo Dias Borges*.

O processo civil acaba de sofrer profunda alteração conceitual e procedimental em matéria de execução. Tornou-se tão mais avançado que o processo do trabalho que nos colocou, enquanto operadores do Direito do Trabalho, ante uma dúvida cruel e carente de solução imediata: manter o apego exagerado à idéia de autonomia do processo do trabalho e testemunhar, inertes, a ineficácia da tutela judicial trabalhista ou reconhecer no processo civil de execução a base normativa para as execuções decorrentes de títulos judiciais e extrajudiciais trabalhistas e temperá-la com as regras juslaborais que se afigurem mais favoráveis ao credor.

Diante de um cenário como este, a análise comparativa entre a legislação processual trabalhista e as inovações já introduzidas na execução civil por força das Leis n. 11.232/05 e 11.382/06 é medida necessária, pois estes novos mecanismos jurídico-legais sem dúvida alguma significam um passo adiante na busca da máxima efetividade possível sem violação das garantias que o Estado Democrático de Direito nos outorgou.

2. Liquidação de sentença

A liquidação de sentença constitui hoje um dos mais graves problemas enfrentados pelo Judiciário na concretização da sentença. Em 2005 o Código de

(*) Procurador-Chefe da PRT da 17ª Região.

Processo Civil sofreu sensível modificação pela Lei n. 11.232/2005 no capítulo relacionado com a liquidação de sentença, que passou a integrar o processo de conhecimento. Providências há muito adotadas pela Justiça do Trabalho passaram agora a ser utilizadas também no processo civil: a) liquidação na pendência de recurso; b) prolação de sentenças líquidas nos procedimentos comuns sumários; c) iniciativa do credor quanto à apresentação de planilha de cálculos acompanhada de memória discriminada e atualizada; d) utilização da contadoria judicial para conferência da planilha.

Merece destaque a nova regra que emerge do art. 485-B, §§ 1º e 2º, do CPC, plenamente aplicável ao Processo do Trabalho. Segundo esses parágrafos, quando a elaboração dos cálculos depender de elementos em poder do devedor ou de terceiro, o juiz poderá requisitá-los, fixando prazo de até trinta dias para cumprimento. Caso os elementos não sejam apresentados pelo devedor sem justificativa plausível, reputar-se-ão corretos os cálculos apresentados pelo credor. Se tal conduta for praticada por um terceiro, este poderá sofrer os efeitos da apreensão judicial dos elementos de cálculo, sem prejuízo de incidir nas penas por crime de desobediência.

Por outro lado, há um consenso geral de que a prolação de sentenças líquidas é crucial para a celeridade do processo. Nos procedimentos sumaríssimos trabalhistas, deve o magistrado observar com o máximo rigor a regra constante do art. 852, § 1º, que determina a extinção do processo e o arquivamento dos autos nos casos em que o pedido não indique o valor correspondente. Isto porque a determinação de emenda da inicial ou mesmo a conversão de rito acaba por desprestigiar a intenção do legislador de tornar mais célere o processo, incentivando a improvisação e a falta de zelo profissional. Em caso de condenação ao pagamento de verbas salariais ou rescisórias de média ou baixa complexidade, é recomendável que também a sentença seja proferida de forma líquida, quantificando-se de imediato o valor devido ou individuando o objeto da condenação.

Ocorre que a prolação de sentença líquida impõe esforço adicional ao magistrado, incumbência que se torna particularmente difícil quando se conhece o volume de decisões afetas ao juiz do trabalho. O que se poderia fazer para permitir o aumento de número de sentenças líquidas? A adição, em cada secretaria de vara do trabalho ou, pelo menos, nas varas trabalhistas de grandes centros urbanos, de um segundo assistente de juiz, com formação jurídica e especializado em cálculos trabalhistas. Apenas esta medida já seria um grande passo em prol do aumento da quantidade de sentenças líquidas. E para se atingir esse objetivo não seria necessária a criação de novos cargos públicos. Basta um simples levantamento do quantitativo de servidores lotados na área administrativa dos tribunais regionais do trabalho para se verificar que na maioria deles há um superdimensionamento dessa área em detrimento da atividade jurisdicional. Constatado o excesso, os gabinetes e as secretarias das varas poderiam perfeitamente receber mais um servidor.

No caso de matérias complexas ou que demandem levantamentos contábeis *in loco*, a liquidação se processaria por arbitramento na forma do art. 475-C do CPC. Aqui o juiz deve ficar atento e trabalhar com elenco de peritos que atendam ao mesmo tempo os ideais de probidade e excelência profissional.

3. Cumprimento da sentença. O novo procedimento civil e sua aplicação ao processo do trabalho

A Lei n. 11.232/06 (originada do PL 3.253/2004) e, antes dela, a Lei n. 10.444/2004 alteraram substancialmente o perfil da execução civil ao abandonar a idéia de autonomia do processo de execução, inaugurando o conceito de processo civil sincrético. O art. 475-J impõe ao devedor, condenado ao pagamento de quantia certa ou já fixada em liquidação, o prazo de 15 dias para proceder ao respectivo pagamento, sob pena do montante exeqüendo ser acrescido de multa de 10% (dez) por cento. Caso não seja satisfeita a obrigação, tem o credor o direito de requerer a expedição de mandado de penhora e avaliação. Foi abolida, portanto, a citação do devedor para pagar ou nomear bens à penhora em 24 horas. E mais: efetuada a penhora e lavrado o auto, o devedor será intimado para oferecer impugnação em 15 dias, sem efeito suspensivo automático (art. 475-M).

Quanto ao cabimento dessas inovações na execução trabalhista os pontos de vista ainda variam muito. De um lado se colocam aqueles que não aplicam a quase totalidade das inovações por entenderem que as disposições da CLT não reclamam aplicação subsidiária das normas do processo civil ou, se dependerem, a Lei de Execuções Fiscais daria conta de preencher tais lacunas.

Outros sustentam que esse novo formato da execução civil aplica-se em âmbito trabalhista, pelo menos quando se tratar de ações cíveis que não tenham como partes um empregado e seu empregador e causa de pedir baseada em atributos inerentes ao contrato de trabalho.

Há também — e em número crescente — os que defendem a ampla aplicabilidade das inovações civis ao processo do trabalho. Valem-se de argumentos que vão desde o direito fundamental à razoável duração do processo (CF, art. 5º, LXXVIII), passando pela possibilidade da sentença condenatória *"determinar o prazo e as condições para o seu cumprimento"* (CLT, art. 832), para chegar à constatação de que desde dezembro de 1994 (Lei n. 8.952, de 13.12.1994) e especialmente a partir de 2005 (com a Lei n. 11.232/2004) o procedimento executório do CPC passou a ser mais efetivo, ágil e eficaz do que a CLT, subsidiada pela Lei de Execuções Fiscais. O credor trabalhista, titular de crédito alimentar — e, portanto, privilegiado — coloca-se hoje em posição de desvantagem em relação ao credor civil quando se trata de materialização da tutela jurisdicional.

Assim, recomendam que a própria sentença condenatória estabeleça comando segundo o qual haveria incidência de multa de 10% sobre o montante atualizado da execução, conforme o *caput* do art. 475-J do CPC, caso o condenado não pague ou deposite a importância no prazo legal. A multa, nesse caso, representaria um estímulo à satisfação espontânea da obrigação no prazo assinado pelo juiz. Havendo depósito recursal — e considerado este uma antecipação de valores ao devedor — o gravame incidiria apenas sobre o resíduo não depositado.

A indicação de bens à penhora pelo exeqüente e a intimação da penhora na pessoa do advogado do devedor se estenderiam, pelos mesmos argumentos, ao processo do trabalho. A inversão da faculdade de indicação de bens à penhora é medida inegavelmente benéfica, sendo defendida por todos os que lutam pela efetividade do processo. De quebra, afasta um dos principais fundamentos contrários ao bloqueio eletrônico de ativos financeiros, ou seja, aquele que se baseava no suposto direito do devedor de indicar seus bens à penhora. Também em relação à intimação ao advogado, nenhuma regra proibitiva emerge da CLT, cujo art. 884 não estabelece pormenores sobre esse ato de comunicação processual.

Aplicando-se a regra civil, a impugnação deve obedecer ao disposto no art. 475-L, que manda ao impugnante *declarar de imediato o valor que entende correto,* sob pena de rejeição liminar da medida. A norma tem grande semelhança com a do art. 897, § 1º, da CLT, que ordena ao embargante delimitar as matérias e os valores impugnados, permitida a execução da parte remanescente até o final.

Outro aspecto interessante e de aplicação possível ao processo do trabalho é o levantamento, sem necessidade de caução, de valores indisponíveis por força de execução provisória, até o limite de sessenta salários mínimos. Trata-se da aplicação do art. 475-O, § 2º, I, desde que o exeqüente demonstre enfrentar situação de necessidade.

Em síntese, a aplicabilidade plena do art. 475-J aos processos trabalhistas, embora ainda sujeita a muitas discussões, vem aumentando a sua quantidade de adeptos. E isto ocorrerá de maneira lenta, porém irretrocedível, segundo nos parece, porque a configuração atual das normas de execução previstas na CLT e as propostas de alteração do procedimento executório trabalhista são mais acanhadas que as do processo civil.

4. Citação. Garantia parcial da execução. Possibilidade prevista pelo PL 4.731/2004. Medida introduzida no CPC pela Lei n. 11.382/05

Problema extremamente comum na execução trabalhista é a *insolvência de fato do devedor,* ou seja, a configuração da circunstância concreta do executado não ter bens que garantam integralmente o juízo. Nesse caso, considerando a *redação atual* do art. 884, a ausência de garantia integral obstaria a apreciação de embargos à execução, retardando a efetivação da sentença. No Projeto de Lei n.

4.731/2004 propõe-se a alteração dos arts. 880 e 884, ambos inerentes ao processo de execução, para admitir os embargos, ainda que a garantia da execução seja apenas parcial.

Essa medida vem sendo pleiteada pelos magistrados trabalhistas há bastante tempo. O Tribunal Regional do Trabalho do Espírito Santo, após amplo debate relativo ao processo de execução, editou ainda em 2003 a recomendação n. 02, que em seu item VII exortava os magistrados a considerarem a garantia parcial da execução para efeito de apreciação dos embargos à execução.

Poderia ocorrer um efeito colateral: a parcelização das execuções com a possibilidade de instauração de embargos a cada penhora sucessivamente realizada, condicionada, obviamente, à aquisição de novos ativos pelo devedor. Entretanto, o prejuízo não será tão grande assim, pois os embargos versarão matéria relacionada tão-somente aos atos de penhora, uma vez que o crédito já terá tido seu importe definido.

A proposta de reforma da legislação trabalhista, no entanto, já nasceria velha caso fosse aprovada, basta compará-la com a nova redação do art. 736 do CPC, alterada pela Lei n. 11.382/2006:

> Art. 736. O executado, independentemente de penhora, depósito, ou caução, poderá opor-se à execução por meio de embargos.

Francisco Antonio de Oliveira, em artigo publicado em "O Trabalho", Encarte 120 — Fevereiro 2007, não admite a aplicação do preceito, por dois motivos. O primeiro se assenta no fato de que a CLT não é omissa no particular e o segundo se baseia na idéia de que "o direito do exeqüente se coloca de forma indiscutível e a facilidade que se dá para embargar possibilitaria a procrastinação".

Os comentários do eminente magistrado se dirigem obviamente à Lei n. 11.382/2006 e seu ponto de vista, pelo menos no que se refere à ausência de omissão, procede. Mas não convence. Em sua exposição de motivos o Presidente da República lembra que o PL 4.731/2004 consubstancia propostas que "têm respaldo nos princípios da lealdade e da boa-fé processuais e passa a estabelecer, para o executado no processo trabalhista, as alternativas de pagar em 48 horas ou nomear à penhora os bens que possui, ainda que estes sejam insuficientes para o pagamento integral da importância reclamada".

O que nos cabe examinar, portanto, é a mudança de conceito, de paradigma. E neste sentido a alteração proposta pelo PL 4.731/04, de difícil aprovação a esta altura dos acontecimentos, consagraria a garantia parcial do juízo, ao passo que o CPC já não mais exige tal garantia como pressuposto para a instauração válida da ação de embargos, bem como simplificou enormemente a atividade executória de títulos judiciais, como se verificou no CPC, art. 475-J e seguintes.

Há, ainda, nesse projeto de lei, nova proposta de redação para o parágrafo 1º do art. 880 da CLT, assim imaginada: "No mandado de citação deverá constar a decisão exeqüenda ou o termo de acordo não cumprido com a advertência de que a não-observância pelo executado do disposto no *caput* implicará a preclusão do direito de impugnar a sentença de liquidação ou a execução, ressalvados, quanto a esta, vícios na constrição de bens."

Como visto, a alteração, acaso convertida em lei, imporia um ônus gravíssimo ao executado na hipótese dele não pagar ou oferecer como garantia do débito seus bens penhoráveis, ainda que insuficientes à integral garantia da execução. Vale dizer: se o executado deixar para o Estado a iniciativa e a concreção do ato de constrição apenas poderia discutir eventuais vícios na execução do ato de penhora, especificamente considerada. É preciso considerar, porém, que nesta hipótese a *preclusão seria imposta apenas ao executado e não ao juiz,* a quem se facultaria a determinação de retificação de cálculos pela contadoria caso convencido de que estes estejam em desacordo com os limites fixados pela sentença.

O art. 880 ganharia, com o PL 4.731/2004, um parágrafo 4º, com a seguinte redação: "Se o executado nomear bens insuficientes para a garantia da execução e, no curso do processo, for constatada a existência de outros bens, incidirá em multa de dez a vinte por cento do valor atualizado do débito em execução, sem prejuízo de outras sanções de natureza processual ou material, multa essa que reverterá em proveito do credor, exigível na própria execução".

Trata-se na verdade da velha figura do ato atentatório à dignidade da justiça, assim definido pelo art. 600 do CPC, agora modificado em seu inciso IV para considerar ilícita a atitude do devedor que, intimado, não diz quais são, onde estão e qual o respectivo valor dos bens passíveis de satisfazer a obrigação. A modificação proposta se assemelha à do art. 601 do CPC e sua elaboração é de todo recomendável, não apenas para o credor, que auferirá quantia equivalente à multa, mas também para a autoridade judiciária trabalhista, que terá instrumento disciplinar para prevenir e combater a prática dos atos reprováveis.

Detalhe interessante é que o art. 601 CPC (com redação dada pela Lei n. 8.953/94) estipula multa não superior a 20% do valor atualizado do débito em execução, não definindo, todavia, um percentual mínimo de imposição. Diferente é a proposta emergente do PL 4.731, que estabelece uma faixa de incidência variável entre o piso de 10% do valor atualizado do débito em execução e o teto de 20% desse valor. Fica a certeza de que o ato atentatório à dignidade da justiça necessariamente custará ao executado importe não inferior a dez por cento da dívida sob execução.

O projeto de lei não estabeleceu, entretanto, a possibilidade do juízo relevar a aplicação dessa multa, ao contrário do art. 601 do CPC, que admitiu tal possibilidade caso o devedor se comprometa a não mais praticar atos definíveis como atentatórios à dignidade da Justiça e apresente fiador idôneo que garanta o principal, juros, despesas processuais e honorários advocatícios. Entretanto, a ausência da norma revocatória não inibe, em nosso entendimento, a possibilidade de reversão da pena, seja no caso de recurso, seja na hipótese de aplicação equivocada ou desautorizada da sanção.

5. Bloqueio *on line*

O Juiz do Trabalho Dr. Marcos Neves Fava, em artigo publicado pela Amatra 2ª Região, questionava a quem serve a execução de título judicial trabalhista, indagando isto em razão do pedido de providências apresentado ao Exmo. Ministro Corregedor-Geral da Justiça do Trabalho, que à época determinara aos Corregedores regionais a atuação destes junto aos magistrados de primeiro grau ***no sentido destes últimos se absterem de determinar*** aos administradores e gerentes das agências do Banco do Brasil o cumprimento de ordem de bloqueio ou penhora *on line* de numerário encontrado em conta corrente de entidade executada fora dos limites territoriais da vara do trabalho respectiva. Essa decisão foi proferida no processo TST PP 762.513/2201.0, requerente o Banco do Brasil.

Naquela ocasião, o magistrado enfatizava que os donos do capital transitam com o seu dinheiro — desde operações financeiras e aquisição de ações em qualquer parte do mundo a simples pagamentos de faturas – com enorme velocidade: "Tudo se processa *on line* e nenhum desses capitalistas dá sinais de querer voltar ao passado".

Visando a agilizar a execução dos processos judiciais, o TST firmou com o Banco Central do Brasil um convênio denominado BACEN JUD com o objetivo de disciplinar os bloqueios e a penhora *on line* de verbas de devedores trabalhistas. Por meio do sistema BACEN JUD os juízes recebem senhas individuais e com elas acessam uma página do Banco Central do Brasil, preenchendo um formulário eletrônico solicitando o "bloqueio das contas". Recebendo a solicitação do juiz, o Banco Central do Brasil a retransmite por e-mail a todas as instituições financeiras do Brasil e estas, por seu sistema de dados, processam a solicitação e bloqueiam diretamente na conta do devedor a importância solicitada. O banco que procede ao bloqueio informa por ofício ao Juiz. Esse é o BACEN JUD.

Críticas têm sido levantadas contra esse sistema:

A primeira diz respeito às *ordens de transferência* dessas importâncias bloqueadas para uma conta à disposição do juiz. É a penhora *on line*. Sustentam alguns que a penhora *on line* não está prevista no convênio que originou o BACEN JUD, mas essa crítica não se sustenta, pois o objetivo do convênio é o acesso à verba. Trata-se de um instrumento extremamente preciso e ágil para localização de numerário em conta titularizada pelo devedor no território nacional. A conversão desse bloqueio em penhora é ato de execução, em princípio, lícito.

A segunda refere-se a uma hipotética violação do princípio da execução pelo meio menos gravoso, ou seja, na visão dos devedores, o bloqueio e a penhora *on line* seriam os modos — digamos assim — "mais onerosos para o devedor". Esta tese, no entanto, também não se sustenta, pois o devedor — agora e de forma mais aguda no futuro — terá que expor seu patrimônio à penhora.

A terceira concerne à gradação dos bens ofertados à penhora: é comum a alegação de abuso na utilização da penhora *on line* na medida em que outros bens (que não o dinheiro) poderiam ser oferecidos à penhora — e aceitos pelo devedor — com redução dos riscos de inadimplemento da empresa perante seus fornecedores e empregados e, conseqüentemente, de solução da continuidade do negócio. Também este argumento é insubsistente, especialmente agora, com a modificação do art. 655 do CPC. Sabe-se que a execução tem por fim a expropriação de bens do devedor para satisfazer direito do credor. O art. 652, alterado pela Lei n. 11.382/2006 do CPC, inverteu a faculdade de indicação de bens à penhora, antes privilégio do devedor e que passou ao devedor. Quanto aos bens, qualquer dos que se acham relacionados no art. 655 podem ser aproveitados. O dinheiro, a propósito, é o primeiro dos ativos na ordem de liquidez e pode estar depositado ou aplicado em instituição financeira.

A quarta refere-se a um possível excesso de execução. A alegação é de que o bloqueio pode atingir várias contas bancárias ao mesmo tempo, impedindo-se a movimentação de numerário muitas vezes maior do que o importe em execução. Isto de fato ocorreu, vez ou outra, mas o problema, se ainda remanesce, deve ser creditado ao próprio executado, eis que a Corregedoria-Geral da Justiça do Trabalho, pelo Provimento 02/2003, facultou a qualquer empresa de grande porte do país o cadastramento de conta especial apta a acolher bloqueios *on line* realizados por meio do sistema BACEN JUD. O Provimento, todavia, adverte em art. 4º que o não-atendimento pelas partes das exigências de manutenção de recursos suficientes ao acolhimento de qualquer bloqueio importará na expedição de solicitação de bloqueio alcançando indiscriminadamente qualquer conta da entidade devedora.

Uma quinta objeção consistiria na alegação de penhora de bens de sócio ou ex-sócio do executado. Sustenta-se que os magistrados do trabalho vêm ampliando as hipóteses legais de desconsideração da pessoa jurídica de modo a alcançar os bens particulares dos sócios e ex-sócios, o que têm contribuído para o aumento desmesurado de embargos de terceiro no Processo do Trabalho. A efetividade da tutela impõe a busca de bens daqueles que se beneficiaram, direta ou indiretamente, do trabalho humano subordinado. Se o sócio ou administrador enriquece em detrimento do capital de sua empresa, é perfeitamente possível, lícito e recomendável que se persiga esse patrimônio.

Nada obstante todas as críticas levantadas contra o bloqueio *on line* de numerário do devedor, as novas disposições do CPC consagraram a importância do modelo, originário do processo trabalhista, eis que o adotou, ainda que de forma mitigada, nos seguintes termos:

> Art. 655-A. Para possibilitar a penhora de dinheiro em depósito ou aplicação financeira, o juiz, a requerimento do exeqüente, requisitará à autoridade supervisora do sistema bancário, preferencialmente por meio eletrônico, informações sobre a existência de ativos em nome do executado, podendo no mesmo ato determinar sua indisponibilidade, até o valor indicado na execução.

§ 1º. As informações limitar-se-ão à existência ou não de depósito ou aplicação até o valor indicado na execução.

§ 2º. Compete ao executado comprovar que as quantias depositadas em conta corrente referem-se à hipótese do inciso IV do art. 649 desta lei ou que estão revestidas de outra forma de impenhorabilidade.

A regulamentação do bloqueio eletrônico pela Lei n. 11.382/06 demonstra, por um lado, tratar-se de medida extremamente útil para efetividade do processo e, por outro, sepulta a quase totalidade das objeções levantadas contra o procedimento de penhora *on line*, há muito utilizado pela Justiça do Trabalho. Mas da forma como o texto do CPC foi aprovado, as informações limitar-se-ão à existência ou não de depósito, o que pode contribuir para a ineficácia do ato de penhora caso o devedor saiba que foi alvo de consulta a respeito do saldo de suas contas bancárias. O *caput*, entretanto, permite ao juiz, no mesmo ato da consulta, determinar a indisponibilidade do ativo, o que parece satisfazer aos interesses do credor.

6. Obrigações de fazer

A nova redação do *caput* do art. 634 do CPC admite que o fato seja prestado por terceiro, à custa do exeqüente. A CLT, embora omissa a respeito, não impede a aplicação do preceito, extremamente comum na prática trabalhista no caso das anotações de CTPS.

Tratando-se de obrigações pessoais, diz o CPC que o credor poderá requerer ao juiz que lhe assine prazo para cumpri-las. Havendo recusa ou mora do devedor a obrigação pessoal do devedor poderá converter-se em perdas e danos.

Os termos de compromisso celebrados pelo Ministério Público normalmente consubstanciam obrigações de fazer ou não fazer a cargo do compromissado. Fixa-se um prazo para cumprimento e se verifica se foi adimplida a obrigação. Caso contrário, executa-se a multa e a obrigação, cujos procedimentos, tecnicamente falando, seriam distintos. Quanto à multa, requerida a execução a partir do valor líquido devido, tem sido aplicado o regramento clássico da CLT com a citação do devedor para pagar em 48 horas ou garantir o juízo para efeito dos posteriores embargos à execução. Quanto à obrigação de fazer, esta se regerá pelo art. 461 do CPC, cabendo ao juiz, neste caso, independentemente da multa prevista no termo de compromisso — objeto de execução em paralelo – impor multa diária suficiente ao adimplemento da obrigação, sem prejuízo de aumento progressivo dessa cominação ou da adoção de outras sucessivas medidas tendentes a forçar o cumprimento da prestação, tal como prevê o § 5º do art. 461.

Colocada assim a questão, pergunta-se: há necessidade de duas execuções distintas? Em princípio, não, embora se torne muito mais trabalhosa a cumulação de execuções de obrigação de fazer ou não fazer e de dar ou entregar coisa. Alguns juízes, adotando fundamentos de ordem prática, têm decretado a extinção de execuções que envolvem os dois objetos, ou determinando a extinção parcial do processo de execução, mantendo um ou outro pedido executivo. Por isto, em termos de eficácia processual, é recomendável ponderar a respeito do atraso que a execução poderia sofrer em decorrência do processamento de agravo de petição ao tribunal regional.

7. Os embargos à execução e o pedido de parcelamento do débito

Para quem defende a aplicabilidade do 475-J ao processo do trabalho, os embargos do devedor caberiam tão-somente em casos de execução de títulos extrajudiciais, como o termo de conciliação lavrado pelas comissões de conciliação prévia ou os termos de ajustamento de conduta do Ministério Público do Trabalho.

Pois bem, em sede de embargos à execução, após a vigência da Lei n. 11.382/2006, passou-se a admitir a argüição de nulidade, por não ser executivo o título; de penhora ou avaliação incorretas; de excesso de execução ou cumulação indevida de execuções; de retenção de benfeitorias necessárias ou úteis em caso de entrega de coisa certa; de qualquer outro assunto que lhe seria lícito deduzir como matéria de defesa em processo de conhecimento.

A CLT, por sua vez, no art. 884, § 1º, estabelece que a matéria de defesa será restrita às alegações de cumprimento da decisão ou do acordo, quitação ou prescrição da dívida. Este rol sempre foi considerado acanhado, tanto que a aplicação do art. 745 do CPC já ocorre há bastante tempo, em larga medida e sem qualquer obstáculo, até porque a extensão da execução aos títulos extrajudiciais trabalhistas trouxe problemas de ordem prática que o art. 884 não tem sido capaz de solucionar como, por exemplo, um defeito formal no termo de ajustamento de conduta.

Mas a grande inovação do processo civil foi a introdução do pagamento parcelado da dívida. Para este fim, no prazo dos embargos, reconhecendo o crédito do exeqüente e comprovado o depósito de 30% do valor da execução, inclusive custas e honorários advocatícios, poderá o executado requerer que seja admitido a pagar o restante em até 6 (seis) parcelas mensais, acrescidas de correção monetária e juros de 1% ao mês.

O pedido depende de deferimento pelo juiz, que deverá (embora a lei não imponha isto) ouvir previamente a parte contrária, que poderá apresentar proposta alternativa de pagamento. Cabe ao juiz, assim, instruir da melhor maneira possível o pedido de parcelamento, formando sua convicção e fixando sua decisão dentro de padrões razoáveis de oneração mensal do devedor. Uma vez deferido o parcelamento pelo juízo o exeqüente levantará a quantia depositada e serão suspensos os atos executivos. Se indeferida, seguir-se-ão os atos executivos.

O preceito nos parece plenamente aplicável ao processo de execução trabalhista, a exemplo do que ocorre no processo de conhecimento, nas audiências de conciliação.

8. Expropriação

A execução por quantia certa tem por objeto a expropriação de bens do devedor, que pela nova redação do art. 647 do CPC foi sensivelmente alterada, inclusive quanto à ordem de precedência.

A norma modificada abre ao exeqüente a possibilidade de adjudicação, pelo preço da avaliação. Também, pelas mesmas condições: ao credor com garantia real, aos credores concorrentes com penhora sobre o mesmo bem, ao cônjuge, aos descendentes ou ascendentes do executado. Acaso haja mais de um pretendente proceder-se à licitação. Se for igual a oferta, a preferência cabe ao cônjuge, ao descendente e ao ascendente, nesta ordem. Se for cota social de empresa a preferência é dada aos sócios.

Não havendo interesse na adjudicação, passa-se à alienação por iniciativa particular, prevista no art. 685-C do CPC por meio do qual é facultado ao credor requerer ao juiz a alienação por sua própria iniciativa, pessoalmente ou valendo-se de corretor. Há que ser fixado prazo, forma e condições. Formaliza-se por termo nos autos. Os tribunais disciplinarão o instituto no âmbito de suas jurisdições.

A tradicional alienação em hasta pública vem apenas como terceira hipótese sucessiva de expropriação (CPC, art. 686). Medidas foram tomadas para dotar o procedimento de maior eficácia: a) o edital passa a descrever melhor o bem constrito (situação, divisas, matrícula e registros); b) diferencia praça (para imóvel) e leilão (para móveis); c) dispensa a publicação do edital para bens inferiores a 60 mínimos mas vincula a arrematação ao preço da avaliação; d) a publicidade (art. 687) passa a admitir meios alternativos, como rádio e televisão; e) consagra-se arrematação por meio eletrônico, como se vê no art. 689-A: "O procedimento descrito previsto nos arts. 686 e 689 poderá ser substituído, a requerimento do exeqüente, por alienação realizada por meio da rede mundial de computadores, com uso de páginas virtuais criadas pelos tribunais ou por entidades públicas ou privadas em convênio com eles firmado." O respectivo parágrafo único, por sua vez, dispõe que o Conselho da Justiça Federal e os Tribunais de Justiça, no âmbito das suas competências, regulamentarão essa modalidade de alienação, atendendo aos requisitos de ampla publicidade, autenticidade, segurança (certificação digital). Além disso, facilitou-se a aquisição pelo arrematante com dilação do prazo de pagamento ou aquisição parcelada, nunca inferior à avaliação e pelo menos 30% à vista com o restante garantido pelo imóvel. A arrematação se mantém mesmo quando julgados procedentes os embargos, caso em que o executado terá direito a haver do exeqüente o valor por este percebido como produto da arrematação e ainda a diferença, se houver.

No contexto dos bens impenhoráveis, houve redefinições qualitativas e quantitativas tendentes a ampliar o universo dos bens expropriáveis, incidindo constrição sobre móveis, utilidades e roupas. Salários e afins poderiam ser penhorados além do limite de 40% do total líquido excedente de 20 salários mínimos, mas houve veto presidencial. Caderneta de poupança, entretanto, passou a ser objeto de penhora quanto ao saldo superior a 40 mínimos.

Essas modificações, em regra, são aplicáveis ao processo de execução trabalhista, especialmente os bens penhoráveis, ante o disposto no art. 882 da CLT.

9. Medidas de caráter judiciário-administrativo que prestigiam a efetividade da execução trabalhista

9.1. Concentração da atividade executória em magistrado único para atuação em processos referentes a devedor específico em curso perante juízos distintos

É comum a existência de grande número de processos de execução, pertinentes a uma determinada pessoa jurídica ou massa falida, em curso por diversas varas da Justiça do Trabalho. Quanto mais débitos judiciais há em relação a um mesmo devedor, mais tumultuada ficam as execuções, principalmente em decorrência do grande número de atos constritivos a que ficam sujeitas esses entes, com risco, inclusive, de inviabilização do empreendimento econômico. Pelo lado obreiro, a demora na solução desses processos causa prejuízo irreparável aos trabalhadores-exeqüentes.

Há necessidade de se uniformizar a tramitação ou pelo menos homogeneizar as decisões exaradas nos diversos processos de execução contra esse único executado. Para isso há pelo menos duas alternativas que vêm se mostrando satisfatórias nas varas trabalhistas, especialmente em grandes centros: a) designação de juiz do trabalho substituto para atuar como auxiliar de todas as varas em execuções instauradas em face de devedor específico ou; b) reunião, pelo juiz do trabalho, das execuções em curso naquela vara em face de devedor único, visando à uniformização dos procedimentos.

Estas iniciativas vêm sendo adotadas pelo TRT do Espírito Santo com indiscutível eficácia.

9.2. Execução contra a Fazenda Pública

Precatórios: tema que atormenta não apenas a Justiça do Trabalho, mas todo o Poder Judiciário. Os precatórios que hoje processamos se devem em grande parte aos planos econômicos das décadas de 1980 e 1990, bem como à desídia (ainda hoje largamente verificada) da Administração Pública como gestora de mão-de-obra terceirizada. O volume de precatórios atingiu seu ápice entre os anos de 1992 e 1997.

Por várias razões os precatórios não vêm sendo pagos, mas a principal alegação do Poder Público é a ausência de disponibilidade financeira. Este é o argumento aparente. No entanto, no plano dos fatos, foi a impunidade e a ausência da responsabilização direta e concreta do administrador inadimplente que nos trouxe ao caos em que se transformou a execução contra a Fazenda Pública.

O Supremo Tribunal Federal, por maioria, manteve decisão do Min. Maurício Corrêa, relator, que, na linha da orientação firmada pela Corte no julgamento da IF 2.915/SP, indeferira pedido de intervenção federal no Estado de São Paulo — formulado em razão do não-pagamento de valor requisitado em precatório relativo a crédito de natureza alimentar —, por entender não configurado o descumprimento voluntário ou injustificado da decisão judicial por parte do referido Estado e, portanto, ausente o requisito necessário ao deferimento da intervenção. Vencidos os Ministros Carlos Britto e Marco Aurélio, que davam provimento ao agravo a fim de que o pedido de intervenção fosse submetido à apreciação pelo Plenário. Precedentes: IF 3977 AgR/SP, IF 4046 AgR/SP e IF 4302 AgR/SP, Rel. Min. Maurício Corrêa, 5.11.2003. (IF-3977).

Na contramão dessa trágica situação surgiu uma interessante solução para o problema. O TRT de Minas Gerais, após longas negociações com a Seção Mineira da OAB e com a Procuradoria do Estado de Minas Gerais, criou no ano 2000 o Juízo Auxiliar de Precatórios, pela Resolução Administrativa n. 79/2000. No início do funcionamento desse juizado, havia 4.236 precatórios pendentes de pagamento. No primeiro ano de funcionamento cerca de 1.000 precatórios foram solucionados. O índice de conciliação se mantinha em 99%.

A eficácia desse sistema se devia obviamente à disponibilidade orçamentária. O número de processos incluídos em pauta se vincula à quantia disponibilizada pelo órgão devedor, seja ele o Estado federado, o município ou a União. Essa verba fica depositada à disposição do TRT e é liberada logo após a audiência, por alvará. Os cálculos são conferidos naquela ocasião, por contador judicial, resguardados os limites da coisa julgada. É comum a ocorrência de erros de cálculo e a contagem indevida de juros. E por serem distoantes da coisa julgada, esses erros podem ser corrigidos.

Ao fim, resta a experiência bem-sucedida, fruto de competente negociação e da vontade dos gestores públicos, em especial o Estado de Minas Gerais, de disponibilizar numerário para permitir o pagamento dos precatórios. O TRT está conseguindo quitar os precatórios pendentes, com segurança e clareza para os entes envolvidos.

Semelhante iniciativa foi adotada em 2005 pelo TRT do Espírito Santo, primeiramente junto ao Governo do Estado. Inúmeras reuniões foram realizadas com todos os interessados. No ano de 2006 foram pagos ou depositados cerca de R$ 12 milhões. Para 2007 estão previstos dezoito milhões de reais para quitação de precatórios.

9.3. O Ministério Público do Trabalho e o processo administrativo de mediação

O estágio de evolução do direito processual ainda não absorveu com a necessária amplitude e eficácia os conflitos de massa. Os operadores ainda não manejam adequadamente os poucos instrumentos existentes. E quando submetem a juízo essas pretensões, nem sempre a resposta equaciona satisfatória ou celeremente o conflito de modo a garantir a paz social desejada.

Nesse contexto a Procuradoria Regional do Trabalho no Espírito Santo adota a prática de instaurar procedimentos administrativos de mediação de conflitos levados ao seu conhecimento. Estes processos são autuados como representações e ficam sob a responsabilidade do Procurador-Chefe. Os pedidos de mediação ou de providências se fundamentam em várias causas: a) impasse em negociações coletivas; b) greves ou ameaças de greve em segmentos essenciais; c) descumprimento de acordos ou cláusulas normativas; d) ameaça de dispensa em massa; e) ameaça de fechamento ou extinção de empresas de terceirização de mão-de-obra com possibilidade de prejuízo aos trabalhadores.

Esta, aliás, tem sido a causa mais comum das representações em curso, motivadas pelo profundo e crescente movimento de substituição de mão-de-obra própria por terceirizada. De janeiro de 2006 até este momento foram instaurados 45 procedimentos. Destes, envolvendo o assunto terceirização, foram 20 processos, alcançando um universo aproximado de 15 mil trabalhadores, incluídos os das empresas contratadas para grandes empreendimentos de construção civil no Estado.

Em um específico processo, a CVRD mantinha serviços de conservação prestados por empresa privada. Esta se tornou inadimplente e o sindicato peticionou requerendo a atuação do Ministério Público do Trabalho. Após três reuniões, a própria tomadora dos serviços, que mantinha retidos créditos da prestadora de serviços, efetivou pagamentos diretamente aos trabalhadores daquela, que anuiu e quitou as verbas trabalhistas existentes.

Mas a terceirização de serviços implementada pelo Poder Público é a que normalmente atrai as piores situações. Em regra, as licitações — obrigatórias — levam a propostas contratuais de valores muitas vezes inexeqüíveis. O inadimplemento é apenas uma questão de tempo.

Se de um lado essas mediações têm conseguido evitar milhares de processos judiciais pelo simples pagamento imediato de verbas salariais ou rescisórias, por outro o que se tem visto é a renúncia, pelos trabalhadores, da indenização do aviso prévio e das multas, sobre o FGTS e a referida no art. 477. O que fazer? Qual cenário é pior? Submeter o trabalhador a uma demanda longa e execução contra a Fazenda Pública ou solucionar de imediato com algum prejuízo para o trabalhador? Estas indagações só conseguem ser respondidas diante do caso concreto, em face das perdas efetivamente mensuradas pelos interessados e seus sindicatos.

10. Conclusão

Para o professor *Luciano Atayde Chaves,* "a ruptura arquitetônica operada no processo comum quanto ao cumprimento dos títulos judiciais fundados em obrigação de pagar quantia certa, que agora tem lugar na própria fase de conhecimento, não pode simplesmente ser relevada ou ignorada pelo intérprete do Processo do Trabalho (...) mostrando-se plenamente defensável a tese do reconhecimento do ancilosamento normativo, por incompatibilidade com o tronco constitucional, de normas processuais trabalhistas que conspirem, numa relação comparativa com a processualística comum ou com outro subsistema processual especializado, contra o espírito de celeridade e efetividade processuais almejados pela carta política, notadamente em se tratando de processo do trabalho, cuja existência, como ramo especial da processualística, está teleologicamente vinculada aos conceitos de simplicidade e rapidez de seu *iter* procedimental".

Não há como negar o fato de que o direito processual civil evoluiu mais que o processo do trabalho em certos aspectos. O que nos cabe é examinar com cautela as variadas questões que a prática forense submete ao nosso exame e aplicar topicamente as melhores soluções que cada conjunto normativo nos oferta, respeitadas as regras básicas de integração e interpretação do direito processual.

A (NOVA E VELHA) EXECUÇÃO TRABALHISTA

Edilton Meireles(*)

Introdução

As recentes reformas do Código de Processo Civil, especialmente na parte relativa ao cumprimento das decisões judiciais e naquela que trata da ação de execução, refletiram, de modo substancial, no processo executivo trabalhista.

Diante das incertezas surgidas, procuramos, no presente trabalho, apontar algumas questões básicas que devem ser consideradas para efetivação das decisões judiciais no âmbito do processo do trabalho.

Dos procedimentos e do procedimento executivo trabalhista

A primeira questão que devemos refletir é sobre o processo do trabalho no âmbito do processo civil brasileiro. E, para tanto, devemos partir das regras que dispõem sobre o procedimento judicial.

Sem querer nos aprofundar nas diversas teorias que definem o processo e o procedimento, podemos ter este último, para fins de compreensão do que se fala, como o rito processual a ser observado em cada processo judicial, a partir da propositura da ação.

O procedimento civil, por sua vez, divide-se em comum e especial. Por força de lei, aquele primeiro, subdivide-se em ordinário e sumário (art. 272 do CPC); o segundo, em procedimentos especiais de jurisdição voluntária e de jurisdição contenciosa (arts. 890 a 1.210 do CPC).

Ensina, sinteticamente, *Adroaldo Fabrício Furtado,* que,

"em tema de procedimento (ou rito, ou forma do processo), a técnica legislativa usual é a de começar-se pela definição de um modelo procedimental básico,

---

(*) Juiz do Trabalho da 34ª Vara do Trabalho/SSa/BA. Mestre e Doutor em Direito (PUC/SP). Professor Permanente no Mestrado da FD/UCSal. Professor Colaborador no Mestrado e Doutorado da FD/UFBA.

destinado à adoção na generalidade dos casos, verdadeiro rito-padrão, para se estabelecerem depois, com base nele, as variações por supressão, acréscimo ou modificação de atos, donde resultarão procedimentos mais ou menos distanciados do modelo fundamental, segundo a intensidade e número dessas alterações.

Em regra, o procedimento-tipo é formal e solene, procurando cercar o exercício da função jurisdicional das mais amplas garantias e franquear às partes os mais largos caminhos de discussão, de prova e de impugnação das decisões. O procedimento assim estruturado — geralmente denominado comum ou ordinário — serve ao volume maior e principal das causas, às situações mais freqüentes e destituídas de peculiaridades aptas a justificar um tratamento diferenciado (...) Esse procedimento por assim dizer genérico funciona também como um standard *básico, seja no sentido de que a partir dele se constroem os outros, específicos, seja porque em numerosos casos a diversidade destes em confronto com aquele é parcial e condicionada, de tal sorte que o trâmite processual, iniciado em forma diferenciada, retorna ao leito comum do rito básico a partir de certo momento ou a depender de uma dada condição. A tudo isso se acresça que, exatamente por terem sido fixados como um modelo, os termos do procedimento especial prevalecem também no especial, na medida em que as regras jurídicas a este pertinentes sejam omissas: vale dizer, as normas do rito genérico enchem os vazios da regulação dos especiais, a estes aplicando-se subsidiariamente"*[1].

Neste sentido, basta lembrar o disposto do parágrafo único do art. 272 do CPC, que impõe a regra subsidiária de aplicação das disposições que regem o procedimento ordinário.

Os motivos que induzem a criação dos procedimentos especiais são diversos. Eles podem ser desde a modesta expressão econômica ou jurídica, a fatores de ordem política ou social, vinculadas ao próprio direito material, etc., ou, ainda, dadas às peculiaridades que cercam a tutela jurisdicional pretendida.

Em regra, os ordenamentos jurídicos criam um procedimento sumário para atender a situações especiais, ainda que não dispensando a cognição exauriente. Ela é sumária, limitada, daí porque se dispensa solenidades, abreviam-se prazos, restringe-se a atuação das partes, podam-se recursos, etc.

Como ensina *Cândido Rangel Dinamarco,*

"a realidade dos conflitos e das variadas crises jurídicas em que eles se traduzem gera a necessidade de instituir procedimentos diferentes entre si, segundo peculiaridades de diversas ordens, colhidos no modo-de-ser dos próprios conflitos, na natureza das soluções ditadas pelo direito substancial e nos resultados que cada espécie de processo propõe-se a realizar"[2].

---

(1) *Justificação teórica dos procedimentos especiais,* p. 4.
(2) *Instituições de direito processual civil,* p. 332-333.

Em suma, por ser o processo instrumental, "*sempre, o procedimento deve ser adaptado à realidade dos conflitos e das soluções buscadas*"(3).

E aqui cabe outra ressalva para melhor compreensão do debate.

A partir do disposto no parágrafo único do art. 272 do CPC podemos, para fins didáticos, incluir o procedimento ordinário na categoria de procedimento comum. Já o procedimento sumário (que o CPC, no art. 272, *caput*, inclui dentre os procedimentos comuns) na categoria de procedimentos especiais. Procedimento especial, nesta nossa classificação didática, entendido como sendo aquele que não adota o rito comum-ordinário, valendo de regras mais especiais e tão-somente se socorrendo das regras do procedimento ordinário de forma subsidiária.

Assim, temos que todos os procedimentos previstos em lei que não adota o rito do procedimento comum-ordinário, tendo as disposições que regem este último procedimento como fonte subsidiária, são classificados como de rito especial, para fins didáticos e de compreensão do que se segue.

Daí se tem, então, que, considerando apenas a jurisdição civil, devemos incluir entre as ações com ritos especiais não só o procedimento sumário e os procedimentos especiais tratados no Livro IV do CPC, como, também, todas as outras ações de natureza civil que possuem ritos específicos, tratados na legislação esparsa e mesmo no CPC, e que têm as regras do procedimento comum-ordinário como fontes subsidiárias. Aqui, portanto, incluímos, dentre outros, o mandado de segurança, a ação rescisória, a ação cautelar, a ação de execução, a ação judicial que corre perante a Justiça Eleitoral, as ações perante os Juizados Especiais e a ação trabalhista (reclamação trabalhista, inquérito judicial, ação de cumprimento, procedimento sumaríssimo e dissídio coletivo de greve e de natureza jurídica).

Neste sentido, a ação trabalhista, em verdade, é um procedimento especial, disciplinado em legislação específica (esparsa, em relação ao CPC) e que tem, inclusive, expressamente, as regras do procedimento ordinário regido pelo CPC como fonte subsidiária (art. 769 da CLT), desde a teoria geral do processo aos meios de impugnação às decisões judiciais, tal como ocorre em relação aos demais procedimentos especiais disciplinados por outras leis.

E tal realidade não é diferente no âmbito da ação de execução. Em verdade, tínhamos até as recentes reformas processuais as regras gerais do CPC que dispunham sobre a ação de execução, seja por título judicial ou por título extrajudicial. Mas, considerando as diversas tutelas pretendidas, o próprio CPC dispunha ou ainda dispõe sobre os procedimentos executivos pertinentes.

Assim é que tínhamos, no CPC, quanto ao título executivo judicial, as regras gerais do procedimento de execução por obrigação de fazer, de não-fazer, de dar coisa certa, de dar coisa incerta, da execução por quantia certa contra devedor

(3) *Ibidem,* p. 333.

solvente ou insolvente, de pensão alimentícia e contra a Fazenda Pública, bem como ainda temos as regras do procedimento de execução por título extrajudicial.

Mas, ao lado desses procedimentos regulados no CPC, a legislação esparsa já dispunha sobre a execução no Juizado Especial Estadual, no Juizado Especial Federal, na Justiça do Trabalho, além de outros, como a execução fiscal (por título extrajudicial), etc.

Ou seja, tínhamos quanto à execução por título judicial e ainda temos em relação ao título extrajudicial as regras gerais da execução no CPC e, nele mesmo ou em legislação esparsa, a disciplina dos diversos procedimentos executivos, todos no âmbito do processo civil brasileiro. E quanto à execução por quantia certa contra devedor solvente por título judicial, podemos dizer que tínhamos o procedimento comum-ordinário disciplinado no CPC e, ao lado dele, diversos procedimentos mais especiais (na Justiça do Trabalho, de pensão alimentícia, contra Fazenda Pública e nos Juizados). Já quanto à execução por quantia certa contra devedor solvente por título extrajudicial continuamos a ter seu procedimento comum-ordinário disciplinado no CPC, ao lado de diversos procedimentos mais especiais (na Justiça do Trabalho, nos Juizados, a execução fiscal, etc.).

Dessa forma, concluímos que a ação de execução trabalhista não passa de mero procedimento executivo mais especial, já que regulada pelo CPC, com observação das regras mais especiais estabelecidas na legislação trabalhista.

E tal assertiva pode ser facilmente "comprovada" através de uma simples análise dos textos legislativos pertinentes à execução trabalhista.

Verificamos que a CLT contém somente 19 (dezenove) artigos dispondo especificamente sobre a execução, além de dois outros dispositivos que cuidam nos seus recursos.

Desses dezenove artigos (arts. 876 a 890 da CLT, considerando a existência de três seguidos da letra A e um revogado), temos que um cuida da ação de liquidação (art. 879), três são regras de competência (arts. 876 a 877-A), um sobre a legitimidade (art. 878), três sobre questões burocráticas quanto ao pagamento dos tributos e do débito principal (arts. 878, 881 e 889), três sobre os embargos do devedor (arts. 884 a 886) e oito especificamente disciplinam o procedimento da execução. Dentre estes últimos, um cuida da citação executiva (art. 880), dois sobre penhora (arts. 882 e 883), um sobre a venda judicial (art. 888), três sobre a execução das prestações vencidas (arts. 890 a 892) e um estabelece a regra da aplicação subsidiária (art. 889).

Diante desse quadro legislativo é possível afirmar que a execução trabalhista é autônoma em relação à execução civil? Será que oito artigos ou, quando muito, dezenove dispositivos, tornam esse procedimento autônomo em relação à execução regulada no processo civil?

Em verdade, o que temos é uma execução civil na Justiça do Trabalho, com aplicação de algumas e poucas regras mais especiais e não o contrário, como se a execução fosse trabalhista, com aplicação de poucas regras gerais do CPC.

É certo que costumam apontar as diferenças entre estes dois processos quanto aos princípios reitores. Apontam que o processo do trabalho teria princípios próprios, que lhe distanciaria do processo civil.

Assim é que *Humberto Theodoro Júnior* aponta como princípio característico do processo do trabalho o da finalidade social, que, em outras palavras, seria o princípio da proteção do hipossuficiente[(4)] aplicado ao processo judiciário. Princípio este inerente ao direito material do trabalho, mas que contaminaria o processo do trabalho[(5)].

Não temos dúvida de que esse princípio protetor atinge o processo do trabalho, de modo a justificar a incidência de regras processuais que acabam criando verdadeiros privilégios para o hipossuficiente.

Tal princípio, no entanto, por si só, não daria a pretendida autonomia ao processo do trabalho, até porque, todos os demais princípios que regem a ação laboral são comuns ao processo civil, a exemplo do princípio da oralidade, dispositivo, inquisitivo, da conciliação, da economia, da concentração, etc., ainda que com maior ou menor ênfase.

Ademais, o princípio protetor, em maior ou menor medida, também rege o processo civil na ação na qual seja parte o consumidor (que tem assegurado o direito à inversão do ônus da prova como instrumento de proteção ao direito material) ou, ainda, naquelas nas quais seja parte a Fazenda Pública, que goza de diversos privilégios processuais em proteção aos seus interesses (prazo em quádruplo, em dobro, embargos à execução na fase de execução de sentença, etc.).

Vê-se, assim, que nem o princípio da finalidade social de proteção do hipossuficiente é exclusivo do processo do trabalho (esse princípio da proteção também contamina o processo penal).

Não é, pois, por esta outra razão, que se pode sustentar a autonomia do processo do trabalho.

Execução contra Fazenda Pública

Para entender a execução trabalhista é preciso, ainda, situá-la no quadro atual do processo civil.

Primeiramente, é preciso destacar que, a partir do disposto no art. 880 da CLT, podemos concluir que esta regula a execução das obrigações de fazer, não fazer, dar coisa e por quantia certa, seja por título judicial ou extrajudicial.

---

(4) *Os princípios do direito processual civil e o processo do trabalho,* p. 62.
(5) A este respeito, cf. FERRAZ, Sérgio. *A norma processual trabalhista.* São Paulo: Revista dos Tribunais, 1983. *passim.*

E aqui destaco logo uma questão pouco percebida pelos doutrinadores. É que a CLT nunca regulou a execução por quantia certa contra a Fazenda Pública. Observe-se que o art. 880 da CLT dispõe que o devedor será citado para pagar ou garantir a execução, sob pena de penhora. Ora, a Fazenda Pública não é citada em execução para esse fim, mas, sim, para opor embargos. Quando muito, em execução de pequena quantia, o seu pagamento é requisitado.

Assim, de logo, concluo que a CLT não disciplina a execução por quantia certa contra a Fazenda Pública. Logo, aqui se aplica integralmente a legislação pertinente estabelecida no CPC e nos demais dispositivos legais que tratam desse procedimento executivo (em especial a Constituição Federal).

Execução das obrigações de fazer, não-fazer e dar coisa (diversa de dinheiro)

Dissemos anteriormente que o art. 880 trata da ação execução das obrigações de fazer, não-fazer e dar coisa, seja por título judicial ou extrajudicial. A CLT, no entanto, não dispõe de qualquer outra regra disciplinando os procedimentos executivos respectivos. Logo, *in casu,* aplicam-se integralmente as regras do CPC.

No CPC, no entanto, verificamos que apenas está tratada a ação de execução por título extrajudicial, já que foi extinta a execução por título judicial. Como fica, então, a ação de execução por título judicial na Justiça do Trabalho, já que a CLT não disciplina os procedimentos respectivos e o CPC não contém regras subsidiárias?

Cremos que, em verdade, mesmo na Justiça do Trabalho, as ações de execuções das obrigações de fazer, não-fazer e dar coisa (diversa de dinheiro) por título executivo judicial já não mais existem. Isso porque os arts. 461 e 461-A do CPC autorizam e impõem que, nas demandas por tutelas de obrigações de fazer, não-fazer e dar coisa, o juiz conceda a tutela específica, ainda que mediante medidas práticas equivalentes, ou conceda o prazo para entrega da coisa, sob pena de imissão na posse ou busca e apreensão.

Ou seja, ao invés de condenar em reintegrar empregado, deve o juiz, na sentença, já dispor que o trabalhador está reintegrado, ainda que juridicamente, ao quadro de pessoal da empresa. A prestação do trabalho ou o pagamento do salário são coisas diversas. Para reintegrar, basta a decisão judicial.

Ao invés de condenar a entregar as guias de liberação dos depósitos do FGTS ou para recebimento do seguro-desemprego, cabe ao juiz, em medida prática equivalente, expedir alvará para tanto; ao invés de condenar a anotar a CTPS, pode mandar, de logo, que a anotação seja procedida pela Secretaria da Vara, etc.

Em suma, no atual quadro do processo civil brasileiro, a decisão que condena em obrigação de fazer, não-fazer ou dar coisa (diversa de dinheiro) tem natureza predominantemente executiva ou mandamental, daí porque dispensa a ação de execução autônoma. A decisão, em verdade, é efetivada através de simples medida para seu cumprimento (expedição de mandados, etc.), tal como já ocorria há longo tempo com a decisão de despejo, que, para ser cumprida, basta a expedição do mandado de despejo, dispensada a citação para o locatário para, em determinado prazo, devolver o imóvel. E tal se dá mesmo diante de obrigações personalíssimas ou firmadas em acordo judicial, ainda que o juiz, em decisões posteriores à sentença, deva fixar a multa cominatória e o prazo para seu cumprimento.

É certo, no entanto, que, a partir de uma interpretação literal e não evolutiva do art. 880 do CPC, poder-se-á alegar que a CLT prevê a citação (logo de uma ação de execução autônoma) para cumprimento das obrigações de fazer, não-fazer ou dar coisa (diversa de dinheiro).

Insistir, no entanto, em tal entendimento, s.m.j. e *data venia,* é manter o processo do trabalho em inferior grau de evolução em relação ao moderno processo civil. E mais, é adotar um procedimento menos célere para efetivação da decisão judicial; é adotar procedimento menos adequado para efetivação da decisão judicial, agindo contra a regra constitucional que impõe ao Judiciário adotar regras que tornem efetiva a Justiça, em tempo razoável.

Adotar um procedimento menos eficaz para tornar efetiva a decisão judicial, pois, é atentar contra o princípio da efetividade, num prazo razoável, da Justiça.

Da execução por quantia certa contra devedor solvente por título executivo judicial na Justiça do Trabalho

Mais complicado, no entanto, temos quanto à execução por quantia certa contra devedor solvente na Justiça do Trabalho.

Numa interpretação mais conservadora, a partir das poucas regras constantes na CLT, ainda entendemos (mais repensando essa posição como a seguir veremos) que se mantém a ação de execução autônoma por título judicial na Justiça do Trabalho.

Tal entendimento parte, principalmente, do disposto no art. 880 da CLT que manda que o devedor seja citado para pagar. E citar, como sabemos, é o ato de chamar a juízo o réu a fim de se defender (art. 213 do CPC).

Pode-se, no entanto, de logo, aqui, apontar uma contradição em meu pensamento, tendo em vista o sustentado anteriormente quanto às obrigações de fazer, não-fazer e dar coisa. Isso porque a CLT, também nessas três outras hipóteses, determina a citação do devedor.

A situação, no entanto, é diversa, já que os arts. 461 e 461-A do CPC, com suas redações atuais, determinam que o juiz, nestes casos, prolate decisões predominantemente executivas ou mandamentais. A natureza da decisão judicial no pagamento de quantia certa, no entanto, não foi modificada.

Ademais, está mantida a execução por título extrajudicial. Logo, podemos entender que o art. 880 da CLT, quanto às obrigações de fazer, não-fazer e dar coisa, quis se referir apenas àquelas constantes de título extrajudicial.

Contudo, outros argumentos nos podem conduzir à alteração de entendimento, de modo a defender, também, a extinção da ação de execução autônoma na Justiça do Trabalho, de quantia certa contra devedor solvente por título judicial.

O primeiro argumento é o da observância do princípio constitucional da efetividade da decisão judicial.

Aqui, então, é preciso lembrar, de logo, que, na realização do valor Justiça enquanto direito fundamental, o juiz está autorizado a afastar a incidência ou interpretar a norma de modo a não criar obstáculos desnecessários à satisfação do mesmo. Assim, cabe ao juiz adotar o procedimento mais adequado à tutela judicial e à sua efetivação, num prazo razoável.

A Carta Magna, em verdade, através dos princípios que apontam para a efetividade da Justiça, autoriza que o juiz determine a prática dos atos que melhor se ajustem ao fim do processo, com as necessárias e devidas adaptações, quando estiver diante de um procedimento processual previsto na lei que não se adequa às especificidades ou peculiaridades da causa, desde que observado o contraditório.

E a pergunta que se coloca então é: qual o procedimento mais adequado, célere e efetivo para cumprimento da decisão judicial que condena em demanda trabalhista o réu a pagar dinheiro? A ação autônoma de execução trabalhista ou o procedimento de cumprimento da decisão judicial de igual natureza estabelecido no CPC? Creio que a resposta seja essa segunda opção.

Mas, essa discussão toda se resume a definir se o devedor deve ser citado ou simplesmente notificado a pagar, pois de resto, pouco se modificou no procedimento executivo de modo a se pensar que grandes ganhos haverá em adotar uma ou outra posição. Daí porque, para evitar longos debates jurisprudenciais, é melhor ficar com o que tradicionalmente é aceito, pois as idéias mais conservadoras são mais facilmente aceitas.

O segundo argumento é o da revogação das disposições da CLT no que toca à execução autônoma da decisão judicial. Tal entendimento parte do pressuposto de que revogadas as disposições gerais que tratam da execução autônoma do título judicial, aquelas constantes em leis esparsas também restariam prejudicadas.

É certo que podem argumentar que a lei geral não revoga a lei mais especial. Concordo. Contudo, não podemos nos esquecer que estamos tratando de regras procedimentais e não seria possível se pensar em existência de procedimentos mais especiais se não existe o procedimento comum.

Menciono outra hipótese. Observe que a CLT dispõe que cabe na Justiça do Trabalho a ação rescisória (art. 836), dispensado o depósito prévio, aplicando-se o sistema recursal trabalhista e as demais regras da CLT pertinentes, a exemplo da forma de contagem do prazo para defesa (da notificação e não da juntada aos autos do mandado de citação). Daí, então, podemos afirmar que existe uma ação rescisória por procedimento mais especial na Justiça do Trabalho. O rito ordinário é aquele do CPC (com seu sistema recursal, contagem de prazos, exigência de depósito prévio, etc.); o da Justiça do Trabalho mais especial.

O mesmo ocorria com a execução por quantia certa por título judicial. Tínhamos o rito ordinário do CPC, e o mais especial da CLT.

Pois bem. Imaginem que sejam revogadas todas as disposições do CPC que tratam da ação rescisória. Pergunta-se: seria mantida a ação rescisória na Justiça do Trabalho, já que a CLT dispõe que a decisão judicial transitada em julgado somente pode ser revista nos casos expressos em lei e através de ação rescisória (art. 836)? Seria mantida a ação pelo rito mais especial, sem existência da ação pelo rito ordinário? No caso específico, quais seriam as hipóteses de rescisão do julgado sem o art. 485 do CPC?

Daí podemos afirmar que, extinta determinada ação pelo seu rito ordinário, salvo expressa determinação legal em contrário, também ficam extintos todos os procedimentos que lhe são mais especiais. Isso porque sem o procedimento-mãe, não se tem como justificar os procedimentos que lhe são dependentes.

Devemos, pois, distinguir a regra de não-revogação da lei mais especial pela mais geral em se tratando de direito material, daquela que trata do direito processual.

Assim, teríamos que, revogado o CPC quanto à execução autônoma de quantia certa por título judicial, restam prejudicadas todas as execuções de mesma natureza pelos ritos mais especiais.

Mas tudo isso seria uma discussão mais acadêmica, pois, repito, na prática, pouco muda (a modificação seria a troca da citação para pagar pela notificação para pagar!).

Das regras subsidiárias

Partindo-se, no entanto, da premissa de que a ação de execução autônoma subsiste na Justiça do Trabalho, a pergunta que se faz é: quais regras subsidiárias seriam aplicadas diante das recentes reformas do CPC?

A resposta é complexa e difícil, o que somente nos conduz a novas inseguranças jurídicas.

Observe-se que a CLT dispõe que, ao processo executivo, aplicam-se as regras da ação de execução fiscal. Cabe lembrar, todavia, que a execução fiscal é por título extrajudicial e ela, por sua vez, dispõe que se aplica o CPC nas suas omissões.

Assim, temos, sem dúvida, que na execução trabalhista por título extrajudicial se aplicam as regras subsidiárias pertinentes do executivo fiscal e do CPC. Aqui não temos novidades quanto às regras subsidiárias aplicáveis.

Mas e em relação à execução por título judicial?

Anteriormente, tínhamos que à execução trabalhista por título judicial se aplicava (contraditoriamente) a regra subsidiária da execução fiscal por título extrajudicial e (coerentemente) as regras do CPC da execução por título judicial.

Todavia, com a extinção da ação de execução por título judicial no CPC, como ficamos?

A resposta, aparentemente, seria fácil: aplicam-se, agora, as regras do executivo fiscal e da execução por título extrajudicial do CPC. Cabe lembrar, inclusive, para respaldar esse entendimento, que o art. 475-R do CPC dispõe que, no cumprimento da decisão judicial, aplicam-se subsidiariamente as regras do processo de execução de título extrajudicial.

E até aqui tudo seria lógico, pois as principais regras de constrição, alienação e demais atos de execução estão regulados no capítulo que trata do processo de execução por título extrajudicial.

Entretanto, não podemos esquecer, que a execução trabalhista a que estamos tratando é por título judicial. Assim, por exemplo, quanto às hipóteses de cabimento dos embargos do devedor qual seria a regra aplicável, a do art. 745 do CPC, que dispõe, em resumo, que o executado pode alegar "qualquer matéria que lhe seria lícito deduzir como defesa em processo de conhecimento"?

Lógico que não, pois essa regra se refere à execução fundada em título não acobertado por decisão judicial.

Como ficamos então? A resposta me parece fácil. Neste caso, aplicável subsidiariamente ou por analogia ou em interpretação extensiva, como queiram, seria a regra do art. 475-L, que dispõe sobre a defesa do devedor na fase de cumprimento da decisão judicial. Ou seja, à execução trabalhista de título judicial também se aplicariam regras que cuidam do cumprimento de sentença.

Mas aqui colocamos outra questão: seria aplicável à execução trabalhista a regra do art. 475-J, que impõe a multa de 10% caso o devedor não efetue o pagamento no prazo de quinze dias, após sua fixação em sentença ou em liquidação?

Vale observar que, em se tratando de execução por título extrajudicial, o CPC não prevê essa multa. Assim, como as suas regras são, passando-se antes pela Lei n. 6.830/80, subsidiárias à execução trabalhista, seria lógico que não caberia a aplicação da referida multa também no processo executivo da CLT. Sim, mas já vimos anteriormente que, aos embargos do devedor, aplicam-se as regras do cumprimento da sentença (art. 475-L), por que então não se adotar a do art. 475-J do CPC?

A mim me parece que, *data venia,* mais correta seria a aplicação das regras do CPC que cuidam do cumprimento da execução e, subsidiariamente, aquelas que tratam processo executivo por título extrajudicial.

No entanto, tudo isso apenas revela o quanto estamos navegando por águas turbulentas, trafegando por rodovias esburacadas que, em suas lacunas, apenas conduzem à insegurança jurídica.

É hora de repensar o processo trabalhista.

A busca equivocada da autonomia e o esquecimento do processo do trabalho

Para finalizar, cabe uma reflexão.

Ao certo, qualquer estudioso do processo civil brasileiro já deve ter percebido que, apesar do processo do trabalho não ser autônomo, há um fosso enorme, e muitas vezes um esforço monumental, para separar um do outro.

Esse distanciamento do processo do trabalho em relação ao processo civil tem raízes na equivocada doutrina juslaboralista que sustenta sua autonomia, buscando distanciar o feito trabalhista das formalidades excessivas da demanda civil, bem como no não menos equívoco dos processualistas civis, que têm ojeriza do processo laboral.

Ambas as posições, no entanto, são equivocadas, em prejuízo ao desenvolvimento do processo.

Esse prejuízo fica bem claro quando verificamos que as reformas processuais levadas a efeito nos últimos anos têm deixado de lado o processo do trabalho, que acaba por ficar "para trás", tendo que se socorrer a "malabarismos" para compatibilizar as regras processuais da CLT às novas normas do CPC, muitas vezes, quase que inconciliáveis.

Exemplo mais recente temos em relação ao fim da ação de execução por título executivo judicial, que foi retirada do CPC, mas ainda permanece na CLT! Isso sem esquecer que a liquidação por simples cálculos ainda continua a ser prevista na CLT.

Por outro lado, a falta de estudo do processo do trabalho por parte dos processualistas civis conduz à falta de percepção de práticas processuais que, transportadas para o processo civil, apenas contribuiriam para seu aperfeiçoamento. Podemos mencionar, como exemplo a ser seguido, a regra de contagem do prazo a partir da data da comunicação à parte e não, da juntada aos autos do mandado respectivo (com isso se evitam "custos por fora", perda de tempo e artimanhas abusivas). Essa é uma prática salutar do processo do trabalho, existente há mais de sessenta anos e que, ao certo, iria contribuir para celeridade do feito civil.

Aliás, estamos certos, hoje, que o processo civil precisa, antes de tudo, de uma reforma "cartorária", ou seja, é preciso mudar o processo civil em suas práticas burocráticas, cartorárias. Quanto mais se eliminar a atividade do servidor, ao certo mais o processo irá se desenvolver normalmente.

Assim, além da mudança da regra da contagem do prazo anteriormente mencionado (eliminando um ato do servidor para início da contagem do prazo, lembrando que a juntada do mandado será indispensável para verificação do dia *a quo*), podemos destacar a regra da CLT que determina a citação do réu pelo distribuidor ou pelo diretor da vara quando este recebe diretamente a demanda, o que, o certo, contribuiria para maior celeridade do feito.

Desse modo, podemos concluir, neste ponto, que em nada contribui para o aperfeiçoamento da legislação processual brasileira a tentativa de afastar o processo do trabalho do processo civil, além de faltar consistência científica a qualquer argumento neste sentido.

Conclusão

De todo exposto, concluímos:

a) o processo do trabalho não guarda autonomia em relação ao processo civil brasileiro, não passando aquele de mais um dentre muitos procedimentos especiais previstos em nosso ordenamento processual;

b) a CLT não regula a execução contra a Fazenda Pública;

c) mesmo na Justiça do Trabalho as decisões judiciais que impõem obrigação de fazer, não-fazer e dar coisa (diversa de dinheiro) se efetiva na forma dos arts. 461 e 461-A do CPC;

d) à execução por quantia certa por título judicial na Justiça do Trabalho se aplicam, subsidiariamente, ou por analogia, as regras do cumprimento da execução previstas no CPC; e,

e) a tentativa de ressaltar a autonomia do processo do trabalho por parte dos processualistas trabalhistas e, por outro lado, o “esquecimento” do processo laboral por parte dos processualistas civis, somente têm contribuído para frear o desenvolvimento daquele e retardar a modernização deste outro.

Referências bibliográficas:

DINAMARCO, Cândido Rangel. *Instituições de direito processual civil.* III v. São Paulo: Malheiros, 2001.

FABRÍCIO, Adroaldo Furtado. *Justificação teórica dos procedimentos especiais.* Disponível em: <http://www.abdpc.org.br/artigos/artigo57.htm> Acessado em: 13.02.2005.

FERRAZ, Sérgio. *A norma processual trabalhista.* São Paulo: Revista dos Tribunais, 1983.

THEODORO JÚNIOR, Humberto. Os princípios do direito processual civil e o processo do trabalho. In: BARROS, Alice Monteiro de (Coord.). *Compêndio de direito processual do trabalho. Obra em memória de Celso Agrícola Barbi.* São Paulo: LTr, 1998.

MODERNIZAÇÃO: A VERDADEIRA REFORMA DO JUDICIÁRIO

***Sérgio Renato Tejada Garcia*(*)**

Em cinco anos, o processo em papel fará parte do passado. Dita assim, a frase pode surpreender, mas é exatamente nisso que apostamos no âmbito do Conselho Nacional de Justiça. O movimento, no sentido de abolir o papel e fazer com que os processos tramitem exclusivamente por meio eletrônico, espalha-se por todo o Brasil, ganhando a adesão dos tribunais. E esta, temos certeza, é a melhor maneira de combater aquele que é, sem dúvida, o maior problema da Justiça Brasileira: a morosidade, a demora em dar soluções aos processos.

O CNJ se orgulha de ser protagonista desta história — uma verdadeira revolução na tramitação dos processos — em parceria com órgãos de Justiça de todo o Brasil, além de advogados e membros do Ministério Público, que têm colaborado com críticas e sugestões para o aperfeiçoamento da iniciativa.

Desenvolvemos um sistema de tramitação eletrônica de processos em *software* livre, o Projudi, e oferecemos este produto gratuitamente a todos os tribunais interessados. Fizemos mais: incluímos em nosso orçamento verba especialmente destinada a apoiar com equipamentos aqueles órgãos com maiores dificuldades financeiras. Até o final deste ano de 2007, teremos investido, desde 2006, 69 milhões de reais na compra de equipamentos a serem repassados aos tribunais. São digitalizadores, computadores, servidores que darão condições de funcionamento para o processo virtual em lugares tão distantes como a comarca de Tabatinga, no coração da Floresta Amazônica, na fronteira com a Colômbia. Lá falta praticamente tudo, inclusive estradas. A viagem de um processo desde Tabatinga até Manaus demora pelo menos uma semana de barco. Quer dizer, demorava. Agora, com a chegada do Projudi, o processo viaja em um único clique, via *web.* Tabatinga é uma das tantas comarcas que já usam o sistema, que já está presente em dez estados.

O planejamento estratégico do Poder Judiciário é uma das atribuições delegadas pela Constituição Federal na criação do CNJ, na Emenda 45, de dezembro de 2004. Por isso, o CNJ olha para o futuro. E trabalhamos para fazer chegar o dia em que a tramitação eletrônica de processos seja realidade em cada tribunal do País.

(*) Juiz do Tribunal Regional Federal da 4ª Região (Rio Grande do Sul, Santa Catarina e Paraná), Secretário-geral do Conselho Nacional de Justiça (CNJ).

O sistema de processo virtual já tem considerável experiência acumulada em juizados especiais da Justiça Federal. Os resultados são impressionantes. Levantamento feito em Porto Alegre mostra que, funcionando da maneira tradicional, com processos em papel, uma vara leva, em média, 790 dias — dois anos e dois meses — para dar uma sentença. Nos juizados que funcionam exclusivamente com o processo virtual a média cai para pouco mais de um mês: 38 dias.

No entanto, as vantagens não dizem respeito só à agilidade, embora só isso já seja motivo suficiente para a mudança. O processo virtual facilita enormemente a vida de todos. Um advogado pode abrir um processo desde o seu escritório ou de qualquer lugar do mundo, bastando ter uma conexão com a internet. O juiz também pode tomar decisões processuais usando apenas um *lap top*. Os interessados podem consultar o processo via *web,* simultaneamente, sem precisar ir até o tribunal e sem ter que esperar a sua vez.

Alguém poderia imaginar que fazer a transição do papel para o computador é algo muito caro. Engano. A tramitação eletrônica é muito mais econômica e sua implementação se paga em reduzido espaço de tempo, só com a economia de insumos como papel, tinta, etiquetas e capas, utilizados para montar o processo em papel.

Todavia, as vantagens não param aí. O sistema proporciona uma enorme economia também de trabalho. Todos os servidores que trabalham na burocracia do processo, carimbando, montando, grampeando, colando e transportando processos ficam livres para trabalhos mais importantes, já que tudo isso é feito automaticamente.

Economizamos, também, em espaços físicos. Hoje há tribunais que alugam prédios inteiros apenas para arquivar processos, com custos altíssimos. Com o Projudi, esta necessidade simplesmente deixa de existir.

Mas talvez quem mais se beneficie do processo eletrônico seja mesmo a natureza. O volume de papel gasto nos processos é impressionante. Em todo o País, são cerca de 20 milhões de novos processos ao ano, que consomem aproximadamente 40 mil toneladas de papel.

Para fabricar esta quantidade, há um imenso impacto ambiental: todos os anos, mais de 600 mil árvores, que crescem em 400 hectares, são derrubadas e trituradas. E cerca de 1,5 milhão de metros cúbicos de água são usados para fabricar todo este papel. Este volume é suficiente para abastecer uma cidade com 27 mil habitantes. O Projudi, além de fazer bem para o Judiciário e para a comunidade, faz muito bem para a natureza.

Entretanto, o Projudi é apenas uma das iniciativas do CNJ no esforço por modernizar o Judiciário brasileiro. Merece destaque, ainda, o Movimento pela Conciliação, que teve início no ano passado. No dia Nacional da Conciliação, em 8 de dezembro de 2006, a Justiça Brasileira realizou 80 mil audiências, com 48 mil acordos alcançados. Foi um marco na história do Judiciário. Para este ano, estamos programando uma semana de atividades, quando pretendemos atingir a cifra de 200 mil audiências. Segundo estimativas, o índice de acordos no Brasil gira em torno de 25% do total de ações abertas na Justiça. Em países desenvolvidos, este índice é de cerca de 70%. Resolvendo questões simples com base em acordos, que sejam benéficos para todas as partes envolvidas, os juízes ganham mais tempo para se dedicarem àquelas causas mais complexas. E o cidadão tem seu caso resolvido rapidamente, evitando as longas tramitações.

Outra iniciativa de grande importância no sentido da modernização do Judiciário é a produção de estatísticas, que o CNJ vem fazendo desde sua instalação, há dois anos. Os relatórios "Justiça em Números" permitem que tenhamos um raio X do Judiciário, identificando debilidades e gargalos e possibilitando o seu correto planejamento estratégico.

Para finalizar, no elenco de ações direcionadas à modernização do Judiciário e confiabilidade do sistema virtualizado, está a Resolução n. 41, recentemente aprovada pelo CNJ, assegurando que os endereços dos portais e sítios dos órgãos do Judiciário assumirão o novo domínio "jus.br". A iniciativa, que viabilizará a integração e a padronização dos nomes eletrônicos em quase cem tribunais em todo o País, contribuirá principalmente para a segurança do sistema e aperfeiçoamento da celeridade jurisdicional. A valorização da independência dos Poderes, princípio federativo consagrado na Constituição é outro ponto importante.

A medida ultrapassa a simples alteração dos nomes oficiais associados à Justiça, trazendo principalmente segurança para os ambientes eletrônicos da Justiça e mais confiabilidade às informações nos portais. O CNJ obteve junto ao Comitê Gestor de Internet no Brasil (CGI-BR) a obrigatoriedade de agregar o sistema DNSSEC junto ao domínio "jus.br". Trata-se de um padrão internacional que amplia a tecnologia DNS e de um sistema de resolução de nomes mais seguro, o que reduz o risco de manipulação de dados e roubo de informações de terceiros.

Essa ação retoma a Resolução n. 12 do CNJ, que criou o Banco de Soluções do Poder Judiciário, que confere mais celeridade à prestação jurisdicional, além de auxiliar no processo de modernização da Justiça, a exemplo do Projudi.

Celebramos o segundo centenário da Justiça Brasileira imprimindo a marca da modernidade. Modernidade esta que se associa às premissas constitucionais que orientam o Poder Público: a prestação de contas junto à sociedade e a transparência dos investimentos governamentais.

Esta é a verdadeira reforma do Judiciário, a reforma capaz de fazer com que a Justiça brasileira dê um significativo salto de qualidade.

PROCESSO DIGITAL

Alex Duboc Garbellini(*)

Todos nós, ao menos aqueles que já ultrapassaram a barreira dos quarenta anos de idade, assistimos ou participamos da inclusão do microcomputador na vida cotidiana das pessoas comuns e, em especial, no que nos interessa aqui, no Poder Judiciário Trabalhista.

Até o final dos anos 80, a realidade da vida judiciária era a máquina de escrever, mecânica ou eletrônica, com ou sem memória, mas, ainda, uma máquina de escrever. Dela se serviam os funcionários de secretaria, o juiz e os membros do Ministério Público do Trabalho. Era o único equipamento que podia conferir melhor qualidade e eficiência ao trabalho. Raros Tribunais dispunham, na época, de computadores de grande porte, instalados em salas especiais, com birôs de digitação e perfuração de cartões para leitura de dados.

A partir da década de 80, com a redução dos preços e a popularização dos microcomputadores de uso pessoal, os PCs passaram a ser utilizados pelos servidores, juízes e procuradores, mas, ainda, como máquinas de escrever sofisticadas, agora com capacidade de armazenamento de documentos, modelos, planilhas etc.; impressão rápida e correções feitas diretamente na tela. Passaram a fazer parte da vida processual, mas ainda como máquinas de escrever.

Os anos 90 foram a fase do processamento de dados descentralizado: a última moda eram as redes de microcomputadores, que superavam os *mainframes* em muitos aspectos, especialmente em custo e facilidades de instalação, manutenção e entrada de dados.

Os Tribunais passaram a desenvolver sistemas para o controle do andamento dos processos, substituindo as fichas e pastas por registros digitais. Os computadores agora controlavam o fluxo de andamento dos autos, mas o processo ainda era um amontoado de papel, cuidadosa e sistematicamente preso a capas por grampos. Seu controle passou a ser mais confiável, mas ainda dependia da exatidão com que cada andamento era informado ao sistema. Se os autos fossem colocados em local diverso daquele informado ao computador — e quem não enfrentou a situação de um processo caído atrás de um arquivo de quatro gavetas? —, somente uma meticulosa busca poderia localizá-lo.

(*) Procurador do Trabalho da 15ª Região.

Com a popularização da rede mundial de computadores — a *internet* — os sistemas ficaram ainda mais sofisticados, permitindo que se obtivesse a informação sobre o andamento do processo, inclusive o teor de decisões, a partir de qualquer local do planeta.

Mas... ainda estamos falando de autos em papel, ou seja: vale o que está no papel. As informações disponibilizadas via *internet* não têm efeitos legais de intimação; a impressão da sentença no escritório não é uma cópia válida; não há como ter acesso ao teor da contestação e dos documentos juntados pela outra parte...

Com a recente edição da Lei n. 11.419, de 19.12.2006, publicada em 20.12.2006 com prazo de *vacatio legis* de 90 dias, iniciou-se a terceira onda da informatização no processo judicial: o computador passa a substituir os autos do processo. O papel impresso e assinado será substituído por *bits* e *bytes*, num ambiente de *realidade virtual*: o processo existe, mas não fisicamente.

Principais alterações introduzidas pela Lei n. 11.419/06

Os novos conceitos introduzidos na legislação processual pela Lei n. 11.419 quebram paradigmas e tradições de décadas ou até séculos.

Tratando-se de inovações que dependem de tecnologia, recursos financeiros, desenvolvimento de sistemas específicos, infra-estrutura de segurança e, principalmente, capacitação dos usuários, a lei não exige dos Tribunais a implementação das medidas, mas apenas autoriza (admite, no verbo utilizado pelo legislador) "*o uso de meio eletrônico na tramitação de processos judiciais, comunicação de atos e transmissão de peças processuais*" (art. 1º), convalidando os atos processuais praticados por meio eletrônico até a data de sua publicação, desde que tenham atingido sua finalidade e não tenha havido prejuízo para as partes (art. 19).

As principais inovações são:

1. instituição do **Diário da Justiça eletrônico** para as intimações em geral, com acesso via *internet*. Não consideramos válida a argumentação de que grande parte da população brasileira não tem acesso a computadores nem à *internet* porque, certamente, a esmagadora maioria da população nunca leu um Diário da Justiça e isso nunca fez falta; aliás, nem mesmo advogados e membros do Ministério Público lêem o Diário da Justiça à procura das publicações de intimações referentes a processos de seu interesse. Por outro lado, é muito raro encontrar atualmente nos autos uma petição redigida com máquina de escrever, fato que induz à conclusão de que praticamente todos os advogados dispõem, ao menos, de um computador em seus escritórios. Por sua vez, o acesso à *internet* é cada vez mais barato e disponível — até de telefones celulares —, não se justificando que o desinteresse na evolução tecnológica por parte de alguns poucos restrinja o benefício de muitos com um processo mais ágil.

2. a validação da **intimação eletrônica** das partes, um instituto de adesão voluntária por parte dos advogados, exigirá um cadastramento prévio junto ao tribunal. A intimação eletrônica feita dessa forma dispensará, inclusive, a publicação no Diário da Justiça eletrônico. A intimação será disponibilizada em um portal (área de acesso, um *link*) específico e sua concretização ocorrerá quando o interessado visualizar a informação. Obviamente, o prazo não é indefinido: foi estabelecido que, se não houver consulta no prazo de 10 dias, se considera feita a intimação.

3. as intimações eletrônicas são consideradas **intimações pessoais** e, assim como as citações, poderão ser feitas por meio eletrônico, inclusive em relação à Fazenda Pública, dispensando as cartas precatórias e atuação dos oficiais de justiça. O procedimento já é utilizado nos Juizados Especiais Federais em relação ao INSS, com excelentes resultados. Grandes empresas também são diretamente interessadas em receber citações eletrônicas, dada a praticidade e certeza do recebimento pelo profissional responsável por sua defesa. Em relação ao Ministério Público, entendemos que as intimações eletrônicas substituirão a *intimação pessoal nos autos* prevista na Lei Complementar n. 75/93, na medida em que não haverá mais autos em papel e, portanto, a remessa dos autos nada mais será que o acesso à sua integralidade via *internet.*

4. a lei estabelece que as **cartas precatórias, de ordem e rogatórias**, bem como todas as comunicações entre órgãos do Poder Judiciário e com outros Poderes se façam, preferencialmente, por meio eletrônico. Qual o tempo necessário para se enviar um arquivo com diversos documentos digitalizados de um juízo para outro, independentemente da distância, via *internet*? Alguns segundos, no máximo e sem custo para as partes e para o órgão judiciário.

5. a possibilidade de formação de **autos judiciais total ou parcialmente digitais**, dispensando, inclusive, a cópia em papel, é, sem sombra de dúvida, a maior e mais avançada modificação introduzida pela nova lei. As vantagens são imensas: portabilidade, acesso em qualquer lugar e a qualquer hora, tramitações automáticas por sistemas de controle de fluxo de trabalho (*workflow*), redução do tempo necessário para os deslocamentos físicos e desnecessidade de armazenamento dos autos físicos, economia de recursos públicos e das partes, realocação dos recursos humanos dos órgãos judiciais, dentre outras. Mais de 60% do tempo de trabalho dos servidores do Poder Judiciário e também do Ministério Público do Trabalho é utilizado para fazer a movimentação física dos autos e o controle dessa movimentação, mesmo nos dias atuais em que esses órgãos já contam com razoável nível de informatização de seus serviços. Autos digitais permitem o uso da tecnologia *workflow* (literalmente: fluxo de trabalho), sistema pelo qual os autos digitais são colocados no “escaninho” de entrada do servidor, juiz ou procurador responsável pelo próximo ato processual imediatamente após a conclusão

do anterior, independentemente de ação humana. Exemplificando: vencido o prazo às 24 horas, à 0h00 os autos já estarão conclusos e disponíveis para a análise pelo juiz em sua caixa de entrada.

6. Mesmo após a instituição plena dos autos digitais, haverá situações em que atos processuais tenham que ser praticados em papel por razões técnicas ou fáticas, notadamente citações e intimações. Nestes casos, **os documentos físicos deverão ser digitalizados e, a seguir, eliminados.** A prática já é utilizada pelos Juizados Especiais Federais.

7. A Lei n. 11.419 também inova ao estabelecer que todos os procedimentos digitais deverão **utilizar preferencialmente a *internet*,** que passa a ser cada vez mais reconhecida como instrumento para prática de atos oficiais pela administração pública, como há muitos anos já vem fazendo a iniciativa privada, em especial as instituições bancárias e o comércio.

8. A virtualização dos autos e a prática de atos processuais via *internet* abrirão a possibilidade para que a **distribuição de petições iniciais e a juntada de petições, procurações e documentos sejam feitas direta e automaticamente pelos advogados**, a partir de seus escritórios, sem necessidade de deslocamento ao órgão judicial, ou nos equipamentos que deverão ser disponibilizados aos interessados para esse fim. Garantida a autoria e a integralidade dos documentos digitais ou digitalizados mediante certificação digital ou assinatura eletrônica e não havendo autos em papel, a simples transmissão eletrônica do arquivo já desencadeará os procedimentos necessários, tais como autuação, designação de pauta, conclusão ao juiz, se necessária, intimação da parte contrária, inclusive por meio eletrônico se for o caso. A nova palavra da moda será *workflow.*

9. É conferida ao Juiz a faculdade de determinar que **documentos e dados necessários à instrução processual sejam enviados pelas partes por via eletrônica**. Sendo os autos digitais, não é admissível a juntada injustificada de grandes volumes de documentos e dados (aqui se encaixam muito bem as planilhas de cálculo de liquidação de sentença) em papel, transferindo para o Poder Judiciário o encargo de digitalizá-los. Acrescente-se que, em relação às planilhas de cálculo, a mera digitalização não permite sua edição nem a análise das fórmulas utilizadas, sendo indispensável a anexação do arquivo eletrônico.

10. Quebrando um dogma sagrado no ambiente da burocracia judiciária brasileira, a nova lei estabelece que **os documentos eletrônicos são originais para todos os efeitos**. A novidade está na consonância da MP 2.200/2001, que cria a Infra-Estrutura de Chaves Públicas Brasileira – ICP Brasil, cuja finalidade é *"garantir a autenticidade, a integridade e a validade jurídica de documentos em forma eletrônica".* Também reconhece a **mesma forma probante dos originais aos documentos digitalizados** (ou seja, existentes em papel e digitalizados posteriormente) e juntados aos autos pelos órgãos da

Justiça e seus auxiliares, pelo Ministério Público e seus auxiliares, pelas procuradorias, pelas autoridades policiais, pelas repartições públicas em geral e por advogados públicos e privados, salvo argüição de falsidade.

11. **Qualquer ato processual pode ser praticado por meio eletrônico**, não apenas o peticionamento, mas também as procurações, os despachos, as sentenças e os acórdãos dispensam a forma impressa em papel e assinada a caneta. Conseqüentemente, podem ser praticados à distância e juntados aos autos por meio eletrônico.

Cada aspecto acima mencionado merece um estudo mais detalhado, não só do ponto de vista jurídico, como também e principalmente do ponto de vista da tecnologia da informação, de modo a oferecer aos agentes do processo a segurança e a confiabilidade indispensáveis para o desempenho de suas atribuições.

Documento eletrônico

Documento eletrônico é uma espécie de documento que somente existe no meio virtual, ou seja, é uma seqüência de *bits* e *bytes*, armazenada em meio magnético (CD, discos rígidos, flexíveis ou memória *flash*) ou ótico (DVD). O documento eletrônico pode ser um arquivo de texto, imagem, som, ou todos os tipos combinados.

Sua principal característica é que o original não é produzido em papel, mídia de armazenamento tradicional, principalmente no meio jurídico, mas em meio eletrônico. Dessa forma, sua reprodução em papel é **mera cópia**. Pode-se dizer que o original é virtual e a cópia é real.

Quando falamos em processo digital ou virtual, estamos considerando que os autos do processo serão formados exclusivamente por documentos eletrônicos.

Entretanto, sejam eletrônicos ou em papel, os documentos têm requisitos básicos, essenciais, para que sejam aceitos na sociedade, ou seja: um documento ser **autêntico e não-repudiável** pelo autor nele indicado. Por autenticidade entenda-se a certeza da identidade do autor nele indicado e a garantia de que não foi alterado posteriormente à sua produção e por não-repúdio deve ser entendido que o autor nele indicado não pode negar essa condição.

Em documentos tradicionais (papel), esses requisitos são garantidos pela assinatura do autor. Não é diferente no documento eletrônico, salvo pelo fato de que a assinatura não é lançada à caneta, mas eletronicamente.

Assinatura eletrônica

A expressão *assinatura eletrônica* designa um gênero que comporta duas espécies: a) *login* e senha e b) certificação digital, ou assinatura digital.

A assinatura mediante ***login* e senha**, velha conhecida dos usuários de redes e *internet*, caracteriza-se pelo prévio cadastramento de um conjunto de identificadores: o *login* ou identificação do usuário e a senha secreta, correspondente àquela identificação.

Para que possa ser reconhecida pelo computador remoto, tanto o *login* como a senha devem estar previamente armazenados naquele equipamento, o que torna os códigos "secretos" nem tão secretos assim, já que estão registrados em um equipamento fora da guarda do usuário.

Esse tipo de identificação tem validade restrita entre as partes (usuário e entidade onde se cadastrou), uma vez que terceiros não poderão aceitar a confirmação de identidade porque não têm armazenados o *login* e a senha para comparação.

Por outro lado, a validação *login* e senha apenas confirma a identidade do usuário, não se prestando para garantir a integridade do documento. Exemplificando: pode-se afirmar que uma petição transmitida via *internet* após um acesso autenticado mediante *login* e senha realmente provêm de determinado advogado, entretanto não é possível garantir que o documento transmitido não tenha sido alterado durante a transmissão ou após o recebimento.

Por tais razões é que se considera a assinatura eletrônica mediante *login* e senha como de **segurança precária.**

A **certificação digital**, ou assinatura digital, é um conjunto de códigos (chaves de criptografia) armazenado em um meio eletrônico portátil (*token*, um pequeno chaveiro tipo *pendrive*) e *smartcard* (cartão com um *chip,* como os usados por bancos) ou, ainda, armazenado no disco rígido do computador do usuário. Um aspecto relevante é que as informações secretas ficam exclusivamente sob a guarda física do seu proprietário.

O conjunto de chaves de criptografia que possibilitam a identificação do proprietário do *token* é acionado mediante senha pessoal de conhecimento apenas dessa pessoa. Nem mesmo a autoridade certificadora (entidade que expede a certificação digital) tem armazenadas em suas bases de dados a chave privada e a senha dos clientes.

A inclusão da assinatura digital em um documento eletrônico garante a autoria e, mais ainda, a sua integralidade, já que se um único *bit* ou espaço em branco for alterado, o resumo criptográfico obtido na verificação da assinatura não corresponderá àquele produzido no momento da assinatura, indicando que houve alguma alteração e invalidando a assinatura.

A confirmação da identidade do autor é possibilitada pela Infra-Estrutura de Chaves Públicas Brasileira (ICP-Brasil), que, por meio das Autoridades Certificadoras, possibilita confirmar quem é o detender da chave pública com que foi assinado determinado documento.

O ICP-Brasil foi criado pela Medida Provisória 2200, com a finalidade de garantir a autenticidade, a integridade e a validade jurídica de documentos em forma eletrônica (art. 1º), possibilitando, assim, sua validação perante terceiros.

A certificação digital utiliza mecanismos de criptografia assimétrica, o que torna praticamente impossível, com os meios tecnológicos atuais, sua falsificação. Trata-se de um sistema dotado de **alto nível de segurança.**

O MPT e o processo digital

Mas qual é a aplicabilidade da Lei n. 11.419/2006 e do processo digital ao Ministério Público do Trabalho?

Na medida em que o MPT se integra ao sistema judiciário brasileiro, a aplicabilidade é direta não só nas atividades judiciais como também na condução de inquéritos civis e na administração das diversas Procuradorias.

No âmbito judicial, o MPT utilizará assinatura digital em petições, pareceres e acórdãos; intimações e notificações serão recebidas eletronicamente e o acesso aos autos judiciais, em qualquer juízo ou instância, poderá ser feito via *internet*, possibilitando sua análise e manifestação sem que os autos sejam enviados fisicamente. Aliás, sequer existirão fisicamente...

Os mesmos conceitos da mencionada lei são aplicáveis, sem sombra de dúvida, aos inquéritos civis e outros procedimentos conduzidos por membros do MPT, possibilitando a existência de autos virtuais de inquérito civil, depoimentos gravados em formato de som, digitalmente assinados, recebimento de documentos e manifestações via *internet*, intimação eletrônica etc., enfim, todos os instrumentos disponibilizados ao Poder Judiciário poderão ser facilmente utilizados também pelo MPT em suas atividades institucionais.

No âmbito administrativo, documentos digitais poderão ser utilizados para emissão de PDS (Proposta de Deslocamento a Serviço), requerimentos diversos, concessão de licenças, compras, contratos e licitações e em todos os demais procedimentos em que papéis assinados poderão ser substituídos por arquivos digitais.

As vantagens são inúmeras: racionalização da utilização da mão-de-obra, supressão das tarefas relacionadas ao movimento físico de autos, que nenhum valor agregam ao produto, rapidez no "deslocamento" dos autos (praticamente imediato), facilidade de acesso aos documentos (via *internet* de qualquer lugar) e desnecessidade de grandes espaços e pessoal para armazenagem e organização de documentos e autos em andamento e arquivados.

Software livre

Dentro do assunto processo digital não se poderia deixar de tratar da questão dos *programas de código aberto aberto* ou *software livre*. Antes de tudo, façamos a clara diferenciação entre *programas de código aberto* e *programas gratuitos.*

"Um *software* é considerado como livre quando atende aos quatro tipos de liberdade para os usuários do software definidas pela *Free Software Foundation:* a) a liberdade para executar o programa, para qualquer propósito; b) a liberdade de estudar como o programa funciona, e adaptá-lo para as suas necessidades. Acesso ao código-fonte é um pré-requisito para esta liberdade; c) a liberdade de redistribuir cópias de modo que você possa ajudar ao seu próximo; e d) a liberdade de aperfeiçoar o programa, e liberar os seus aperfeiçoamentos, de modo que toda a comunidade se beneficie. Acesso ao código-fonte é um pré-requisito para esta liberdade." (http://pt.wikipedia.org/wiki/Software_livre).

Software livre pode ser pago e *software proprietário ou de código fechado* pode ser gratuito. A diferença é que este último não permite acesso ao seu código-fonte nem sua modificação. E por que é tão importante o acesso ao código-fonte? Justamente porque possibilita ser **alterado** segundo as necessidades do usuário e ser **auditado,** vale dizer: analistas independentemente podem estudar seu funcionamento e garantir que não há códigos ou linhas com segundas intenções nele incluídas. Além disso, qualquer erro ou falha de segurança pode ser corrigida por qualquer usuário, sem necessidade de autorização do autor.

O Ministério Público do Trabalho, por meio da Portaria n. 187/2004, da Exma. Sra. Dra. *Sandra Lia Simón,* Procuradora-Geral do Trabalho, adotou o *software de código aberto* como padrão de sistema operacional (Linux) e de programas utilitários, tais como editores de texto, planilhas de cálculo, navegadores *web,* clientes de *e-mail,* etc., restringindo a aquisição de *softwares proprietários* apenas para os (raros) casos em que não há disponibilização de um sistema ou programa similar em código aberto.

Trata-se de uma iniciativa moderna e arrojada, que merece todos os elogios não só do ponto de vista tecnológico, como também – e principalmente – no que se refere à gestão de recursos públicos. Foi-se o tempo em que o Linux era um sistema operacional para entendidos... As novas *interfaces* gráficas e programas como a suíte de escritório OpenOffice tornam o sistema operacional transparente para o usuário final, praticamente não diferindo de sistemas operacionais de código fechado disponíveis no mercado. Em alguns casos, até apresentando vantagens, sendo a maior delas a disponibilidade de atualização gratuita e constante de aperfeiçoamentos e mecanismos de segurança contra *hackers* e vírus.

Nesse aspecto, há que se considerar que sistemas operacionais e programas utilitários se tornam obsoletos em prazos cada vez menores, exigindo sua renovação periódica em decorrência de novas tecnologias que vão surgindo. Hoje, estima-se que a vida útil de uma versão de sistema operacional não ultrapasse os quatro ou cinco anos, ou seja, a cada qüinqüênio, é recomendável a substituição do sistema operacional e de boa parte dos programas instalados em todos os computadores do Ministério Público do Trabalho. Considerando que um conjunto sistema operacional mais suíte de escritório custam em torno de R$ 1.200,00 e multiplicando esse valor por aproximadamente 2000 equipamentos, chegamos à cifra da ordem de R$ 2,4 milhões de reais a serem gastos em *software* periodicamente, quando há opções de excelente qualidade e funcionalidade a custo zero.

Uma observação importante merece se feita: a própria Lei n. 11.419/2006 recomenda, em seu art. 14, que *"os sistemas a serem desenvolvidos pelos órgãos do Poder Judiciário deverão usar, preferencialmente, programas com código aberto"*.

Iniciou-se, com a publicação da mencionada portaria, a migração do MPT para sistemas de código aberto, seguindo a esteira de grandes corporações brasileiras e estrangeiras. Recentemente, o Banco do Brasil anunciou a substituição de 25 mil estações de trabalho com sistemas proprietários para outras utilizando Linux, com economia de 90 milhões de reais (http://idgnow.uol.com.br/computacao_corporativa/2007/02/06/idgnoticia.2007-02-06.4604818910/IDGNoticia_view); a DATAPREV utilizará Linux em 80% das estações de trabalho (45 mil computadores) (http://computerworld.uol.com.br/mercado/2007/04/12/idgnoticia.2007-04-12.1184591365). Além disso, o sistema operacional Linux está sendo utilizado por 21% das empresas japonesas, pelas Prefeituras de Munique e Viena, pela Caixa Econômica Federal e pelas Forças Armadas Brasileiras (http://www.serpro.gov.br/noticiasSERPRO/20050617_02).

Desde a edição da mencionada portaria, a PRT da 15ª Região não adquiriu mais computadores com sistema operacional de código fechado e hoje a migração para Linux já atinge aproximadamente 60% dos computadores utilizados por servidores e Procuradores, inclusive nos Ofícios de Bauru, Ribeirão Preto, Araçatuba, Presidente Prudente e São José dos Campos.

A adoção de sistemas de código aberto é uma estratégia adequada sob diversos aspectos: **financeiro** (economia de recursos com aquisição e atualização de licenças); **segurança** (permite auditoria no código-fonte); **institucional** (eficiência na gestão de recursos públicos e não-dependência de um único fornecedor); **político** (*software* livre é um instrumento de inclusão digital na medida em que reduz os custos dos equipamentos, principalmente os destinados a escolas públicas e população de menor renda), além de **desincentivar a utilização de cópias ilegais (piratas).**

Estamos prontos?

Enganam-se os que pensam que as únicas dificuldades para a implantação de sistemas com conceitos de processo digital são os recursos financeiros e o desenvolvimento de sistemas. A grande questão é: "estamos prontos?"

É sabido que a área jurídica é fortemente marcada pelo conservadorismo e pelas tradições. Nós, "agentes do Direito", estamos prontos para fazermos profundas modificações no nosso sistema de trabalho, para lidarmos com documentos digitais sem autos em papel, com rotinas de trabalho automatizadas?

O uso de meios eletrônicos no processo, em especial seu armazenamento em mídia eletrônica, exigirá de todos os que com ele lidam profundas modificações conceituais, comportamentais e de conhecimentos. A rede mundial de computadores, a *internet*, passa a ser uma ferramenta de uso cotidiano, indispensável para o desempenho de atividades corriqueiras, como "manuseio" de autos, elaboração e assinatura de despachos e recebimento de notificações diversas.

O ambiente de tecnologia da informação é extremamente dinâmico e novas tecnologias surgem todos os dias, sendo impossível não incorporá-las de tempos em tempos. Ao mesmo tempo em que tais tecnologias proporcionam facilidades e maior produtividade, também exigem reciclagens de conhecimento e adaptação da maneira de trabalhar. Banda larga, redes *wi-fi* (sem fio), *gigabytes* e certificação digital em pouco tempo estarão mais presentes em nossas vidas profissional e doméstica do que podemos imaginar.

Deixo-lhes estas questões para reflexão sobre o novo ambiente de trabalho que nos espera em breve nas Procuradorias e nos Tribunais.

MPT Digital

O projeto MPT Digital, lançado em dezembro de 2006 em solenidade realizada em Campinas por ocasião da comemoração dos 20 anos da Procuradoria Regional do Trabalho da 15ª Região, tem como base o Projeto PRT 15-Digital, iniciado há mais de três anos com o mapeamento, a análise e o aprimoramento de todas as rotinas de trabalho existentes na Procuradoria, inclusive as administrativas. A tarefa foi realizada durante 9 meses por assessores especializados e preparou o terreno para a informatização sistemática das atividades. Não é eficaz informatizar uma rotina de trabalho tradicional; antes, ela deve ser estudada e aprimorada sob o enfoque da automação e da racionalização para, então, se passar à etapa de escrever códigos de programa.

Os sistemas que estão sendo desenvolvidos para o Projeto MPT Digital têm quatro pilares básicos de sustentação: 1. **acessibilidade via *web***, ou seja, os sistemas serão plenamente funcionais a partir de qualquer computador interligado à *internet*; 2. ***workflow***, literalmente traduzido por "fluxo de trabalho", tecnologia que possibilita automatizar o andamento dos procedimentos conforme os fatos acontecem, disponibilizando o processo virtual para o responsável pela adoção da próxima providência assim que a anterior é concluída; 3. **certificação digital**, para garantia de autenticidade e integralidade dos documentos; e 4. **software livre** — os sistemas estão sendo desenvolvidos em plataforma Linux e com a utilização de bancos de dados e linguagem de programação de código aberto.

Desde 2005, a PRT da 15ª Região vem se preparando paulatinamente para a revolução tecnológica no gerenciamento de seus fluxos de trabalho mediante aquisição de equipamentos, como computadores e monitores LCD de 19", mais adequados à leitura de documentos em tela, capacitação de servidores em Linux e linguagens de programação; modernização da rede, aquisição de *scanners* e servidores com grande capacidade de armazenamento de dados, necessários para as imagens de documentos; além da migração gradativa dos usuários para sistema Linux, tanto servidores como Procuradores.

O projeto se encontra, atualmente, na fase de desenvolvimento dos sistemas. Em maio deste ano, tivemos o início do funcionamento do Protocolo Digital e do birô de digitalização e, desde junho, os inquéritos civis e outros procedimentos já são parcialmente digitais. Ainda em 2007, serão iniciados os trabalhos de digitalização do arquivo morto.

Produção Gráfica e Editoração Eletrônica: **RLUX**
Capa: **INTERAÇÃO COMUNICAÇÃO E MARKETING**
Impressão: **HR GRÁFICA E EDITORA**